LS그룹 계열사 채용 대비

# LS그룹

인적성검사

# LS그룹
## 인적성검사

초판 발행 2020년 1월 24일
개정판 발행 2023년 5월 4일

**편 저 자** | 취업적성연구소
**발 행 처** | ㈜서원각
**등록번호** | 1999-1A-107호
**주 소** | 경기도 고양시 일산서구 덕산로 88-45(가좌동)
**교재주문** | 031-923-2051
**팩 스** | 031-923-3815
**교재문의** | 카카오톡 플러스 친구[서원각]
**홈페이지** | www.goseowon.com

# PREFACE

우리나라 기업들은 1960년대 이후 현재까지 비약적인 발전을 이루었다. 이렇게 급속한 성장을 이룰 수 있었던 배경에는 우리나라 국민들의 근면성 및 도전정신이 있었다. 그러나 빠르게 변화하는 세계 경제의 환경에 적응하기 위해서는 근면성과 도전정신 이외에 또 다른 성장 요인이 필요하다.

한국기업들이 지속가능한 성장을 하기 위해서는 혁신적인 제품 및 서비스 개발, 선도 기술을 위한 R&D, 새로운 비즈니스 모델 개발, 효율적인 기업의 합병 · 인수, 신사업 진출 및 새로운 시장 개발 등 다양한 대안을 구축해 볼 수 있다. 하지만, 이러한 대안들 역시 훌륭한 인적자원을 바탕으로 할 때에 가능하다. 최근으로 올수록 기업체들은 자신의 기업에 적합한 인재를 선발하기 위해 기존 학벌 위주의 채용을 탈피하고 기업 고유의 인 · 적성검사 제도를 도입하고 있는 추세이다.

LS그룹에서도 업무에 필요한 역량 및 책임감과 적응력 등을 구비한 인재를 선발하기 위하여 고유의 인 · 적성검사를 치르고 있다. 본서는 LS그룹 채용대비를 위한 필독서로 LS그룹 인 · 적성검사의 출제경향을 철저히 분석하여 응시자들이 보다 쉽게 시험유형을 파악하고 효율적으로 대비할 수 있도록 구성하였다.

신념을 가지고 도전하는 사람은 반드시 그 꿈을 이룰 수 있습니다. 처음에 품은 신념과 열정이 취업 성공의 그 날까지 빛바래지 않도록 서원각이 수험생 여러분을 응원합니다.

# STRUCTURE

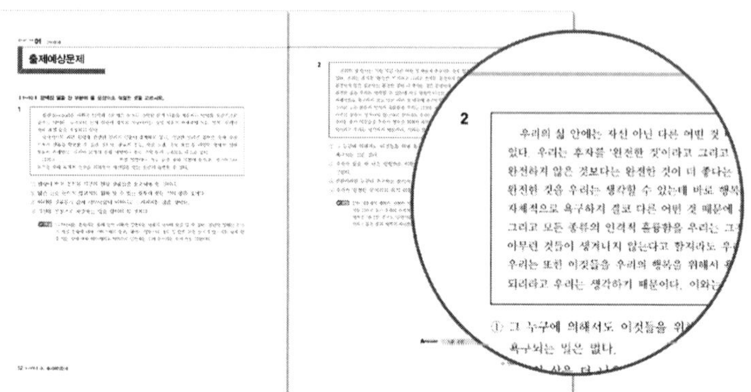

## 출제예상문제

적중률 높은 영역별 출제예상문제를 수록하여 학습효율을 확실하게 높였습니다.

## 인성검사 및 면접

인성검사의 개요와 실전 인성검사로 다양한 유형의 인성검사를 대비할 수 있습니다. 또한 성공취업을 위한 면접의 기본과 면접기출을 수록하여 취업의 마무리까지 깔끔하게 책임집니다.

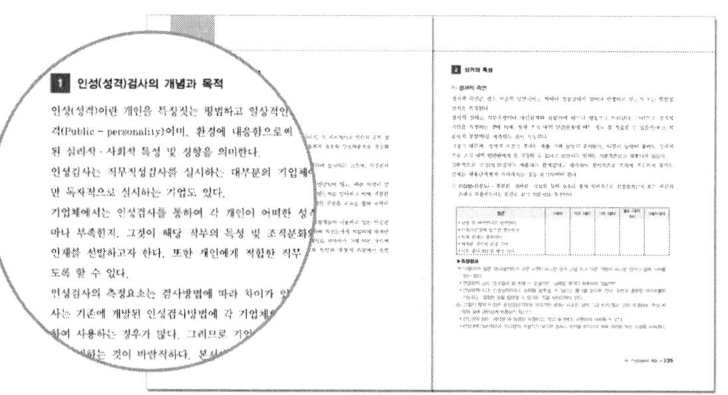

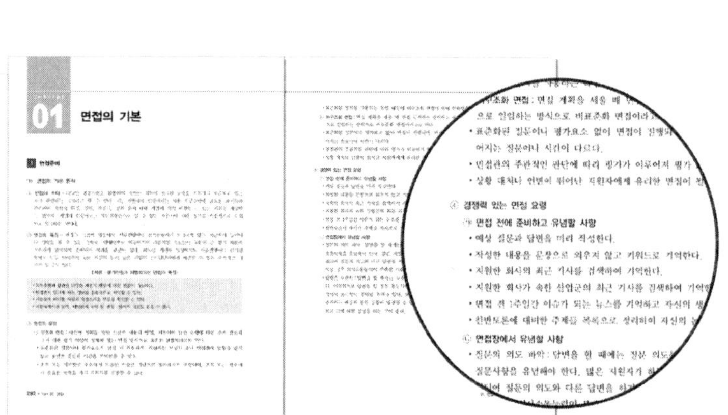

## 정답 및 해설

문제의 핵심을 꿰뚫는 명쾌하고 자세한 해설로 수험생들의 이해를 돕습니다.

# CONTENTS


## PART 01 출제예상문제

**01** 언어이해 ........ 8

**02** 문제해결 ........ 49

**03** 자료해석 ........ 116

**04** 집중력 ........ 165

**05** 상황추리 ........ 185

## PART 02 인성검사

**01** 인성검사의 개요 ........ 230

**02** 실전 인성검사 ........ 250

## PART 03 면접

**01** 면접의 기본 ........ 278

**02** 면접기출 ........ 295

01 언어이해

02 문제해결

03 자료해석

04 집중력

05 상황추리

# PART 01

# 출제예상문제

# 출제예상문제

**▌1~10 ▌ 문맥상 밑줄 친 부분에 올 문장으로 적절한 것을 고르시오.**

1

> 힐링(Healing)은 사회적 압박과 스트레스 등으로 손상된 몸과 마음을 치유하는 방법을 포괄적으로 일컫는 말이다. 우리보다 먼저 힐링이 정착된 서구에서는 질병 치유의 대체요법 또는 영적 · 심리적 치료 요법 등을 지칭하고 있다.
>
> 국내에서도 최근 힐링과 관련된 갖가지 상품이 유행하고 있다. 간단한 인터넷 검색을 통해 수천 가지의 상품을 확인할 수 있을 정도다. 종교적 명상, 자연 요법, 운동 요법 등 다양한 형태의 힐링 상품이 존재한다. 심지어 고가의 힐링 여행이나 힐링 주택 등의 상품들도 나오고 있다.
>
> 그러나 ____________________ 우선 명상이나 기도 등을 통해 내면에 눈뜨고, 필라테스나 요가를 통해 육체적 건강을 회복하여 자신감을 얻는 것부터 출발할 수 있다.

① 힐링이 먼저 정착된 서구의 힐링 상품들을 참고해야 할 것이다.

② 많은 돈을 들이지 않고서도 쉽게 할 수 있는 일부터 찾는 것이 좋을 것이다.

③ 이러한 상품들의 값이 터무니없이 비싸다고 느껴지지는 않을 것이다.

④ 자신을 진정으로 사랑하는 법을 알아야 할 것이다.

✔ 해설 '그러나'라는 접속어를 통해 앞의 내용과 상반되는 내용이 나와야 함을 알 수 있다. 빈칸의 앞에는 갖가지 힐링 상품에 대해 이야기하고 있고, 뒤에는 명상이나 기도 등 많은 돈을 들이지 않고서도 쉽게 할 수 있는 일에 대해 이야기하고 있으므로 빈칸에는 ②가 들어가는 것이 가장 적절하다.

**2**

> 우리의 삶 안에는 자신 아닌 다른 어떤 것 때문에 추구되는 것도 있지만 그 자체로 추구될만한 것도 있다. 우리는 후자를 '완전한 것'이라고 그리고 전자를 '완전하지 않은 것'이라고 부를 수 있을 것이다. 완전하지 않은 것보다는 완전한 것이 더 좋다는 것은 분명하다. 그런데 완전한 것들 중에서도 단적으로 완전한 것을 우리는 생각할 수 있는데 바로 행복이 이러한 것이리라. 왜냐하면 우리는 행복을 항상 그 자체적으로 욕구하지 결코 다른 어떤 것 때문에 욕구하지는 않기 때문이다. 사회적 존경, 즐거움, 지성 그리고 모든 종류의 인격적 훌륭함을 우리는 그것들 자체 때문에 욕구한다. 왜냐하면 이런 것들로부터 아무런 것들이 생겨나지 않는다고 할지라도 우리는 여전히 그것들 각각을 욕구하기 때문이다. 그런데 우리는 또한 이것들을 우리의 행복을 위해서 욕구하기도 한다. 바로 이것들을 통해서 우리가 행복하게 되리라고 우리는 생각하기 때문이다. 이와는 달리 행복은, ________________________________

① 그 누구에 의해서도 이것들을 위해 욕구되는 일은 없고, 또 일반적으로 다른 어떤 것 때문에 욕구되는 일은 없다.

② 우리의 삶을 더 나은 방향으로 이끌어주는 원동력이 되어주며 인간은 계속적으로 행복을 추구한다.

③ 인간이라면 누구나 추구하는 것이며 그것을 추구하는 것이 인간의 궁극적인 목표가 될 수 있다.

④ 우리가 '완전한 것'이라고 속기 쉬운 성질을 가지고 우리 앞에 나타난다.

**해설** 앞선 내용에서 행복은 '완전한 것'으로 이는 그 자체로 추구되는 것이라고 말한다. 사회적 존경, 즐거움, 지성 그리고 모든 종류의 인격적 훌륭함은 행복을 위해 욕구되기도 하는 '완전하지 않은 것'이며 반면에 '행복'은 '완전한 것'으로 '무언가를 위해서' 혹은 '무언가 때문에' 욕구 되지 않는다. 때문에 빈칸에는 '완전하지 않은 것'과 행복의 차이점을 이야기하는 ①이 적절하다.

**Answer** 1.② 2.①

**3**

천재성에 대해서는 두 가지 서로 다른 직관이 존재한다. 개별 과학자의 능력에 입각한 천재성과 후대의 과학발전에 끼친 결과를 고려한 천재성이다. 개별 과학자의 천재성은 일반 과학자의 그것을 뛰어넘는 천재적인 지적 능력을 의미한다. 후자의 천재성은 과학적 업적을 수식한다. 이 경우 천재적인 과학적 업적이란 이전 세대 과학을 혁신적으로 바꾼 정도나 그 후대의 과학에 끼친 영향의 정도를 의미한다. 다음과 같은 두 주장을 생각해 보자. 첫째, 과학적으로 천재적인 업적을 낸 사람은 모두 천재적인 능력을 소유하고 있다. 둘째, 천재적인 능력을 소유한 과학자는 모두 반드시 천재적인 업적을 낸다. 역사적으로 볼 때 천재적인 능력을 갖추고도 천재적인 업적을 내지 못한 과학자는 많다. 이는 천재적인 능력을 갖고 태어난 사람들의 수에 비해서 천재적인 업적을 낸 과학자의 수가 상대적으로 적다는 사실만 보아도 쉽게 알 수 있다. 실제로 많은 나라에서 영재학교를 운영하고 있으며, 이들 학교에는 정도의 차이는 있지만 평균보다 탁월한 지적 능력을 보이는 학생들이 많이 있다. 그러나 이들 가운데 단순히 뛰어난 과학적 업적이 아니라 과학의 발전과정을 혁신적으로 바꿀 혁명적 업적을 내는 사람은 매우 드물다. 그러므로 ______________________

① 천재적인 업적을 남기는 것은 천재적인 과학자만이 할 수 있는 것은 아니다.
② 우리는 천재적인 업적을 남겼다고 평가 받는 과학자를 존경해야 한다.
③ 아이들을 영재로 키우는 것이 과학사 발전에 이바지하는 것이다.
④ 천재적인 과학자라고 해서 반드시 천재적인 업적을 남기는 것은 아니라고 할 수 있다.

**해설** 주어진 글은 천재성에 대한 천재적인 능력과 천재적인 업적이라는 두 가지 직관에 대해 말한다. 빈칸은 앞서 말한 내용을 한 문장으로 정리한 것이고, 빈칸의 앞에서 천재적인 능력을 가진 이들이 많다고 해도 이들 중 천재적인 업적을 내는 사람은 매우 드물다고 했으므로 이를 한 문장으로 정리한 ④번이 빈칸에 들어가는 것이 적절하다.

**4**

과거에는 종종 언어의 표현 기능 면에서 은유가 연구되었지만, 사실 은유는 말의 본질적 상태 중 하나이다. 언어는 한 종류의 현실에서 또 다른 현실로 이동함으로써 그 효력을 발휘하며, 따라서 본질적으로 은유적이다. 어떤 이들은 기술과학 언어에는 은유가 없어야 한다고 역설하지만, ______________________ 예컨대 우리는 조직에 대해 생각할 때 습관적으로 위니 아래이니 하며 공간적으로 생각하게 된다. 우리는 이론이 마치 건물인 양 생각하는 경향이 있어서 기반이나 기본구조 등을 말한다. '토대'와 '상부 구조'는 마르크스주의에서 기본 개념들이다. 데리다가 보여 주었듯이, 심지어 철학에도 은유가 스며들어 있는데 단지 인식하지 못할 뿐이다.

① 은유적인 표현은 주류 집단의 전유물이다.
② 은유적 표현들은 언어 그 자체에 깊이 뿌리박고 있다.
③ 은유는 보다 본격적인 의미의 언어사용이다.
④ 은유는 문학적인 측면에서 적극적인 언어이다.

✔ 해설 빈칸의 앞선 내용에서 언어는 본질적으로 은유적이라고 말하고 있다. 또한 빈칸의 뒤에서는 '조직'을 공간적으로 생각하며 '이론'을 건물인 양 생각하는 경향을 예로 우리 생활에 은유가 가까이 스며있음을 부연하고 있으므로 빈칸에는 ②가 적절하다.

**5**

기억이 착오를 일으키는 프로세스는 인상적인 사물을 받아들이는 단계부터 이미 시작된다. 감각적인 지각의 대부분은 무의식중에 기록되고 오래 유지되지 않는다. 대개는 수 시간 안에 사라져 버리며, 약간의 본질만이 남아 장기 기억이 된다. 무엇이 남을지는 선택에 의해서이기도 하고, 그 사람의 견해에 따라서도 달라진다. 분주하고 정신이 없는 장면을 주고, 나중에 그 모습에 대해서 이야기하게 해 보자. 일어난 일에 대한 묘사는 본 사람이 무엇을 중요하게 판단하고, 무엇에 흥미를 가졌느냐에 따라 크게 다르다. 어느 부분에 주목하고, 또 어떻게 그것을 해석했는지에 따라 즐겁기도 하고 무섭기도 하다. 단순히 정신 사나운 장면으로만 보이는 경우도 있다. 기억이란 ______________________

① 어떠한 사건을 받아들인 첫 순간에 대한 기록이다.
② 처음 받아들인 감각에 대한 객관적인 기록이다.
③ 원래 일어난 일을 단순하게 기록하는 것이 아니다.
④ 다른 재현이 아닌 시간의 순서대로 기억하는 것이다.

✔ 해설 제시된 글은 기억은 무언가를 받아들이면서부터 착오가 시작되며 같은 사건일지라도 사람에 따라 선택적으로 기억한다고 말하고 있다. 때문에 빈칸에 올 수 있는 내용은 기억은 객관적이기 보다 주관적이며 발생한 사건의 단순한 기록이 아니라는 ③이 적절하다.

**Answer** 3.④ 4.② 5.③

**6**

영혼은 아주 미세한 입자들로 구성되어 있기 때문에, 몸의 나머지 구조들과 더 잘 조화를 이룰 수 있다. 감각의 주요한 원인은 영혼에 있다. 그러나 몸의 나머지 구조에 의해 보호되지 않는다면, 영혼은 감각을 가질 수 없을 것이다. 몸은 감각의 원인을 영혼에 제공한 후, 자신도 감각 속성의 몫을 영혼으로부터 얻는다. 영혼이 몸을 떠나면, 몸은 더 이상 감각을 소유하지 않는다. 왜냐하면 몸은 감각 능력을 스스로 가진 적이 없으며, 몸과 함께 태어난 영혼이 몸에게 감각 능력을 주었기 때문이다. 물론 몸의 일부가 소실되어 거기에 속했던 영혼이 해체되어도 나머지 영혼은 몸 안에 있다. 또한 영혼의 한 부분이 해체되더라도, 나머지 영혼이 계속해서 존재하기만 한다면 여전히 감각을 유지할 것이다. 반면에 영혼을 구성하는 입자들이 전부 몸에서 없어진다면, 몸 전체 또는 일부가 계속 남아 있더라도 감각을 가지지 못할 것이다. 더구나____________________

① 영혼이 더욱 미세한 입자로 구성되어 있다면 더 섬세한 감각을 가질 수 있다.
② 몸 전체가 분해된다면, 영혼도 더 이상 이전과 같은 능력을 가지지 못하고 해체되며 감각 능력도 잃게 된다.
③ 감각을 잃은 영혼은 더 이상 존재의 이유를 가지지 못해 소멸한다.
④ 일부만 존재하는 육체에 담긴 영혼은 불완전하며 감각의 능력을 가지고 있음에도 그 기능이 점점 쇠퇴한다.

**✔ 해설** 몸이나 영혼의 일부가 소실되어도 나머지로 인해 감각을 유지할 수 있다는 주장에 상반되는 내용이 이어지는 데에 빈칸이 존재한다. '반면에'로 이어지는 앞선 주장과 상반되는 내용은 영혼이 없으면 몸이 있어도 감각을 가질 수 없다는 것이며 '더구나'로 이어지는 이에 나아간 주장은 몸이 없을 경우에도 감각을 가질 수 없다는 내용이 오는 것이 적절하다.

**7**

> 정부는 공공의 이익을 위해 정책을 기획, 수행하여 유형 또는 무형의 생산물인 공공 서비스를 공급한다. 공공 서비스의 특성은 배제성과 경합성의 개념으로 설명할 수 있다. 배제성은 대가를 지불하여야 사용이 가능한 성질을 말하며, 경합성은 한 사람이 서비스를 사용하면 다른 사람은 사용할 수 없는 성질을 말한다. 이러한 배제성과 경합성의 정도에 따라 공공 서비스의 특성이 결정된다. 예를 들어 국방이나 치안은 사용자가 비용을 직접 지불하지 않고 여러 사람이 한꺼번에 사용할 수 있으므로 ____________________ 이에 비해 배제성은 없지만, 많은 사람이 한꺼번에 사용하는 것이 불편하여 경합성이 나타나는 경우도 있다. 무료로 이용하는 공공 도서관에서 이용자가 많아 도서 열람이나 대출이 제한될 경우가 이에 해당한다.

① 배제성과 경합성이 모두 있다.
② 경합성은 없지만 배제성이 나타난다.
③ 배재성을 가지면서 경합성을 나타내기도 하고 그렇지 않기도 하다.
④ 배제성과 경합성이 모두 없다.

**해설** 주어진 글에서 '배제성은 대가를 지불하여야 사용이 가능한 성질을 말하며, 경합성은 한 사람이 서비스를 사용하면 다른 사람은 사용할 수 없는 성질을 말한다'고 설명하고 있다. 빈칸의 문장에서 예로 들고 있는 국방이나 치안은 사용자가 비용을 직접 지불하지 않는다고 했으므로 배재성이 없고, 여러 사람이 한꺼번에 사용할 수 있으므로 경합성도 없다.

**Answer** 6.② 7.④

**8**

행랑채가 퇴락하여 지탱할 수 없게끔 된 것이 세 칸 이었다. 나는 마지못하여 이를 모두 수리하였다. 그런데 그중의 두 칸은 앞서 장마에 비가 샌 지가 오래되었으나, 나는 그것을 알면서도 이럴까 저럴까 망설이다가 손을 대지 못했던 것이고, 나머지 한 칸은 비를 한 번 맞고 샜던 것이라 서둘러 기와를 갈았던 것이다. 이번에 수리하려고 본즉 비가 샌 지 오래된 것은 그 서까래, 추녀, 기둥, 들보가 모두 썩어서 못 쓰게 되었던 까닭으로 수리비가 엄청나게 들었고, 한 번밖에 비를 맞지 않았던 한 칸의 재목들은 완전하여 다시 쓸 수 있었던 까닭으로 그 비용이 많이 들지 않았다.

나는 이에 느낀 것이 있었다. 사람의 몸에 있어서도 마찬가지라는 사실을. 잘못을 알고서도 바로 고치지 않으면 곧 그 자신이 나쁘게 되는 것이 마치 나무가 썩어서 못 쓰게 되는 것과 같으며, 잘못을 알고 고치기를 꺼리지 않으면 해(害)를 받지 않고 다시 착한 사람이 될 수 있으니, 저 집의 재목처럼 말끔하게 다시 쓸 수 있는 것이다. 뿐만 아니라 나라의 정치도 이와 같다. 백성을 좀먹는 무리들을 내버려두었다가는 백성들이 도탄에 빠지고 나라가 위태롭게 된다. 그런 연후에 급히 바로잡으려 하면 ________________ 어찌 삼가지 않겠는가.

① 금세 말끔하게 다시 쓸 수 있을 것이다.
② 시간이 걸리겠지만 아직 늦지 않은 것이다.
③ 나라가 더욱 위태로워질 수 있는 것이다.
④ 이미 썩어 버린 재목처럼 때는 늦은 것이다.

✔ 해설 앞에 제시된 집의 수리에 대한 이야기를 정치에 대입하고 있으므로 백성을 좀먹는 무리들을 내버려두는 것은 나무가 썩어서 못 쓰게 되는 것과 같으므로 빈칸에 들어갈 가장 적절한 것은 ④이다.

9

희생제의는 원시사회의 산물로 머문 것이 아니라 아주 오랫동안 동서양을 막론하고 여러 문화권에서 지속적으로 행해져 왔다. 이에 희생제의의 기원이나 형식을 밝히기 위한 종교현상학적 연구들이 시도되어 왔다. 그리고 인류학적 연구에서는 희생제의에 나타난 인간과 문화의 본질에 대한 탐색이 있어 왔다. 인류학적 관점의 대표적인 학자인 지라르는 「폭력과 성스러움」, 「희생양」 등을 통해 인간 사회의 특징, 사회 갈등과 그 해소 등의 문제를 '희생제의'와 '희생양'으로 설명했다.
인간은 끊임없이 타인과 경쟁하고 갈등하는 존재이다. 이러한 인간들 간의 갈등은 공동체 내에서 무차별적이면서도 심각한 갈등 양상으로 치닫게 되고 극도의 사회적 긴장 관계를 유발한다. 이때 다수의 사회 구성원들은 ________________ 지라르 논의의 핵심이다.

① 사회 갈등을 희생양에게 전이시켜 사회 갈등을 해소하고 안정을 되찾고자 하였다는 것이
② 희생양을 통해 구원받기를 갈구하며 고유의 선발 기준에 그 정당성을 부여한다는 것이
③ 그러한 갈등에서 이기기 위해 상대보다 더욱 강력한 것들을 희생양으로 제시한다는 것이
④ 희생양의 존재에 자신을 대입하여 고통을 위로받으며 구원을 희망한다는 것이

✔해설 앞선 문단에서 지라르는 희생양을 이용해 사회 갈등과 그 해소 등의 문제를 설명한다고 말한다. 빈칸이 지라르 논의의 핵심이라고 했으므로 ①의 내용이 가장 적절하다.

**Answer** 8.④ 9.①

**10**

출생시의 낮은 체중이 미국에서 출산 중 또는 출산 직후의 신생아 사망률을 높이는 원인이라는 가정은 750만 건 이상의 출산에 대한 새로운 연구에 의해서 도전받고 있다. 새로운 연구는 낮은 체중이 아니라 조산이 신생아 사망률을 높이는 원인임을 시사한다. 임신 기간이 같을 경우, 미국에서 태어나는 아기들은 노르웨이에서 태어나는 아기들보다 평균 체중이 더 낮았다. 그러나 동일 임신 기간끼리 비교할 경우 미국 아기들의 사망률은 노르웨이의 아기들보다 높지 않았다. 임신 기간이 결정적 요인이라는 것은 임신 기간 중 흡연을 한 산모들과 흡연하지 않은 산모들의 경우에 체중 미달의 신생아들의 생존율을 비교하는 이전의 한 연구에 의해서 지지된다. 흡연은 나쁜 영양 상태와 마찬가지로 태아의 체중 증가를 방해하는 것으로 알려져 있다. 그러나 같은 체중의 신생아들을 비교했더니 "______________________________"고 보고되었다. 이 역설적인 결과를 연구자들은 다음과 같이 설명한다. 산모의 흡연은 체중 증가를 방해하지만 임신 기간을 줄이지는 않는다. 따라서 저체중 신생아들 중에서 흡연하는 산모에게서 태어나는 아기들은 임신 기간을 채운 경우가 많지만, 흡연하지 않는 산모에게서 태어나는 아기들은 조산하는 경우가 많다. 그러므로 아기들의 저체중이 아니라 조산인 비흡연 산모에게서 태어나는 저체중 신생아들이 더 높은 사망률을 보이는 이유를 설명해준다.

① 흡연하는 산모의 아기들이 흡연하지 않는 산모의 아기들보다 체중이 더 높았다.
② 흡연하지 않는 산모의 아기들이 흡연하는 산모의 아기들보다 체중이 더 높았다.
③ 흡연하는 산모의 아기들이 흡연하지 않는 산모의 아기들보다 생존율이 더 높았다.
④ 흡연하지 않는 산모의 아기들이 흡연하는 산모의 아기들보다 생존율이 더 높았다.

✔ 해설 빈칸의 내용은 흡연하는 산모와 흡연을 하지 않는 산모의 같은 체중의 아이를 비교한 결과이다. 그 결과 흡연이 아기의 체중 증가는 방해하지만 임신 기간을 줄이자는 않으며 아기들의 저체중이 아니라 조산이 신생아들의 사망률에 큰 영행을 미친다는 것을 설명해준다.

**❙ 11~19 ❙ 다음 괄호 안에 알맞은 접속사를 고르시오.**

**11**

음성을 인식하기 위해서 먼저 입력된 신호에서 잡음을 제거한 후 음성 신호만 추출한다. 그런 다음 음성 신호를 하나의 음소로 판단되는 구간인 '음소 추정 구간'들의 배열로 바꾸어 준다. (　　) 음성 신호를 음소 단위로 정확히 나누는 것은 쉽지 않다. 이를 해결하기 위해 먼저 음성 신호를 일정한 시간 간격의 '단위 구간'으로 나누고, 이 단위 구간 하나만으로 또는 연속된 단위 구간을 이어 붙여 음소 추정 구간들을 만든다.

① 그래서　　② 그런데
③ 그럼에도　　④ 예를 들면

✔ 해설 빈칸의 앞에서 음성 신호를 음소 단위로 전환한다는 내용에 이어 음성 신호를 음소 단위로 나누는 것이 쉽지 않다고 말하고 있으므로 화제를 앞의 내용과 관련시키며 다른 방향으로 이끌어가는 접속사인 '그런데'가 오는 것이 적절하다.

**12**

비자발적인 행위는 강제나 무지에서 비롯된 행위이다. (　　) 자발적인 행위는 그것의 단초가 행위자 자신 안에 있다. 행위자 자신 안에 행위의 단초가 있는 경우에는 행위를 할 것인지 말 것인지가 행위자 자신에게 달려 있다.

욕망이나 분노에서 비롯된 행위들을 모두 비자발적이라고 할 수는 없다. 그것들이 모두 비자발적이라면 인간 아닌 동물 중 어떤 것도 자발적으로 행위를 하는 게 아닐 것이며, 아이들조차 그럴 것이기 때문이다. 우리가 욕망하는 것들 중에는 마땅히 욕망해야 할 것이 있는데, 그러한 욕망에 따른 행위는 비자발적이라고 할 수 없다. 실제로 우리는 어떤 것들에 대해서는 마땅히 화를 내야하며, 건강이나 배움과 같은 것은 마땅히 욕망해야 한다. 따라서 욕망이나 분노에서 비롯된 행위를 모두 비자발적인 것으로 보아서는 안 된다.

① 반면에　　② 더욱이
③ 그래서　　④ 그럼에도 불구하고

✔ 해설 주어진 글은 비자발적 행위와 자발적 행위의 상반된 특성에 대해 말하고 있으므로 빈칸에는 ①이 가장 적절하다.

**Answer** 10.③ 11.② 12.①

**13**

> 공리주의자는 동일한 강도의 행복을 동등하게 고려한다. (　　　　) 공리주의자들은 '나'의 행복이 '너'의 행복보다 더 도덕적 가치가 있다고 생각하지 않는다. 이런 점에서 볼 때 공리주의에서 행복이 누구의 것인가는 중요하지 않다. 하지만 누구의 행복인가 하는 질문이 행복 주체의 범위로 이해될 때에는 다르다. 이미 실제로 존재하고 있는 생명체의 행복만을 고려할 것인가, 아니면 앞으로 존재할 생명체의 행복까지 고려할 것인가? 이와 관련해서 철학자 싱어는 행복의 양을 증가시키는 방법에 대한 공리주의의 견해를 '실제적 견해'와 '전체적 견해'로 구별한다.

① 이를테면　　② 그리하여
③ 즉　　④ 따라서

✔ 해설 빈칸의 뒤에 이어지는 문장은 앞선 문장을 바꾸어 설명하고 있으므로 ③이 적절하다.

**14**

> 사람의 키는 주로 다리뼈의 길이에 의해서 결정된다. 다리뼈는 뼈대와 뼈끝판 그리고 뼈끝으로 구성되어 있다. 막대기 모양의 뼈대는 뼈 형성세포인 조골세포를 가지고 있다. (　　) 뼈끝은 다리뼈의 양쪽 끝 부분이며 뼈끝과 뼈대의 사이에는 여러 개의 연골세포층으로 구성된 뼈끝판이 있다. 뼈끝판의 세포층 중 뼈끝과 경계면에 있는 세포층에서만 세포분열이 일어난다. 연골세포의 세포분열이 일어날 때, 뼈대 쪽에 가장 가깝게 있는 연골세포의 크기가 커지면서 뼈끝판이 두꺼워진다. 크기가 커진 연골세포는 결국 죽으면서 빈 공간을 남기고 이렇게 생긴 공간이 뼈대에 있는 조골 세포로 채워지면서 뼈가 형성된다. 이 과정을 되풀이하면서 뼈끝판이 두꺼워지는 만큼 뼈대의 길이 성장이 일어나는데, 이는 연골세포의 분열이 계속되는 한 지속된다.

① 그리고　　② 그래서
③ 반면에　　④ 그러고나서

✔ 해설 빈칸의 앞에는 다리뼈가 뼈대, 뼈끝판, 뼈끝으로 구성되어 있고 먼저 뼈대에 대한 설명을 하고 있다. 빈칸의 뒤에 이어지는 글은 뼈끝, 뼈끝판에 대한 설명이므로 앞뒤를 연결하는 접속사 '그리고'가 오는 것이 적당하다.

**15**

> 항공기 결빙은 기체에 달라붙으므로 착빙(着氷)이라고 부른다. 먼저 기체에 달라붙는 착빙으로는 서리 착빙이 있다. 이는 활주로에 주기 중인 항공기에 잘 발생하며, 맑은 날 복사냉각에 의해 공기 온도가 0℃ 이하로 냉각될 때 항공기 기체에 접촉된 수증기가 승화해서 만들어지는 것이다. 서리가 내리는 것과 같은 원리다. 이 외에 비행 중에도 서리 착빙이 발생하기도 한다. 이는 빙점 이하의 아주 저온인 기층에서 비행해 온 항공기가 급격히 고온다습한 공기층으로 비행할 때 발생한다. 서리 착빙은 새털 모양의 부드러운 얼음의 피막 형태로 가벼우며 얼음의 중량은 문제되지 않는다. (　　) 서리가 붙은 그대로 이륙하면 공기흐름이 흐트러져 이륙 속도에 도달할 수 없게 될 수도 있다. (　　) 거친 착빙(rime icing)이 있다. 거친 착빙은 저온인 작은 입자의 과냉각 물방울이 충돌했을 때 생기며, 수빙(樹氷)이라고도 한다. 거친 착빙은 물방울이나 과냉각 물방울이 많은 −20℃~0℃의 기온에서 주로 발생하며 날개 등 항공기 기체 첨단부의 풍상 측에서 잘 발생한다.

① 그리하여, 이를테면
② 한편, 게다가
③ 아무튼, 그렇지만
④ 그러나, 다음으로

**해설** 첫 번째 빈칸은 서리 착빙은 중량이 가볍다는 내용과 서리가 붙은 채로 이륙하면 문제가 발생할 수 있다는 상반된 내용을 연결해주고 있어 '그러나, 하지만'과 같은 역접의 접속사가 위치하는 것이 적절하다. 두 번째 빈칸은 서리 착빙에 이어 거친 착빙에 대한 설명을 연결해주고 있어 '다음으로'가 적절하다.

**Answer** 13.③ 14.① 15.④

**16**

뇌의 진화는 대개 '생존의 뇌', '감정의 뇌', '사고의 뇌'의 세 단계로 나뉜다. 인간은 사고의 뇌를 갖춘 대표적인 동물로 간주된다. 하지만 정도와 방법의 차이는 있을지 모르지만 뇌를 가진 동물이라면 누구나 나름대로 사고할 줄 아는 능력을 갖췄다. (　　) 영장류, 그 중에서도 침팬지나 보노보에 이르면 그들의 뇌는 우리 인간의 뇌와 구조적으로 거의 구별이 되지 않는다. 그러나 많은 동물들이 '생각하는 뇌'를 갖고 있지만 그들의 생각을 설명하고 구연할 줄은 모른다.

꿀벌은 꿀이 있는 장소로 동료들을 인도하기 위해 춤이라는 상징적인 기호를 사용하여 방향과 거리에 관한 정보를 전달한다. 그러나 그들의 귀납적 능력은 한 두 영역에 제한되어 나타난다. 인간은 모든 현상을 독립적으로 경험하고 그 인과관계를 익히지 않더라도 서로 다른 현상들의 귀납들을 한데 묶어 의미를 추출한다. 신화를 창조할 수 있는 유일한 동물이 바로 우리 인간이다. 피카소는 예술을 가리켜 "우리로 하여금 진실을 볼 수 있게 해 주는 거짓말"이라 했다. 예술과 종교를 창조할 줄 아는 유일한 동물도 또한 우리 인간이다.

① 요컨대　　② 특히
③ 그러나　　④ 그리하여

✔해설 주어진 글은 뇌를 가진 동물이라면 누구나 나름의 사고를 가지고 있다고 주장하며 빈칸으로 이어지는 문장은 영장류를 예시로 앞선 주장을 강조하고 있으므로 ②가 가장 적절하다.

**17**

정보 통신 기술은 컴퓨터를 수단으로 하여 인간의 두뇌와 신경을 비약적으로 확장하였다. 정보 통신 기술의 발달은 전 세계적으로 정치, 경제, 산업, 교육, 의료, 생활 양식 등 사회 전반에 걸쳐 혁신적인 변화를 일으키고, 인간관계와 사고 방식, 가치관에까지 영향을 미칠 것이 틀림없다. (　　) 그 이면에는 불평등과 불균형을 불러올 위험성도 있다.

사회학자 드 세토(De Certeau)는 "기술은 문을 열 뿐이고, 그 문에 들어갈지 말지는 인간이 결정한다." 라는 말을 했다. 정보 통신 기술은 우리의 모든 생활 영역에 영향을 미치고 있다. 이 시점에서 우리에게 중요한 것은 정보 통신 기술을 어떻게 활용하느냐이다. 정보 통신 기술이 우리 사회를 변화시키고 있지만, 그 기술의 가치를 이해하고 선택하는 주체는 바로 우리이기 때문이다.

① 아무튼　　② 이를테면
③ 게다가　　④ 그러나

✔해설 빈칸의 앞에서는 정보 통신 기술 발달의 이점을 이야기하며 빈칸으로 이어지는 문장은 그 이면의 위험성에 대한 이야기이므로 역접의 접속어인 ④가 가장 적절하다.

**18**

과학이 높이 평가받는 이유는 객관성, 그리고 그에 따르는 정확성과 엄밀성 때문이다. 연구자가 연구 대상으로부터 자신을 분리하고 거리를 둠으로써 주관적 요소를 배제하고 사태 자체를 객관적으로 파악하는 것이 과학적 태도라고 우리는 생각한다. 하지만 물리화학, 경제학, 철학 등 다방면에서 학문적 업적을 이룬 마이클 폴라니는 이런 생각에 동의하지 않는다. 그는 암묵적 지식이 늘 지식의 조건으로 전제되며, 통합하는 인격적 행위 없이 지식이 성립하지 않는다는 사실을 보여줌으로써 과학적 지식의 객관성과 가치중립성에 의문을 제기한다. 암묵적 지식이란 한 인격체가 성취한 지식으로, 개인적이고 인격적인 성격을 띤다. 암묵적 지식의 한 측면을 우리는 못질하는 행동에서 파악할 수 있다. 우리 눈은 못대가리에 의식적으로 초점을 두어야 하지만 망치를 든 손과 공간에 대한 보조 의식이 없다면 못질은 실패할 것이다. 이런 보조 의식이 암묵적 지식이다. 암묵적 지식은 검증되지 않는다. (　　) 완전한 검증을 거친 지식 체계가 가능하다는 객관주의의 지식 이념은 환상에 지나지 않는다고 할 수 있다.

① 그러므로　　② 한편
③ 더욱이　　④ 예컨대

✔ 해설　빈칸으로 이어지는 문장은 앞선 주장을 결론짓는 내용이므로 두 문장을 인과로 연결해주는 '그러므로'가 가장 적절하다.

**19**

오늘날의 문화는 인간관계에서 집단 이기주의가 갖는 힘과 범위 그리고 지속성을 깨닫지 못하고 있다. 한 집단에 속하는 개인들 간의 관계를 순전히 도덕적이고 합리적인 조정과 설득에 의해 확립하는 일이 쉽지는 않을지라도 전혀 불가능한 것은 아니다. (　　) 집단과 집단 사이에서는 이런 일이 결코 이루어질 수 없다. (　　) 집단들 간의 관계는 항상 윤리적이기보다는 지극히 정치적이다. (　　) 그 관계는 각 집단의 요구와 필요성을 비교, 검토하여 도덕적이고 합리적인 판단에 의해서 수립되는 것이 아니라 각 집단이 갖고 있는 힘의 비율에 따라 수립된다.

① 그러나, 따라서, 즉　　② 그러나, 게다가, 오히려
③ 그런데, 따라서, 왜냐하면　　④ 그런데, 게다가, 그러므로

✔ 해설　집단 사이의 관계에서 도덕적이며 윤리적인 조정이 불가능한 것은 아니다. (역접 : 그러나) 실제 집단사이에서는 윤리적인 조정이 불가능 하다. (순접 : 따라서) 집단 사이의 관계는 윤리적이기 보다 정치적이다. (부연 : 즉) 집단사이의 관계는 각 집단이 지닌 힘의 비율에 의해서 수립된다.

**Answer**　16.② 17.④ 18.① 19.①

**20** 다음 밑줄 친 ㉠~㉣을 문맥에 맞게 고친 것 중 잘못된 것을 고르면?

> 우리 몸은 단백질의 합성과 분해를 끊임없이 반복한다. 단백질 합성은 아미노산을 연결하여 긴 사슬을 만드는 과정인데, 20여 가지의 아미노산이 체내 단백질 합성에 이용된다. 단백질 합성에서 아미노산들은 DNA 염기 서열에 담긴 정보에 따라 정해진 순서대로 결합된다. 단백질 분해는 아미노산 간의 결합을 끊어 개별 아미노산으로 ㉠ 분석하는 과정이다. 체내 단백질 분해를 통해 오래되거나 손상된 단백질이 축적되는 것을 막고, 우리 몸에 부족한 에너지 및 포도당을 보충할 수 있다.
>
> 분해 과정의 하나인, 프로테아솜이라는 효소 복합체에 의한 단백질 분해는 세포 내에서 이루어진다. 프로테아솜은 유비퀴틴이라는 물질이 일정량 이상 ㉡ 분리되어 있는 단백질을 아미노산으로 분해한다. 단백질 분해를 통해 ㉢ 생장된 아미노산의 약 75%는 다른 단백질을 합성하는 데 이용되며, 나머지 아미노산은 분해된다. 아미노산이 분해될 때는 아미노기가 아미노산으로부터 분리되어 암모니아로 바뀐 다음, 요소(尿素)로 합성되어 ㉣ 체내로 배출된다. 그리고 아미노기가 떨어지고 남은 부분은 에너지나 포도당이 부족할 때는 이들을 생성하는 데 이용되고, 그렇지 않으면 지방산으로 합성되거나 체외로 배출된다.

① ㉠ 분리하는

② ㉡ 결합되어

③ ㉢ 생육된

④ ㉣ 체외로

**해설** ㉢은 프로테아솜은 유비퀴틴이라는 물질이 단백질을 아미노산으로 분해하고 이를 통해 생성된 아미노산에 대한 설명을 이어가고 있으므로 '생성된'이 적절하다.

**▮21~30▮ 다음 문장들을 순서에 맞게 배열한 것을 고르시오.**

**21**

㉠ 이 때, 기둥을 연결한 창방들이 만들어내는 수평선은 눈높이보다 높은 곳에 위치하고 있어 양쪽 끝이 아래로 처져 보이는 착시현상이 발생한다.
㉡ 목조 건축물에서 지붕의 하중을 떠받치고 있는 수직 부재(部材)는 기둥이다.
㉢ 이 기둥이 안정되게 수직 방향으로서 있도록 기둥과 기둥의 상부 사이에 설치하는 수평 부재를 창방이라고 한다.
㉣ 이러한 착시현상을 교정하기 위해 건물의 중앙에서 양쪽 끝으로 가면서 기둥이 점차 높아지도록 만드는데, 이것을 귀솟음 기법이라고 한다.

① ㉠ - ㉡ - ㉣ - ㉢　② ㉠ - ㉢ - ㉣ - ㉡
③ ㉡ - ㉢ - ㉠ - ㉣　④ ㉢ - ㉠ - ㉡ - ㉣

✔ 해설 ㉡은 '기둥'을 언급하고 있으므로 ㉢의 앞에 오는 것이 적절하다. ㉢은 ㉡에서 말하는 '기둥'을 받아 설명을 이어가고 있으므로 ㉡의 뒤에 위치하며, ㉠은 ㉢에서 언급 '창방'에 대해, ㉣은 ㉠에서 언급한 '착시현상'에 대해 말하고 있으므로 ㉢-㉠-㉣의 순서대로 배열하는 것이 적절하다.

**22**

새로운 것, 체험되지 않은 것, 낯선 것은 원인이 될 수 없다.
㉠ 이러한 전환은 우리 마음을 편하게 해주고 안심시키며 만족하게 하고 힘을 느끼게 한다.
㉡ 알려지지 않은 것에서는 위험, 불안정, 걱정, 공포감이 뒤따라 나오기 때문이다.
㉢ 이 때문에 우리는 이미 알려진 것, 체험된 것, 기억에 각인된 것을 원인으로 설정하게 된다.
㉣ 우리 마음의 불안한 상태를 없애고자한다면, 우리는 알려지지 않은 것을 알려진 것으로 전환해야 한다.

① ㉠ - ㉣ - ㉡ - ㉢　② ㉡ - ㉢ - ㉣ - ㉠
③ ㉢ - ㉣ - ㉠ - ㉡　④ ㉡ - ㉣ - ㉠ - ㉢

✔ 해설 ㉡ : 새롭고 낯선 것이 원인이 될 수 없는 이유
㉣ : 불안을 없애기 위해 알려지지 않은 것을 알려진 것으로 전환
㉠ : 전환의 효과
㉢ : 익숙한 것을 원인으로 설정하는 이유

**Answer** 20.③ 21.③ 22.④

**23**

> ㉠ 이에 대해 농민들과 무신들은 강하게 반발하였고, 결국 농민 출신 병사들의 지지를 얻은 무신들이 문벌들을 몰아내고 권력을 장악하였다.
> ㉡ 고려 전기 문신 출신 문벌들의 정치적 특권과 경제적 풍요는 농민이나 무신 등에게 돌아가야 할 몫이 그들에게 집중된 결과였다.
> ㉢ 예를 들어 청자의 형태에도 영향을 미쳤다. 문양을 새기지 않았던 순청자의 아름다운 비색 바탕에 문양을 더하여 상감청자가 만들어지게 된 것이다.
> ㉣ 이 지배세력의 교체는 문화에서도 변화를 가져왔다.

① ㉡ - ㉢ - ㉠ - ㉣
② ㉡ - ㉠ - ㉣ - ㉢
③ ㉢ - ㉠ - ㉡ - ㉣
④ ㉢ - ㉣ - ㉠ - ㉡

✔ 해설 ㉠에서 무언가에 대응해 농민들과 무신이 반발하였다는 내용이 나오며 ㉡에서 그 내용이 주어지고 있으므로 ㉠은 ㉡의 뒤로 이어진다. ㉣에서 말하는 '이 지배세력의 교체'는 ㉠의 내용이며 ㉢은 문화의 변화에 대한 내용이므로 '㉡ - ㉠ - ㉣ - ㉢'이 적절하다.

**24**

> ㉠ 받침점에서 힘점까지의 거리가 받침점에서 작용점까지의 거리에 비해 멀수록 힘점에 작은 힘을 주어 작용점에서 물체에 큰 힘을 가할 수 있다.
> ㉡ 지레는 받침과 지렛대를 이용하여 물체를 쉽게 움직일 수 있는 도구이다.
> ㉢ 이러한 지레의 원리에는 돌림힘의 개념이 숨어 있다.
> ㉣ 지레에서 힘을 주는 곳을 힘점, 지렛대를 받치는 곳을 받침점, 물체에 힘이 작용하는 곳을 작용점이라 한다.

① ㉣ - ㉡ - ㉢ - ㉠
② ㉡ - ㉣ - ㉠ - ㉢
③ ㉠ - ㉡ - ㉣ - ㉢
④ ㉢ - ㉠ - ㉣ - ㉡

✔ 해설 지레에 대한 정의(㉡)를 말한 뒤 지레의 힘점, 받침점, 작용점을 설명(㉣)하고 각 지점들이 작용하는 원리(㉠)를 통해 돌림힘의 개념을 설명(㉢)하고 있다.

**25**

> ㉠ 이 경우 억양은 문장의 유형을 결정하는 문법적 기능을 담당한다. 또 억양은 이러한 문법적 기능 이외에 화자의 태도와 의미를 드러내기도 한다.
> ㉡ 억양에는 이처럼 발화 태도와 의미가 드러나 있기 때문에, 이를 잘 이해해야 정확한 뜻을 전달할 수 있다.
> ㉢ 하강 억양은 완결의 뜻을, 상승 억양은 비판의 뜻을 나타낸다.
> ㉣ 억양은 소리의 높낮이의 이어짐으로 이루어지는 일정한 유형이라고 할 수 있다.
> ㉤ 동일한 문장이라도 억양을 상승 조로 하느냐 하강 조로 하느냐에 따라 의문문도 되고 평서문도 된다.

① ㉠ - ㉢ - ㉤ - ㉡ - ㉣　　② ㉡ - ㉤ - ㉣ - ㉠ - ㉢

③ ㉡ - ㉠ - ㉣ - ㉤ - ㉢　　④ ㉣ - ㉤ - ㉠ - ㉢ - ㉡

✔ 해설 글의 제재인 억양에 대한 소개(㉣)가 가장 먼저 등장한다. ㉠은 앞서 제시된 예시가 억양의 문법적 기능이라 말하고 있으며 억양이 가지는 화자의 태도나 의미의 기능을 제시하고 있다. ㉤은 억양의 문법적 기능의 예시이고, ㉢은 억양에 드러나는 화자의 태도나 의미에 대한 예시이므로 ㉤-㉠-㉢ 순으로 글이 전개되며 ㉢에 대한 추가 설명인 ㉡이 뒤이어 오는 것이 적절하다.

**26**

> ㈎ 디지털 통신 분야에서 일어난 혁명 덕분에 지리적 시장이 사이버 스페이스로 전환되면서 인간관계를 조직할 수 있는 새로운 길들이 열렸다.
> ㈏ 컴퓨터, 통신, 케이블 TV, 가전제품, 방송, 출판, 오락 등이 하나의 종합 통신망 안으로 통합되면 영리를 추구하는 기업들은 인간이 상호 교류하는 방식에 역사상 유례없는 지배력을 행사하게 된다.
> ㈐ 벌써 20년 전에 다니엘 벨은 앞으로 나타날 시대의 성격을 '통신 서비스에 대한 지배가 권력의 원천이 되고, 통신에 대한 접속이 자유의 조건이 된다.'고 진단했다.

① ㈎ — ㈏ — ㈐　　② ㈎ — ㈐ — ㈏

③ ㈏ — ㈎ — ㈐　　④ ㈏ — ㈐ — ㈎

✔ 해설 디지털 문명을 살고 있는 오늘날 점차 다변화되어가는 통신 분야가 사이버 공간으로 전환되어, 종합 통신망을 이용한 기업들이 인간에게 미치는 영향력이 점차 막강해질 것이라는 예측을 중심으로 내용을 전개하고 있다.

**Answer** 23.② 24.② 25.④ 26.①

**27**

> ㈎ 이보다 발달된 차원의 경험적 방법은 관찰이며, 지식을 얻기 위해 외부 자연 세계를 관찰하는 것이다.
> ㈏ 가장 발달된 것은 실험이며 자연 세계에 변형을 가하거나 제한된 조건하에서 살펴보는 것이다.
> ㈐ 우선 가장 초보적인 차원이 일상 경험이다.
> ㈑ 자연과학의 경험적 방법은 세 가지 차원에서 생각해볼 수 있다.

① ㈎ - ㈑ - ㈏ - ㈐
② ㈎ - ㈏ - ㈑ - ㈐
③ ㈑ - ㈐ - ㈏ - ㈎
④ ㈑ - ㈐ - ㈎ - ㈏

✔ 해설 ㈑ 자연 과학의 경험적 방법에는 세 가지 차원이 있다고 전제하고, ㈐ 가장 초보적인 차원(일상경험) → ㈎ 이보다 발달된 차원(관찰) →㈏ 가장 발달된 차원(실험)으로 설명이 전개되고 있다.

**28**

> ㈎ 국민들의 지식과 정보의 빠른 변화에 적응해야 국가 경쟁력도 확보될 수 있는 것이다.
> ㈏ 그러나 평균 수명이 길어지고 사회가 지식 기반 사회로 변모해감에 따라 평생 교육의 필요성이 날로 높아지고 있다.
> ㈐ 현재 우리나라의 교육열이 높다는 것은 학교 교육에 한할 뿐이고 그마저 대학 입학을 위한 것이 거의 전부이다.
> ㈑ 더구나 산업 분야의 구조 조정이 빈번한 이 시대에는 재취업 훈련이 매우 긴요하다.

① ㈎ - ㈏ - ㈑ - ㈐
② ㈎ - ㈑ - ㈏ - ㈐
③ ㈐ - ㈏ - ㈑ - ㈎
④ ㈐ - ㈑ - ㈏ - ㈎

✔ 해설 가장 먼저 ㈐에서 우리나라의 교육 현실이 전제되고, ㈏에서 시대의 변화에 따른 평생 교육의 필요성이 제기되었다. ㈑에서는 평생교육 중에서도 재취업 훈련의 필요성을 강조하였고, ㈎에서 평생 교육을 통해 국가경쟁력을 확보할 수 있다는 말로 평생 교육의 중요성이라는 주제를 드러내고 있다.

**29**

(가) 앵무조개 껍데기의 무늬는 반복의 미(美)를 보여 준다.
(나) 이런 반복과 변화의 미는, 르네상스의 건축 디자인에서도 볼 수 있다.
(다) 1 : 1.618의 황금 비율로 된 빈 종이도 아름다운데, 이 비율로 된 형태가 크기를 달리하며 반복되면 통일과 변화라는 또 다른 미감이 생긴다.
(라) 르네상스 건축가들은 이런 건축물을 세련되게 작곡된 음악에 비유해 '조화'라 불렀다.
(마) 당시 건축물에서 문과 창의 같은 형태에서는 반복의 미를, 다른 크기에서는 색다른 변화의 미를 느끼게 되는 것이다.

① (가) – (다) – (나) – (마) – (라)
② (가) – (마) – (다) – (나) – (라)
③ (나) – (다) – (가) – (마) – (라)
④ (나) – (가) – (라) – (마) – (다)

✔ 해설 (가)(다) 앵무조개 껍데기의 반복의 미
(나)(마)(라) 르네상스 디자인에서도 볼 수 있는 반복의 미

**30**

(가) 그러나 고고학적 발견에 의하면 이미 삼국시대의 백제의 유물에서 각필로 쓴 문헌과 각필이 발견되고 있어 그 연원은 상당히 앞선 것으로 생각된다.
(나) 현재 발견된 각필구결 문헌의 실물은 주로 통일신라시대부터 고려시대 전기의 유물에 집중되어 있다.
(다) 구결은 훈민정음이 창제되기 이전에 한문 경전을 훈독하거나 현토하는 데 사용된 우리나라 고유의 방법으로 보통 한문 중간 중간에 토를 달아 우리말 어순으로 읽는데 사용하였다.
(라) 각필구결은 각필을 사용해 종이에 서사된 구결이다.
(마) 이러한 구결에 대한 연구는 1970년대 초반까지 주로 조선 후기 자료를 가지고 진행되었으나 이후 불상 복장 유물 중심으로 고려시대 구결이 여러 차례 발견되면서 구결에 대한 연구가 활발해지기 시작하였다.

① (나) – (마) – (다) – (라) – (가)
② (라) – (나) – (마) – (다) – (가)
③ (가) – (나) – (다) – (라) – (마)
④ (라) – (다) – (마) – (나) – (가)

✔ 해설 (라) 각필구결의 정의→(다) 구결의 용도와 읽는 방법→(마) 구결 연구의 역사→(나) 주로 통일신라~고려 전기 유물에 집중된 각필구결 문헌의 실물→(가) 연원이 상당히 앞선 것으로 추정되는 각필구결

**Answer** 27.④ 28.③ 29.① 30.④

**▌31~32▐ 다음 글을 읽고 물음에 답하시오.**

> ㈎ 바야흐로 "21세기는 문화의 세기가 될 것이다."라는 전망과 주장은 단순한 바람의 차원을 넘어서 보편적 현상으로 인식되고 있다. 이러한 현상은 세계 질서가 유형의 자원이 힘이 되었던 산업사회에서 눈에 보이지 않는 무형의 지식과 정보가 경쟁력의 원천이 되는 지식 정보 사회로 재편되는 것과 맥을 같이 한다.
>
> ㈏ 지금까지의 산업사회에서 문화와 경제는 각각 독자적인 영역을 유지해 왔다. 그러나 지식정보사회에서는 경제성장에 따라 소득 수준이 향상되고 교육 기회가 확대되면서 물질적 풍요를 뛰어넘는 삶의 질을 고민하게 되었고, 모든 재화와 서비스를 선택할 때 기능성을 능가하는 문화적, 미적 가치를 고려하게 되었다.
>
> ㈐ 이제 문화는 배부른 자나 유한계급의 전유물이 아니라 생활 그 자체가 되었다. 고급문화와 대중문화의 경계가 무너지고 장르 간 구분이 모호해지면서 서로 다른 문화가 뒤섞여 새로운 문화가 생겨나고 있다. 이렇게 해서 나타나는 퓨전 문화가 대중적 관심을 끌고 있는 가운데 이율배반적인 것처럼 보였던 문화와 경제의 공생 시대가 열린 것이다. 특히 경제적 측면에서 문화는 고전 경제학에서 말하는 생산의 3대 요소인 토지 · 노동 · 자본을 대체하는 생산 요소가 되었을 뿐만 아니라 경제적 자본 이상의 주요한 자본이 되고 있다.

## 31 주어진 글의 내용과 일치하지 않는 것은?

① 문화와 경제가 서로 도움이 되는 보완적 기능을 하는 공생 시대가 열렸다.
② 산업사회에서 문화와 경제는 각각 독자적인 영역을 유지해 왔다.
③ 이제 문화는 부유층의 전유물이 아니라 생활 그 자체가 되었다.
④ 고급문화와 대중문화가 각자의 영역을 확고히 굳히며 그 깊이를 더하고 있다.

**✔해설** ④ 고급문화와 대중문화의 경계가 무너지고 장르 간 구분이 모호해지면서 서로 다른 문화가 뒤섞여 새로운 문화가 생겨나고 있다고 언급하고 있다.

## 32 주어진 글의 흐름에서 볼 때 아래의 글이 들어갈 적절한 곳은?

> 뿐만 아니라 정보통신이 급격하게 발달함에 따라 세계 각국의 다양한 문화를 보다 빠르게 수용하면서 문화적 욕구와 소비를 가속화시켰고, 그 상황 속에서 문화와 경제는 서로 도움이 되는 보완적 기능을 하게 되었다.

① ㈎ 앞　　② ㈎와 ㈏ 사이
③ ㈏와 ㈐ 사이　　④ ㈐ 다음

**✔해설** '뿐만 아니라'의 쓰임으로 볼 때 이 글의 앞부분에는 문화와 경제의 영역이 무너지고 있다는 내용이 언급되어야 한다. 따라서 ㈏ 뒤에 이어지는 것이 적절하다.

**| 33~38 | 다음 제시된 개요의 결론으로 알맞은 것을 고르시오.**

**33**

제목 : 미개봉 영화의 불법 파일 유출 문제
Ⅰ. 서론 : 개봉 영화가 불법 파일로 만들어져 인터넷에 떠돌고 있는 현실

Ⅱ. 본론
㉠ 개봉 영화가 불법 파일로 유출되는 사실의 문제점
- 저작권법 위반
- 영화 산업 침체 우려

㉡ 개봉 영화가 불법 파일로 유출되는 원인
- 영화사의 관리 소홀
- 네티즌의 준법 의식 결여

㉢ 문제의 해결 방안
- 철저한 저작권법 적용으로 경각심 고취
- 영화사의 보안 관리 철저

Ⅲ. 결론 : (                                        )

① 불법 파일 다운로드 네티즌의 사법처리 위법성
② 영화사의 불법 파일에 대한 보안성 제고 및 네티즌의 자정 노력 촉구
③ 개봉 영화 관람객의 실질적인 감소 현상을 막기 위한 대안 촉구
④ 불법적인 인터넷 공유 사이트의 성장을 막기 위한 방안

**해설** ② 결론에서는 제시된 해결방안을 바탕으로 주장을 정리해야하므로 주제문에 알맞다.
① 해결방안으로 제시된 저작권법 강화와 상반되는 논지이다.
③④ 본론의 문제 해결방안에 제시되어야 할 내용이다.

**Answer** 31.④ 32.③ 33.②

**34**

제목 : 어린이 과보호
Ⅰ. 서론 : 어린이 과보호의 문제점

Ⅱ. 본론
㉠ 문제의 배경
• 핵가족화 현상으로 인한 가족 우선주의
• 자녀에 대한 소유 의식
㉡ 문제점의 규명
• 가정 차원의 문제점
– 아이의 경우 : 자기중심적이고 비자주적인 태도 형성
– 부모의 경우 : 자녀에 대한 기대가 충족되지 않는 데서 오는 배신감과 소외감
• 사회 차원의 문제점
– 공동체 의식의 이완
– 시민 의식의 파괴

Ⅲ. 결론 : (　　　　　　　　　　　　　　　　)

① 과보호 문제 해결을 위해 선진국의 사례를 집중적으로 연구
② 유치원 교육의 개편을 통한 시민 도덕규범의 일상적 실천 촉구
③ 과보호에 대한 인식전환과 건전한 가족 문화 형성의 필요성
④ 과보호 규제를 위한 가정과 사회의 노력 촉구

해설 ④ 본론에서 어린이 과보호의 배경과 그로 인한 문제점을 가정, 사회 차원에서 드러내고 있으므로 이를 바탕으로 결론의 내용을 찾는다.

**35**

> 제목 : 컴퓨터 범죄의 정의 및 범위
> Ⅰ. 서론 : 컴퓨터 범죄의 개요
>
> Ⅱ. 본론
> ㉠ 컴퓨터 범죄와 사이버 공간의 대중성, 익명성, 시간적·공간적 무제약성과의 관련성
> ㉡ 사이버 공간의 특성과 컴퓨터 범죄의 특징
> - 피해 범위가 광범위하다.
> - 익명성 때문에 범인 추적이 어렵다.
> - 범죄 행위 장소와 그에 따른 결과 발생지가 다르다. 따라서 결과 발생지에서 범죄자의 흔적을 추적할 수 없다.
> - 범죄자가 새로 개발된 기술을 사용한 경우 수사 기관이 그 기술의 상세한 내용을 파악하기 전에는 범죄에 대처하기 어렵다.
> - 사전에 컴퓨터 프로그램을 제작한 경우 범죄 행위자가 다른 일을 하고 있는 순간에도 프로그램을 자동으로 실행시켜 범행을 저지를 수 있으므로 알리바이 수사가 무의미해진다.
> - 프로그램의 반복 수행에 의하여 동일한 결과를 계속 추출함으로써 연속적 또는 동시다발적으로 같은 범죄를 저지를 수 있게 된다.
>
> Ⅲ. 결론 : (                                        )

① 대학이나 기업에 비해 개인이 사용하는 컴퓨터 부분에서 해킹 피해가 급증하고 있음을 알 수 있다.

② 정보 시스템에 대한 의존도가 높아지고 있는 상황에서 정보 시스템의 정상적인 운영은 아주 중요하다.

③ 전자 상거래는 전자 기술을 이용하여 세무 행정의 획기적인 발전을 기할 수 있는 반면, 납세자 정보 관리 등 인권 침해의 소지가 발생할 수 있다.

④ 컴퓨터 등 정보 통신 매체에 대한 폭넓은 지식을 쌓아야 하며, 기술이 변화함에 따라 발생할 수 있는 새로운 범죄 유형에 대처하기 위해 수사 기법을 계속 연구하고 발전시켜야 할 것이다.

✔ 해설 ①번은 해킹에 의한 피해 접수 현황에 대한 것이므로 위 글과 무관하다.
②번은 문제점을 지적하기에 앞서 서술하는 것이 적당하므로 위 글의 앞에 놓여야 한다.
③번은 전자 상거래에 대한 내용이므로 위 글과 무관하다.
④번은 컴퓨터 범죄의 특징에 대해 살펴본 결과 제기되는 과제를 제시하는 내용이므로 적당하다.

**Answer** 34.④ 35.④

**36**

제목 : 대중문화를 이끌 팬 클럽 문화
Ⅰ. 서론 : 팬 클럽 문화가 생겨난 원인
㉠ 텔레비전의 보급과 가요 문화의 활발화
㉡ 인터넷의 사용의 보편화에 따른 확산

Ⅱ. 본론
㉠ 팬 클럽 문화에 대한 부정적인 인식
• 건전한 비판을 거부하고 경쟁 연예인에게 악성 댓글로 피해를 줌
• 기획사들이 팬 클럽을 상업적으로 이용함
㉡ 팬 클럽 문화의 긍정적인 모습
• 사람들에게 다양한 대중문화를 소개함
• 연예인과 함께 봉사 활동, 기부 문화를 확산함

Ⅲ. 결론 : (　　　　　　　　　　　　　　　　　　)

① 팬 클럽 문화로 인한 세대 갈등
② 팬 클럽 문화가 나아갈 길
③ 팬 클럽 문화를 공유하는 방안 마련
④ 대중문화 확산을 위한 노력 촉구

✔ 해설 ② 서론에서 팬 클럽 문화가 생겨난 원인을 밝히고, 본론에서 팬 클럽 문화에 대한 부정적인 인식과 긍정적인 모습을 같이 소개했기 때문에 결론에서는 이를 정리할 수 있도록 '팬 클럽 문화가 나아갈 길'이 적절하다.

**37**

제목 : 생태 관광
Ⅰ. 서론 : 생태 관광의 의의와 현황

Ⅱ. 본론
㉠ 문제점 분석
• 생태자원 훼손
• 지역 주민들의 참여도 부족
• 수익 위주의 운영
• 안내 해설 미흡
㉡ 개선 방안 제시
• 인지도 및 관심 증대
• 지역 주민들의 참여 유도
• 관련 법규의 재정비
• 생태관광가이드 육성

Ⅲ. 결론 : (　　　　　　　　　　　　　　　　)

① 자연생태계 훼손 최소화
② 생태 관광의 지속적인 발전
③ 생물자원의 가치 증대
④ 바람직한 생태 관광을 위한 노력 촉구

**해설** ④ 본론에서 생태 관광에 대한 문제점을 지적하고 그에 대한 개선 방안을 제시하였으므로 결론에서는 주장을 정리하는 '바람직한 생태 관광을 위한 노력 촉구'가 적절하다.

**Answer** 36.② 37.④

**38**

제목 : 우리말 사랑하고 가꾸기
Ⅰ. 서론 : 우리말의 오용 실태

Ⅱ. 본론
㉠ 우리말 오용의 원인
- 우리말에 대한 사랑과 긍지 부족
- 외국어의 무분별한 사용
- 우리말 연구 기관에 대한 정책적 지원 부족
- 외국어 순화 작업의 중요성 간과

㉡ 우리말을 가꾸는 방법
- 우리말에 대한 이해와 적극적인 관심
- 외국어의 무분별한 사용 지양
- 바른 우리말 사용 캠페인
- 대중 매체에 사용되는 우리말의 순화

Ⅲ. 결론 : (                                        )

① 우리말을 사랑하고 가꾸기 위한 노력 제고
② 언어순화 작업의 중요성 강조
③ 잘못된 언어습관 지적의 필요성
④ 우리말 연구 기관에 대한 예산지원의 효과

**해설** 서론에서 우리말의 오용 실태를 지적했으며, 본론에서는 우리말 오용의 원인과 함께 그에 대한 우리말 가꾸는 방법이 있으므로 이를 정리하여 결론에서는 '우리말을 사랑하고 가꾸기 위한 노력 제고'가 적절하다.

**39** '미래를 걱정하기보다는 현재에 충실하자'라는 주제로 글을 쓰려고 한다. 이를 구상한 내용으로 적절하지 않은 것은?

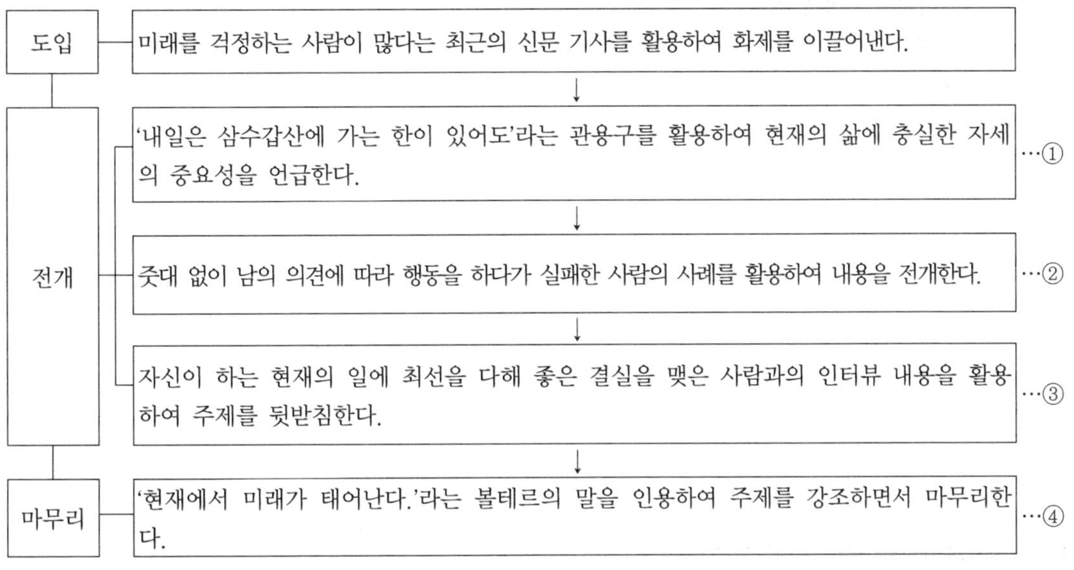

도입
미래를 걱정하는 사람이 많다는 최근의 신문 기사를 활용하여 화제를 이끌어낸다.
전개
'내일은 삼수갑산에 가는 한이 있어도'라는 관용구를 활용하여 현재의 삶에 충실한 자세의 중요성을 언급한다. …①
줏대 없이 남의 의견에 따라 행동을 하다가 실패한 사람의 사례를 활용하여 내용을 전개한다. …②
자신이 하는 현재의 일에 최선을 다해 좋은 결실을 맺은 사람과의 인터뷰 내용을 활용하여 주제를 뒷받침한다. …③
마무리
'현재에서 미래가 태어난다.'라는 볼테르의 말을 인용하여 주제를 강조하면서 마무리한다. …④


**해설** ② 줏대 없이 남의 의견에 따라 행동을 하다가 실패한 사람의 사례를 활용하여 내용을 전개하는 것은 주체적으로 행동하는 삶을 강조하는 글에 관련되는 내용이므로, '미래를 걱정하기보다는 현재에 충실하자'라는 주제의 글에는 적절하지 않다.

**Answer** 38.① 39.②

**40** 다음 밑줄 친 문장에 이어지는 글의 순서로 가장 적절한 것은?

> <u>우리 사회에 차별이 존재하는 것은 사실이다.</u>
> ㉠ 장애인이 취업 문턱을 넘기가 힘들고 학력 차별도 뿌리 깊다.
> ㉡ 선진국이 되려면 차별을 줄여 나갈 필요가 있다.
> ㉢ 또 여성의 지위가 나아졌다 해도 여성권한 척도는 70개국 중 63위에 지나지 않는다.

① ㉡ - ㉠ - ㉢
② ㉠ - ㉡ - ㉢
③ ㉢ - ㉠ - ㉡
④ ㉠ - ㉢ - ㉡

✔ 해설 우리 사회에 차별이 존재함(도입) → ㉠ 차별의 예(예시1) → ㉢ 또 다른 차별의 예(예시2) → ㉡ 선진국이 되기 위해서는 차별을 줄여야 함(결론)

**41** 다음 글의 제목으로 적절한 것은?

> 국내 주요 기업 최고 경영자들이 잇따라 트위터 열풍에 동참하고 있다. 이들은 개인적인 일상생활뿐만 아니라 경영 활동의 일환인 해외 출장과 같은 주요 일정도 공개하는 등 트위터를 통한 '소통의 경영'을 실천해 눈길을 끌고 있다. 이 같은 재계 주요 인사들의 적극적인 트위터 활용을 바라보는 시각은 두 가지다. 회사 직원들뿐만 아니라 궁극적 소비자인 불특정 다수의 국민들과 진정한 '스킨십 경영'을 실천한다는 점은 긍정적이다. 그러나 기업의 관련 업무 담당자들이 자사 최고 경영자의 트위터를 모니터링하는 업무까지 수행해야 하는 것은 부정적인 측면으로 평가된다.

① 트위터와 스킨십
② 트위터와 업무 집중도
③ 최고 경영자의 업무 방식
④ 최고 경영자의 트위터 열풍의 명암

✔ 해설 국내 주요 기업 최고 경영자들의 트위터 열풍에 대한 두 가지 시각에 대해 말하고 있다. 회사 직원들뿐 아니라 국민들과 진정한 '스킨십 경영'을 실천한다는 점은 긍정적이지만 기업의 관련 업무 담당자들이 자사 최고 경영자의 트위터를 모니터링하는 업무까지 수행해야 하는 것은 부정적이라고 언급하였으므로 답이 ④라는 것을 쉽게 알 수 있다.

**42** 다음 글의 결론으로 적당한 것은?

> 책은 휴대 가능하고, 값이 싸며, 읽기 쉬운 데 반해 컴퓨터는 들고 다닐 수가 없고, 값도 비싸며, 전기도 필요하다. 전자 기술의 발전은 이런 문제를 해결할 것이다. 조만간 지금의 책 크기만 한, 아니 더 작은 컴퓨터가 나올 것이고, 컴퓨터 모니터도 훨씬 정교하고 읽기 편해질 것이다. 조그만 칩 하나에 수백 권 분량의 정보가 기록될 것이다.

① 컴퓨터는 종이 책을 대신할 것이다.

② 컴퓨터는 종이 책을 대신할 수 없다.

③ 컴퓨터도 종이 책과 함께 사라질 것이다.

④ 종이 책의 역사는 앞으로도 계속될 것이다.

✔ 해설 전자 기술이 발전함에 따라 컴퓨터의 단점이 개선되어 종이 책을 대신할 수 있는 작지만 더욱 정교하고 용량이 큰 컴퓨터가 등장할 것임을 예상하고 있음으로 글의 결론은 '컴퓨터가 종이 책을 대신할 것이다.'가 적절하다.

**Answer** 40.④ 41.④ 42.①

## 43 다음 글을 읽고 알 수 없는 것은?

> 환경호르몬이란 생물체에서 정상적으로 생성 · 분비되는 물질이 아니라, 인간의 산업 활동을 통해 생성 · 방출된 화학물질로, 생물체에 흡수되면 내분비계의 정상적인 기능을 방해하거나 혼란케 하는 화학물질이다. 환경호르몬은 우리가 즐겨먹는 통조림 식품이나 캔 음료 등에 들어 있다. 또한 과일이나 채소를 재배할 때 사용하는 농약 속에도 들어 있다.
>
> 우리가 식생활을 하면서 이러한 위험성의 노출을 최소화 하려면 캔류 사용을 줄이고, 랩이나 플라스틱 용기의 식품도 피하는 것이 좋다. 또한 되도록 유기농 야채나 과일을 먹는 것이 좋으며 먹기 전에는 꼭 깨끗이 씻어 먹어야 한다. 화장품에도 환경호르몬이 들어있는데, 우리가 자주 쓰는 세안용품, 샴푸, 트리트먼트, 바디샴푸, 바디로션, 파운데이션, 마스카라, 립스틱, 매니큐어, 염색제 등등 … 이런 미용용품에 상당량의 환경호르몬이 들어있다고 한다. 따라서 이런 류의 제품 사용을 최대한 줄이고, 꼭 필요한 것만 쓰는 생활습관이 요구된다.

① 환경호르몬의 종류

② 환경호르몬의 정의

③ 환경호르몬에 대한 대처법

④ 환경호르몬이 인체에 미치는 영향

**해설** 환경호르몬의 종류에 관한 언급은 없다.

## 44 다음 글의 내용과 유사한 사례는?

> 중남미 국가에서는 전체 인구의 80% 이상이 가톨릭을 믿고 있다. 그러나 원주민의 문화적 전통이 강하거나, 가톨릭이 뿌리내리지 못한 지역에서는 원주민의 전통 요소와 혼합되어 중남미 특유의 민간 가톨릭이 만들어졌다. 이들 지역에서는 성모 마리아와 함께 고유의 수호신을 중요한 믿음의 대상으로 여긴다.

① 불교 사원에 산신각이나 칠성각이 함께 있다.

② 일제시대에는 신사참배와 창씨개명이 강요되었다.

③ 한류의 확산으로 한국 드라마의 수출이 늘어나고 있다.

④ 식품 회사가 주력기업인 A그룹이 건설업에도 진출하였다.

**해설** 하나의 종교와 전통 요소가 혼합되어 존재하는 모습을 설명하고 있다. 따라서 여러 가지의 요소가 혼합되어 함께 존재하는 사례를 찾으면 답은 ①이 된다.

**45** 다음 글에 관련된 내용을 바르게 이해한 것은?

> 국회의원들의 천박한 언어 사용은 여야가 다르지 않고, 어제오늘의 일도 아니다. '잔대가리', '양아치', '졸개' 같은 단어가 예사로 입에서 나온다. 막말에 대한 무신경, 그릇된 인식과 태도가 원인이다. 막말이 부끄러운 언어 습관과 인격을 드러낸다고 여기기보다 오히려 투쟁성과 선명성을 상징한다고 착각한다.

① 모든 국회의원들은 막말 쓰기를 좋아한다.

② 국회의원들의 천박한 언어 사용은 아주 오래되었다.

③ '잔대가리', '양아치', '졸개' 등은 은어(隱語)에 속한다.

④ 국회의원들은 고운 말과 막말을 전혀 구분할 줄 모른다.

✔ 해설 국회의원들은 막말이 부끄러운 언어 습관과 인격을 드러낸다고 여기기보다 오히려 투쟁성과 선명성을 상징한다고 착각하는 것으로 보아 고운 말과 막말을 전혀 구분할 줄 모른다고 할 수 있다.

**46** 다음 글의 주제는 무엇인가?

> 우리가 흔히 경험하는 바에 따르면, 예술이 추구하는 미적 쾌감이 곱고 예쁜 것에서 느끼는 쾌적함과 반드시 일치하지는 않는다. 예쁜 소녀의 그림보다는 주름살이 깊이 팬 늙은 어부가 낡은 그물을 깁고 있는 그림이 더 감동적일 수 있다. 선과 악을 간단히 구별할 수 없는 여러 인물들이 뒤얽혀서 격심한 갈등이 전개되는 영화가 동화처럼 고운 이야기를 그린 영화보다 더 큰 감명을 주는 것도 흔히 있는 일이다. 이와 같이 예술의 감동이라는 것은 '단순히 보고 듣기 쾌적한 것'이 아닌, '우리의 삶과 이 세계에 대한 깊은 인식, 체험'을 생생하고도 탁월한 방법으로 전달하는 데에 있다.

① 예술은 쾌적함을 주는데 그 목적이 있다.

② 예술의 미적 쾌감은 곱고 아름다운 것에서만 느낄 수 있다.

③ 우리 삶 속의 문제와 갈등은 예술과는 거리가 멀다.

④ 예술의 미는 소재가 아닌 삶에 대한 통찰과 표현의 탁월성에서 나온다.

✔ 해설 ④ '늙은 어부'의 그림과 '격심한 갈등을 보여주는 영화'를 예로 들어 예술의 미란 단순한 '미', '추'의 개념으로 판단할 수 없음을 말하고 있다.

**Answer** 43.① 44.① 45.④ 46.④

**47** 지문에 대한 반론으로 부적절한 것은?

> 사람들이 '영어 공용화'의 효용성에 대해서 말하면서 가장 많이 언급하는 것이 영어 능력의 향상이다. 그러나 영어 공용화를 한다고 해서 그것이 바로 영어 능력의 향상으로 이어지는 것은 아니다. 영어 공용화의 효과는 두 세대 정도 지나야 드러나며 교육제도 개선 등 부단한 노력이 필요하다. 오히려 영어를 공용화하지 않은 노르웨이, 핀란드, 네덜란드 등에서 체계적인 영어 교육을 통해 뛰어난 영어 구사자를 만들어 내고 있다.

① 필리핀, 싱가포르 등 영어 공용화 국가에서는 영어 교육의 실효성이 별로 없다.
② 우리나라는 노르웨이, 핀란드, 네덜란드 등과 언어의 문화나 역사가 다르다.
③ 영어 공용화를 하지 않으면 영어 교육을 위해 훨씬 많은 비용을 지불해야 한다.
④ 체계적인 영어 교육을 하는 일본에서는 뛰어난 영어 구사자를 발견하기 힘들다.

✔ 해설 제시된 글은 영어 공용화에 대한 부정적인 입장이므로 반론은 영어 공용화에 대한 긍정적인 입장에서 근거를 제시해야 한다. ①은 영어 공용화에 대한 부정적 입장이다.

**48** 다음 주장의 설득력을 가장 약화시키는 것은?

> 거짓말을 하면 정신적 스트레스 때문에 일정한 생리적 변화가 일어난다. 우리가 거짓말 탐지기를 믿을 수 있는 이유는 바로 적절한 도구를 통해 이러한 생리적 증상을 측정할 수 있기 때문이다.

① 여러 종류의 정신적 스트레스가 동일한 생리적 증상을 낳기도 한다.
② 거짓말을 하면 남보다 훨씬 큰 스트레스를 받는 사람도 있다.
③ 검사자가 적절한 도구를 사용할 수 있을 만큼 전문지식을 갖추어야 한다.
④ 적절한 도구마저도 오용되거나 남용될 수 있다.

✔ 해설 ① 거짓말이 아닌 다른 이유로 인한 정신적 스트레스도 거짓말로 치부할 수 있으므로 주장의 설득력이 약화된다.

**Ⅰ49~50Ⅰ 다음 글을 읽고 물음에 답하시오.**

문학이란 언어로 이루어진 예술을 의미한다. 즉 문학은 언어예술로 언어로 이루어졌다는 점에서 다른 예술과 다르고 예술이라는 점에서 언어활동의 다른 영역과 차이를 이룬다. 흔히 일반 사람들은 글로 적은 것만을 문학이라 하지만 실제로 문학이란 글로 적은 것뿐만 아니라 말로 된 것까지 포함한다. 하지만 과거 오랫동안 사람들이 문학에 대한 비평과 연구를 할 때 글로 적은 문학을 더 중시했던 까닭에 이러한 오해가 생긴 것이다. 조선시대 대표적인 학자인 이이는 "사람이 내는 소리로 뜻을 가지고 글로 적히고 쾌감을 주고, 도리에 합당한 것을 문학이라 한다."고 규정하였다. 이는 문학의 기본 성격과 문제점이 잘 나타나 있다. 문학은 보통 독자를 즐겁게 하면서 진실을 깨우쳐 준다는 양면성을 지니고 있다. 여기서 어느 부분을 더 강조하느냐에 따라 문학관이 달라진다. 한국문학은 한국인의 문학이고 한국어로 된 문학이다. 여기서 한국인이란 한민족을 말하며 또한 다른 나라의 국적을 가진 해외교포의 문학이라도 자신을 한민족으로 의식한 작가가 한국어로 창작한 것이면 한국문학에 속한다. 한국문학은 크게 구비문학과 한문학, 국문 기록문학으로 나눌 수 있다. 구비문학은 말로 이루어지고 말로 전하는 문학을 말하며 한문학이란 과거 한자의 수용으로 인해 형성된 문학을 이른다. 그리고 국문 기록문학이란 처음에는 한자를 이용한 차자문학으로 시작하여 훈민정음 창제 후 한글로 기록된 문학을 말한다.

**49** 다음 중 옳지 않은 것은?

① 문학이란 언어로 이루어진 언어예술을 뜻하며 언어로 이루어졌다는 점에서 다른 예술과 차이점을 보이고 있다.

② 이이는 문학을 사람이 내는 소리로 뜻을 가지고 글로 적히고 쾌감을 주고 도리에 합당한 것이라 규정하였다.

③ 한국문학이란 한국인이 한국어로 기록한 문학으로 다른 나라의 국적을 가진 해외교포가 한국어로 기록한 문학은 한국문학에 속하지 않는다.

④ 국문 기록문학은 처음에 한자를 이용한 차자문학으로 시작하여 훈민정음 창제 후 한글로 기록된 문학을 말한다.

✔ 해설 ③ 한국문학은 한국인의 문학이고 한국어로 된 문학이다. 여기서 한국인이란 한민족을 말하며 또한 다른 나라의 국적을 가진 해외교포의 문학이라도 자신을 한민족으로 의식한 작가가 한국어로 창작한 것이면 한국문학에 속한다.

**Answer** 47.① 48.① 49.③

**50** 다음 중 한국문학에 속하지 않는 것은?

① 입에서 입으로 전해져 내려오는 설화
② 일본에 사는 한국인이 일본어로 적은 소설
③ 한문으로 기록된 고려시대 가요
④ 향찰로 표기된 향가

해설 ② 비록 기록한 사람이 한국인이라 하더라도 한국어가 아닌 일본어로 기록된 소설은 한국문학에 속하지 않는다.

**51** 다음 글의 주제로 적절한 것은?

> 바이러스 입장에서 보면 인간을 감염시키는 일이 그렇게 호락호락하지 않다. 일단 체내로 들어가는 것부터가 고난의 시작이다. 이때 우리 몸은 표피 세포에서 분비되는 산성 물질, 병원균 분해 효소 등으로 방어를 개시한다. 만약 끝내 이를 뚫고 들어오는 바이러스가 있다면 우리 몸은 발열 반응과 염증을 일으킨다. 발열 반응은 열에 약한 바이러스를 무력화시키고, 염증은 모세혈관을 확장시켜 인터페론 같은 항바이러스성 단백질과 백혈구를 감염된 조직에 대량 투입한다. 자연 살해 세포는 감염된 세포를 파괴해 바이러스도 함께 죽인다. 이런 일사불란한 전투가 바이러스가 침입했을 때 일어나는 1차 면역 반응이다. 이것은 인류가 바이러스의 공격에 대처하기 위해 진화한 결과이다.

① 바이러스의 감염 경로
② 바이러스와 인간의 동반 죽음
③ 바이러스가 다른 숙주에게 전염되는 방법
④ 바이러스의 인간 세포 침입과 인간의 면역 반응

해설 바이러스가 인간의 몸에 침입하는 방법과 그로 인해 인간의 몸에서 일어나는 면역 반응에 관해 설명하고 있는 글이다.

**| 52~53 | 다음 글을 읽고 물음에 답하시오.**

> 민화는 보통 민속에 얽힌 관습적인 그림이나 오랜 역사를 통해 사회의 요구에 따라 같은 주제를 되풀이하여 그린 생활화나 비전문적인 화가나 일반 대중들의 치졸한 작품 등을 일컫는 말로 쓰인다. 민화라는 용어를 처음 사용한 일본인 야나기는 민화를 "민중 속에서 태어나고 민중을 위하여 그려지고 민중에 의해서 구입되는 그림"이라고 정의하였다. 이와 더불어 우리나라에서도 민화에 대한 연구와 논의를 벌였는데 이러한 연구결과를 종합해 보면 민화는 엄밀한 의미의 순수, 소박한 회화와 함께 도화서 화풍의 생활화·실용화를 모두 가리킨다. 또한 백성들이 오랜 세월을 살아오는 동안 이 세상에서 복을 받고 오래 살기를 바라는 불로장생과 벽사진경의 염원, 신앙과 생활 주변을 아름답게 꾸미고자 하는 마음을 솔직하고 자연스럽게 나타낸 전통 사회의 산물이라고 정의할 수 있다. 한국민화는 신석기 시대의 암벽화나 청동기 시대의 공예품, 삼국시대의 고분벽화, 고려·조선시대 미술 공예품에서 그 연원을 찾을 수 있다. 특히 암벽화의 동물그림이나, 고구려의 사신도, 신선도, 십장생도, 수렵도, 백제의 산수도 등에서 그 흔적이 엿보인다. 민화의 작가로는 도화서 화원과 화원의 제자, 그림에 재능은 있지만 화원이 되지 못한 사람들, 그리고 일반 백성에 이르기까지 그 범위가 매우 넓다. 민화는 대부분 나쁜 귀신을 쫓고 경사스러운 일을 맞기를 희망하는 대중의 의식과 습속에 얽힌 그림, 집 안팎을 단장하기 위한 그림, 병풍·족자·벽화 같은 일상생활과 관련된 그림이 주류를 이루었다.

**52** 다음 중 옳지 않은 것은?

① 민화는 비전문적인 화가나 일반 대중들이 전통적으로 이어 내려온 생활 습속에 따라 제작한 대중적인 실용화를 의미한다.

② 야나기는 민중 속에서 태어나고 민중을 위하여 그려지고 민중에 의해서 구입되는 그림이라고 민화를 정의하였다.

③ 민화는 대중적인 생활화나 실용화로써 도화서의 정식 화원들이 그린 그림은 민화에 속하지 않는다.

④ 우리나라 암벽화의 동물그림이나 고구려의 사신도, 수렵도 그리고 백제의 산수문 등에서 한국 민화의 연원을 찾아볼 수 있다.

**해설** ③ '민화는 엄밀한 의미의 순수, 소박한 회화와 함께 도화서 화풍의 생활화·실용화를 모두 가리킨다.'와 '민화의 작가로는 도화서 화원과 화원의 제자, 그림에 재능은 있지만 화원이 되지 못한 사람들, 그리고 일반 백성에 이르기까지 그 범위가 매우 넓다.'의 내용으로 미루어 볼 때 도화서 화원들이 그린 그림 또한 민화에 속한다고 볼 수 있다.

**Answer** 50.② 51.④ 52.③

**53** 위 글을 통해 알 수 없는 것은?

① 민화를 처음 그린 사람
② 민화의 정의
③ 민화의 작가
④ 민화로 그려진 그림들

✔해설 ① 위 글을 통해 민화를 처음 그린 사람에 대해서는 알 수 없다.

**▌54~55▐ 다음 글을 읽고 물음에 답하시오.**

화산은 지구 깊숙한 곳에서 고온의 용융상태로 있던 마그마가 지표에 분출하여 화구에 쌓여서 이루어진 지형을 말한다. 화산이 형성될 때는 다량의 분출물이 뿜어져 나오는데 화산가스, 화산쇄설물, 용암 등이 그것이다. 화산가스는 대부분 수증기로 이루어져 있지만 수증기 이외에 염화수소 · 황화수소 · 수소 · 이산화탄소 · 일산화탄소 · 염소 · 붕소 · 황 · 이산화황 · 질소 등도 포함되어 있다. 화산쇄설물은 화산이 폭발할 당시 그 힘에 의해 화구 주변의 암석이나 이미 굳어진 용암 자체가 부서져 여러 가지 크기의 파편물 상태로 뿜어져 나온 것으로 그 크기나 형태, 구조 등에 따라 화산암괴, 화산력, 화산재로 분류된다. 용암은 마그마가 직접 지표로 흘러나온 것으로 분출 당시의 온도는 약 1,000~1,200℃이고 600~700℃ 정도로 식으면 굳어서 암석이 된다. 또한 화산은 그 활동시기에 따라 활화산과 휴화산 · 사화산으로 나뉘는데 활화산이란 현재 분화가 일어나고 있는 화산을 말하고 휴화산이란 현재는 분화하고 있지 않지만 역사상으로 분화한 기록이 있는 화산이나 장래에 분화할 가능성이 있는 화산을 말한다. 그리고 사화산은 화산의 특성을 가지고 있으나 현재는 분화도 하지 않고 분화했다는 기록도 없는 화산을 지칭한다. 현재 지구상에는 약 800여개의 활화산이 있는 것으로 알려져 있고 이들은 대부분 지진대와 밀접하게 관련되어 서로 평행하게 분포되고 있다.

**54** 다음 중 옳지 않은 것은?

① 용암은 화산 분출 당시 그 크기나 형태, 구조 등에 따라 화산암괴, 화산력, 화산재로 분류된다.
② 화산은 그 활동 시기에 따라 활화산과 휴화산, 그리고 사화산으로 나눌 수 있다.
③ 화산은 지구 깊숙한 곳에서 용융상태로 있던 고온의 마그마가 지표에 분출하여 화구에 쌓여서 이루어진 지형이다.
④ 현재 전 지구상에는 약 800여개의 활화산이 있으며 이들 활화산은 주로 지진대와 평행하게 분포되어 있다.

✔해설 ① 화산쇄설물은 화산이 폭발할 당시 그 힘에 의해 화구 주변의 암석이나 이미 굳어진 용암자체가 부서져 여러 가지 크기의 파편물 상태로 뿜어져 나온 것으로 그 크기나 형태, 구조 등에 따라 화산암괴, 화산력, 화산재로 분류된다.

**55** 다음은 백두산에 대한 설명이다. 위 글을 참고했을 때 백두산은 어떤 화산에 속하는가?

> 백두산의 화산분출은 쥐라기(약 2억 년 전) 시대부터 신생대 제4기까지 지속되었는데 특히 신생대 제3기부터 활발히 진행된 화산활동으로 현무암질 용암이 대량 유출되었고 이로 인해 약 5,350㎢의 넓은 백두용암대지가 만들어졌다. 약 200만 년 전부터는 화산활동이 약화되어 지금의 산세를 형성하였고 최근의 분출로는 1597년 · 1668년 · 1702년에 있었다고 문헌에 전하고 있다. 그리고 현재는 백두산 주변 50km 내외에 진도 2~3의 약한 지진이 발생하고 있어 화산학자들에 의해 가까운 장래에 분출활동이 있을 것으로 예측되고 있다.

① 활화산 ② 휴화산
③ 사화산 ④ 순상화산

✔해설 ② 위 글에서 휴화산이란 현재는 분화하고 있지 않지만 역사상으로 분화한 기록이 있는 화산이나 장래에 분화할 가능성이 있는 화산을 말한다고 했으므로 위 글을 참고했을 때 백두산은 휴화산에 속한다.

**56** 다음 글에 나타난 석회 동굴과 용암 동굴의 공통점으로 알맞은 것은?

> 처음 만들어진 거대한 동굴의 텅 빈 구멍을 전문적인 용어로 1차 생성물이라고 한다. 그 다음부터는 천장에서 스며든 지하수가 천장이나 벽면, 그리고 동굴 바닥에 종유석이나 석순 같은 퇴적물을 성장시키게 된다. 석회 동굴에서는 석회암의 성분이나 지하수의 성질에 따라 동굴 속 퇴적물들이 갖가지 모양으로 자라게 된다. 용암 동굴은 동굴의 천장이나 벽에서 흘러내리는 용암이 점차 식으면서 밑으로 늘어지는데 이를 용암 고드름이라 하고, 용암 덩어리가 동굴 바닥에 떨어지면서 위로 쌓여 올라간 것을 석순이라고 한다. 이와 같이 1차적으로 생긴 동굴 공간에 만들어지는 퇴적물들을 2차 생성물이라 한다. 우리가 보는 동굴의 화려한 모습은 2차 생성물들이 빚어내는 자연의 오묘한 조화라 할 수 있다.

① 동굴의 공간이 매우 협소하다. ② 화려한 2차 생성물을 형성한다.
③ 복잡하고 다양한 형태를 지녔다. ④ 지하수에 의해 화학 작용을 일으킨다.

✔해설 석회 동굴과 용암 동굴은 동굴의 천장이나 벽, 바닥 등에 종유석, 석순, 용암 고드름, 용암 석순 등의 2차 생성물이 생기면서 동굴 내부가 화려한 모습을 보인다고 하였다.

**Answer** 53.① 54.① 55.② 56.②

**▌57~59▐ 다음 글을 읽고 물음에 답하시오.**

고고도 미사일 방어체계(THAAD, 일명 사드)는 미국이 추진하고 있는 미사일 방어체계의 핵심요소 중 하나로 중단거리 탄도미사일로부터 군 병력과 장비, 그리고 인구밀집지역, 핵심시설 등을 방어하는데 사용된다. 사드의 개발은 1987년 소련의 신형 전역탄도미사일(사거리 300km~3,500km 정도의 중단거리 탄도 미사일)에 대응하기 위해 미 육군이 수행한 대기권 내 탄도미사일 상층방어 개념연구가 그 시작이다. 이러한 사드는 1990년 베를린 장벽 붕괴와 함께 소련이 해체되면서 개발에 어려움을 겪다가 1991년 걸프전이 일어나면서 다시 탄력을 받게 되었다. 사드가 실전 배치되기 이전에는 미사일 요격체계로써 패트리어트가 사용되었다. 패트리어트는 걸프전 당시 이라크의 스커드와 후세인의 탄도미사일을 성공적으로 요격하면서 유명해졌지만 특정 지점 즉 공군기지와 같은 주요 군사시설만을 방어하는 방공무기체계로 개발되어 광범위한 지역의 탄도미사일 방어는 불가능했다. 또한 패트리어트의 요격고도가 비행체일 경우에는 100km 정도이지만 탄도미사일의 경우 20~40km에 불과해 탄도미사일 요격 기회가 제한적일 수밖에 없었다. 이렇게 해서 개발된 사드의 요격미사일은 대기권 내의 성층권과 전리층 사이에서 탄도미사일을 요격하는데 마하 8 이상의 속도로 비행하여 미사일에 내장된 킬 비이클(Kill Vehicle)이라는 요격체가 탄도미사일에 직접 충돌하여 파괴하는 'Hit-to-Kill' 방식을 사용한다. 'Hit-to-Kill' 방식은 엄청난 운동에너지로 탄도미사일의 탄두를 완전히 파괴해 파편으로 인한 피해나 핵이나 화학 오염물질에 의한 2차 피해를 대폭 줄일 수 있기 때문에 대량살상무기 즉 핵과 화학탄을 탑재한 탄도미사일에 매우 효과적이다. 그리고 사드 요격 미사일의 최대 사거리는 200km에 달하고 최대 고도는 150km로 알려진 까닭에 개발초기에는 '전구 고고도 지역 방어체계'라고 불리기도 했다. 사드는 현재 미 육군에 배치되어 패트리어트와 함께 탄도미사일의 종말단계(목표로 떨어지는 단계)에서 2중의 방어체계를 형성함으로써 다중방어체계를 구성하고 있다. 즉 사드가 100km 이상의 고도에서 탄도미사일을 먼저 요격하고 마지막으로 패트리어트가 20~40km 고도에서 탄도미사일을 다시 한 번 요격하는 것이다. 이러한 다중방어체계는 적국의 탄도미사일을 요격할 기회가 늘어나 대규모 탄도미사일 공격을 효과적으로 방어할 수 있다.

**57** 다음 중 옳지 않은 것은?

① 사드 요격 미사일이 사용하는 'Hit-to-Kill' 방식은 탄도미사일의 탄두를 완전히 파괴해 파편이나 화학 오염물질로 인한 2차 피해를 상당수 줄일 수 있다.

② 사드가 배치되기 이전에 미사일 요격체계로써 패트리어트가 널리 활용되었지만 노후화로 인해 퇴출된 현재는 사드만이 실전 배치되고 있다.

③ 미 육군은 1987년 소련의 신형 전역탄도미사일에 대응하기 위해 대기권 내 탄도미사일 상층방어 개념연구를 시작하였고 이것이 사드 개발의 시발점이 되었다.

④ 미국은 현재 다중방어체계를 구축하여 적국의 탄도미사일을 요격할 기회가 늘어나 대규모 탄도미사일 공격을 효과적으로 방어할 수 있다.

**해설** ② 패트리어트는 사드가 실전 배치되기 이전인 걸프전에서 크게 활약하였지만 특정 지점만을 방어하는 방공무기체계로 개발되었고 요격고도 또한 낮아 탄도미사일에 대한 요격기회가 제한적이다. 하지만 아직까지 실전에 배치 중이며 현재 미국에서 사드와 함께 다중방어체계의 일환으로 활용되고 있다.

**58** 다음 중 위 글의 제목으로 옳은 것은?

① 고고도 미사일 방어체계 사드
② 미국의 다중방어체계
③ 걸프전에서 활약한 패트리어트
④ 탄도미사일 요격의 중요성

✔ 해설 ① 위 글은 고고도 미사일 방어체계인 사드에 대한 글이므로 위 글의 제목으로는 '고고도 미사일 방어체계 사드'가 적당하다.

**59** 다음 설명 중 잘못된 것은?

① 패트리어트는 사드가 실전 배치되기 이전에 이미 미국의 미사일 요격체계로써 활용되고 있었다.
② 패트리어트는 요격고도가 20~40km에 불과하지만 사드는 최대 150km에 달한다.
③ 패트리어트는 처음부터 공군기지와 같은 주요 군사시설만을 방어하는 방공무기체계로 개발되었다.
④ 미 육군의 다중방어체계는 패트리어트가 먼저 적의 탄도미사일을 요격한 후 사드가 다시 요격하는 시스템이다.

✔ 해설 ④ 미 육군의 다중방어체계는 사드가 먼저 적의 탄도미사일을 요격한 후 마지막으로 패트리어트가 다시 한 번 요격하는 시스템이다.

**Answer** 57.② 58.① 59.④

**60** 아래 글의 논지 전개로 보아 ㈎와 ㈏의 관계를 바르게 설명한 것은?

> ㈎ 하늘이 날짐승과 길짐승에게는 발톱과 뿔을 주고 단단한 발굽과 예리한 이빨을 주었으며 여러 가지 독을 주어서, 각기 하고 싶어 하는 것을 얻게 하고 외부로부터의 습격을 막아 낼 수 있게 하였는데, 사람에게는 벌거숭이로 유약하여 제 생명을 보호하지 못할 듯이 하였으니, 어찌하여 하늘은 천하게 하여야 할 금수에게는 후하게 하고, 귀하게 하여야 할 인간에게는 박하게 하였는가. 이는 인간에게는 지혜로운 생각과 교묘한 연구력이 있으므로 기예를 익혀서 제 힘으로 살아가도록 한 것이다. 그러나 지혜로운 생각으로 미루어 아는 것도 한계가 있고, 교묘한 연구력으로 깊이 탐구하는 것도 순서가 있다. 그러므로 천만 사람이 함께 논의한 것을 당할 수 없으며, 비록 성인이라 하더라도 하루아침에 모두 아름답게 하지는 못한다. 그렇기 때문에, 기예는 사람이 많이 모이면 더욱 정묘하게 마련이고, 세대가 흘러갈수록 더욱 발전하는 바, 이는 형세가 그렇게 되지 않을 수 없는 것이다.
>
> ㈏ 근세에도 유구 사람들은 중국의 태학에 들어가서 10년 동안 전문적으로 새로운 문물과 기예를 배웠으며, 일본은 강소성과 절강성을 왕래하면서 온갖 공장이들의 섬세하고 교묘한 기술을 배워 가기를 힘썼다. 이 때문에 유구와 일본은 바다의 한복판인 먼 지역에 위치해 있으면서도 그 기능이 중국과 대등하게 되었다. 그리하여 백성은 부유하고 군대는 강하여 이웃 나라가 감히 침범하지 못하게 되었으니, 나타나는 효과가 이처럼 뚜렷하다. 효도와 우애는 타고난 천성에 원래 있는 것이며, 성현들의 책에 자세히 밝혀져 있으니, 진실로 넓혀서 확충(擴充)하고 잘 실천하여 밝힌다면 예의의 아름다운 풍속을 이루게 될 터이니, 이는 참으로 외부의 것을 필요로 하지 않으며, 또한 후세 사람들에게 의뢰할 것도 없다. 그러나 백성들의 생활에 필요한 물건이나 온갖 공장이들의 기능으로 말하면 중국에 가서 나중에 새로 나온 제도를 배우지 않으면 어리석고 고루한 것을 깨뜨리지 못하여 이익을 펼 수 없을 것이다.

① ㈎는 ㈏를 귀납적으로 이끌어 내기 위한 자료 역할을 하고 있다.
② ㈎는 공시적으로, ㈏는 통시적으로 접근하여 상보적인 역할을 하고 있다.
③ ㈏는 ㈎의 원론적인 논의를 현실에 적용, 발전시키고 있다.
④ ㈏는 ㈎의 내용을 보충 설명하여 글쓴이의 주장을 강화하고 있다.

✔ **해설** ㈎에서는 기예란 여러 사람의 지혜가 모일수록 발전한다는 원론을 제시하고, ㈏에서는 유구와 일본의 성공 사례를 들어 생필품이나 기능은 중국에 가서 새로운 제도를 배워 와야만 발전할 수 있음을 주장하고 있다.

# 출제예상문제

1 **부서에서는 회식을 위해 ##식당을 선정했다. 다음은 ##식당의 메뉴판이고 총 참여 인원이 35명일 때, 120만 원의 예산으로 주문할 수 있는 저녁 메뉴가 될 수 없는 것은 어느 것인가?

| | | | |
|---|---|---|---|
| 식사류 | 설렁탕 | 7,000원 | 1인분 |
| | 낙지볶음 | 8,000원 | |
| | 비빔밥 | 6,500원 | |
| 안주류 | 삼겹살 | 10,000원 | 1인분 |
| | 골뱅이 무침 | 9,000원 | 2인분 |
| | 마른안주 | 11,000원 | 3인 기준 |
| | 과일안주 | 12,000원 | 3인 기준 |
| 주류 | 맥주 | 4,500원 | 1병 |
| | 소주 | 3,500원 | 1병 |

① 낙지볶음 30인분과 설렁탕 5인분, 삼겹살 55인분과 마른안주 10개, 맥주와 소주 각각 40병
② 식사류 1인분씩과 삼겹살 60인분, 맥주와 소주 각각 30병
③ 삼겹살 60인분과 마른안주, 과일안주 각각 12개, 맥주와 소주 각각 30병
④ 식사류 1인분씩과 삼겹살 60인분, 골뱅이 무침 10개와 맥주 50병

해설 낙지볶음 30인분과 설렁탕 5인분, 삼겹살 55인분과 마른안주 10개, 맥주와 소주 각각 40병은 240,000+35,000+550,000+110,000+180,000+140,000=1,255,000원이 되어 예산을 초과하게 된다.
② 삼겹살 60인분과 맥주, 소주 각각 30병은 840,000원이 되므로 식사류 어느 메뉴를 주문해도 예산을 초과하지 않게 된다.
③ 600,000+132,000+144,000+135,000+105,000=1,116,000원이 되어 주문이 가능하다.
④ 삼겹살 60인분, 골뱅이 무침 10개와 맥주 50병은 915,000원이므로 역시 식사류 어느 것을 주문해도 예산을 초과하지 않게 된다.

Answer 60.③ / 1.①

**2** Y씨는 선배들의 커피 심부름을 부탁받아 카페에 갔다 오려고 한다. Y씨는 자주 가는 카페에서 자신의 회원카드를 제시하려고 하며, 현재의 적립금은 2,050점으로 적립금을 최대한 사용할 예정이다. 다음 조건에 따라 계산할 경우 최종적으로 지불해야 하는 금액은 얼마인가?

〈선배들의 취향〉

- 김부장님 : 아메리카노 L
- 유과장님 : 휘핑크림 추가한 녹차라떼 R
- 신대리님 : 카페라떼 R
- 정대리님 : 카라멜 마끼야또 L
- Y씨 : 핫초코

〈메뉴〉

| | R 사이즈(원) | L 사이즈(원) |
|---|---|---|
| 아메리카노 | 2,500 | 2,800 |
| 카페라떼 | 3,500 | 3,800 |
| 카라멜 마끼야또 | 3,800 | 4,200 |
| 녹차라떼 | 3,000 | 3,500 |
| 핫초코 | 3,500 | 3,800 |

※ 휘핑크림 추가 : 800원

※ 오늘의 차 : 핫초코 균일가 3,000원

※ 카페 2주년 기념행사 : 총 금액 20,000원 초과 시 5% 할인

〈회원특전〉

- 10,000원 이상 결제 시 회원카드를 제시하면 총 결제 금액에서 1,000원 할인
- 적립금이 2,000점 이상인 경우, 현금처럼 사용가능(1점당 1원, 100원 단위로만 사용가능하며, 타 할인 혜택 적용 후 최종금액의 10%까지만 사용가능)
- 할인혜택은 중복적용 가능

① 14,300원 ② 14,700원

③ 15,300원 ④ 15,700원

**해설** ㉠ **할인 전 금액** : 2,800원(김부장님)+3,800원(유과장님)+3,500원(신대리님)+4,200원(정대리님)+3,000원(Y씨)=17,300원

㉡ **할인된 금액** : 금액이 10,000원 이상이므로 회원카드 제시하고 1,000원 할인하면 16,300원이다. 적립금이 2,000점 이상인 경우 현금처럼 사용가능하다고 했으나, 타 할인 적용 후 최종금액의 10%까지만 사용가능하다고 했으므로 16,300원의 10%는 1,630원이다. 100원 단위로만 사용가능하므로 16,300원에서 1,600원을 할인 받으면 14,700원을 지불해야 한다.

**3** 김 과장은 다음 달로 예정되어 있는 해외 출장 일정을 확정하려 한다. 다음 상황의 조건을 만족할 경우 김 과장의 출장 일정에 대한 설명으로 올바른 것은 어느 것인가?

> 김 과장은 다음 달 3박4일 간의 일본 출장이 계획되어 있다. 회사에서는 출발일과 복귀일에 업무 손실을 최소화할 수 있도록 가급적 평일에 복귀하도록 권장하고 있고, 출장 기간에 토요일과 일요일이 모두 포함되는 일정은 지양하도록 요구한다. 이번 출장에서는 매우 중요한 계약 건이 이루어져야 하기 때문에 김 과장은 출장 복귀 바로 다음 날 출장 결과 보고를 하고자 한다. 다음 달의 첫째 날은 금요일이며 마지막 주 수요일과 13일은 김 과장이 빠질 수 없는 회사 업무 일정이 잡혀 있다.

① 금요일에 출장을 떠나는 일정도 가능하다.
② 김 과장은 월요일이나 화요일에 출장 결과 보고를 할 수 있다.
③ 김 과장이 출발일로 잡을 수 있는 날짜는 모두 4개이다.
④ 김 과장은 마지막 주에 출장을 가게 될 수도 있다.

**해설** 다음 달의 첫째 날이 금요일이므로 아래와 같은 달력을 그려 볼 수 있다.

| 일 | 월 | 화 | 수 | 목 | 금 | 토 |
|---|---|---|---|---|---|---|
| | | | | | 1 | 2 |
| 3 | 4 | 5 | 6 | 7 | 8 | 9 |
| 10 | 11 | 12 | 13 | 14 | 15 | 16 |
| 17 | 18 | 19 | 20 | 21 | 22 | 23 |
| 24 | 25 | 26 | 27 | 28 | 29 | 30 |

3박4일 일정이므로 평일에 복귀해야 하며 주말이 모두 포함되는 일정을 피하기 위해서는 출발일이 일, 월, 화요일이어야 한다. 또한 출장 결과 보고를 위해서는 금요일에 복귀하게 되는 화요일 출발 일정도 불가능하다. 따라서 일요일과 월요일에만 출발이 가능하다. 그런데 27일과 13일이 출장 일정에 포함될 수 없으므로 10, 11, 24, 25일은 제외된다. 따라서 3, 4, 17, 18일에 출발하는 4가지 일정이 가능하다.

**Answer** 2.② 3.③

**4** 다음 〈통역경비 산정기준〉과 〈상황〉을 근거로 판단할 때, 다음 중 통역비를 가장 많이 받은 통역사는?

〈통역경비 산정기준〉

통역경비는 통역료와 출장비(교통비, 이동보상비)의 합으로 산정한다.

• 통역료(통역사 1인당)

| 구분 | 기본요금 (3시간까지) | 추가요금(3시간 초과시) |
|---|---|---|
| 영어, 아랍어, 독일어 | 500,000원 | 100,000/시간 |
| 베트남어, 인도네시아어 | 600,000원 | 150,000/시간 |

• 출장비(통역사 1인당)

– 교통비는 왕복으로 실비 지급

– 이동보상비는 이동 시간당 10,000원 지급

〈보기〉

윤영 : 아랍어 통역사로 교통비는 편도 1시간, 50,000원이고 총 4시간 동안 통역이 진행되었다.

재현 : 베트남어 통역사로 교통비는 왕복 2시간, 100,000원이고 총 4시간 동안 통역이 진행되었다.

범수 : 독일어 통역사로 교통비는 편도 2시간, 80,000원이고 총 6시간 동안 통역이 진행되었다.

진주 : 인도네시아어 통역사로 교통비는 왕복 2시간, 120,000원이고 총 4시간 동안 통역이 진행되었다.

① 윤영 ② 재현

③ 범수 ④ 진주

 ③ 범수 – 통역료 : 800,000원+출장비 : 200,000원(40,000+160,000)=1,000,000

① 윤영 – 통역료 : 600,000원+출장비 : 120,000원(20,000+100,000)=720,000

② 재현 – 통역료 : 750,000원+출장비 : 120,000원(20,000+100,000)=870,000

④ 진주 – 통역료 :750,000원 +출장비 : 140,000원(20,000+120,000)=890,000

**5** 다음 글을 근거로 판단할 때 옳지 않은 것은?

ㅁㅁ학과는 지망자 5명(A~E) 중 한 명을 교환학생으로 추천하기 위하여 각각 5회의 평가를 실시하고, 그 결과에 바탕을 둔 추첨을 하기로 했다. 평가 및 추첨 방식과 현재까지 진행된 평가 결과는 아래와 같다.

- 매 회 100점 만점으로 10점 단위의 점수를 매기며, 100점을 얻은 지망자에게는 5장의 카드, 90점을 얻은 지망자에게는 2장의 카드, 80점을 얻은 지망자에게는 1장의 카드를 부여한다. 70점 이하를 얻은 지망자에게는 카드를 부여하지 않는다.
- 5회차 평가 이후 각 지망자는 자신이 받은 모든 카드에 본인의 이름을 적고, 추첨함에 넣는다. 다만 5번의 평가의 총점이 400점 미만인 지망자는 본인의 카드를 추첨함에 넣지 못한다.
- ㅁㅁ학과장은 추첨함에서 한 장의 카드를 무작위로 뽑아 카드에 이름이 적힌 지망자를 ㅁㅁ학과의 교환학생으로 추천한다.

| 구분 | 1회 | 2회 | 3회 | 4회 | 5회 |
|---|---|---|---|---|---|
| A | 90 | 90 | 90 | 90 | |
| B | 80 | 80 | 70 | 70 | |
| C | 90 | 70 | 90 | 70 | |
| D | 70 | 70 | 70 | 70 | |
| E | 80 | 80 | 90 | 80 | |

① 5회차에서 B만 100점을 받는다면 적어도 D보다는 추천될 확률이 높다.

② C가 5회차에서 90점만 받아도 E보다 추천될 확률이 높아진다.

③ D는 5회차 평가 점수와 관계없이 추첨함에 카드를 넣지 못한다.

④ 5회차에 모두가 같은 점수를 받는다면 A가 추천될 확률이 가장 높다.

**해설** ② C와 E는 4회차까지 4장, 5장의 카드를 확보했다. C가 5회차에 2장의 카드를 추가하게 되면 6장으로 4회차의 E보다는 카드가 많지만 E가 5회차에 80점 이상의 점수를 획득할 경우 E의 카드는 6장 이상이 되므로 C가 E보다 추천될 확률이 높다고 할 수 없다.

① 5회차에서 B만 100점을 받는다고 했으므로 D가 90점을 받더라도 B가 추천될 확률이 더 높다.

③ D는 5회차 점수와 상관없이 총점이 400점을 넘지 못하여 추첨함에 카드를 넣을 수 없다.

④ 5회차에 모두 같은 점수를 받는다면 전원이 추가되는 카드 수가 같으므로 4회차까지 획득한 카드의 수가 가장 많은 A가 추천될 확률이 가장 높다.

**Answer** 4.③ 5.②

**6** 3층짜리 건물인 K빌라에 A, B, C, D, E, F, G, H의 8가구가 다음 〈조건〉과 같이 입주해 살고 있을 경우, 이에 대한 올바른 설명이 아닌 것은 어느 것인가?

〈조건〉

• 건물의 호실 배열은 다음과 같다.

| 301호 | 302호 | 303호 | 304호 |
|---|---|---|---|
| 201호 | 202호 | 203호 | 204호 |
| 101호 | 102호 | 103호 | 104호 |

• A가구와 D가구는 위치가 가장 멀리 떨어져 있는 두 호실에 거주한다.
• 1, 2, 3층에는 각각 2가구, 3가구, 3가구가 거주하고 있다.
• G가구는 E가구와 F가구의 사이에 살고 있으며, E가구가 가장 앞 호실이다.
• A가구의 아래층에는 F가구가 살고 있다.
• B, H, C가구는 좌우 한쪽에만 옆집이 거주한다.

① C가구의 아래층은 항상 E가구가 거주한다.

② 301호는 빈 집이 아니다.

③ 202호는 빈 집이 아니다.

④ 201호는 빈 집이다.

**해설** 1, 2, 3층에는 각각 2가구, 3가구, 3가구가 거주하고 있으며, E, G, F가구는 2층 또는 3층에 거주해야 하는데, A와 D가구의 위치를 감안하면 E, G, F는 2층에 거주할 수밖에 없으며, A가구의 아래층에 F가구가 거주한다고 하였으므로 결국 확정적으로 알 수 있는 거주지는 다음 그림과 같다.

| 301호 | 302호 | 303호 | 304호 A가구 |
|---|---|---|---|
| 201호 | 202호 E가구 | 203호 G가구 | 204호 F가구 |
| 101호 D가구 | 102호 | 103호 | 104호 |

또한 1층에는 2가구, 2층에는 3가구, 3층에는 3가구가 거주하고 있으며, B, H, C의 조건을 감안하면 B, H, C 가구는 103호와 301호, 302호 세 군데에 나눠 거주해야 한다.
따라서 'C가구의 아래층은 항상 E가구가 거주한다.'는 302호가 반드시 C가구일 필요가 없다.
② B, H, C가구는 좌우 한쪽에만 옆집이 거주한다고 했으므로 102호, 301호, 302호에 거주 할 것이다.
③ 202호는 E가구가 거주한다.
④ 201호는 빈집이 된다.

**7** 20장 분량의 책자 600부를 만들기 위하여 3개 업체로부터 견적을 받아 다음과 같이 비교표를 만들어 보았다. 이에 대한 설명으로 적절하지 않은 것은 어느 것인가?

| 구분 | 종이 재질 | 인쇄 도수 | 기타 |
|---|---|---|---|
| 가나인쇄 | 2급지(500원/장) | 기본 2도 추가<br>1도 당 150원/장 추가 | 총 구매가 900만 원 이상 시 10% 할인 |
| 마바인쇄 | 1급지A(600원/장) | 기본 3도 추가<br>1도 당 100원/장 추가 | 총 구매가 800만 원 이상 시 2% 할인 |
| 자차인쇄 | 1급지B(600원/장) | 기본 3도 추가<br>1도 당 120원/장 추가 | 총 구매가 820만 원 이상 시 5% 할인 |

① 4도 인쇄 시의 할인 전과 할인 후 견적가격이 높은 순서는 동일하지 않다.
② 4도 인쇄 시의 할인 적용 후 최종 견적가격은 '가나인쇄', '마바인쇄', '자차인쇄' 순으로 높다.
③ 기본 인쇄만으로 책자를 제작하려면 '가나인쇄'의 견적가격이 가장 낮다.
④ 4도 인쇄 시, 책자 분량이 1장만 적어지면 견적가격이 가장 저렴한 업체가 바뀐다.

**해설** 각 업체의 견적을 4도 인쇄 기준으로 아래와 같이 비교하여 정리해 볼 수 있다.

| 구분 | 기본 인쇄 기준 가격 | 4도 인쇄 가격 | 할인 후 가격 |
|---|---|---|---|
| 가나인쇄 | 500×20×600=600만 원 | 800×20×600=960만 원 | 960×0.9=864만 원 |
| 마바인쇄 | 600×20×600=720만 원 | 700×20×600=840만 원 | 840×0.98=823.2만 원 |
| 자차인쇄 | 600×20×600=720만 원 | 720×20×600=864만 원 | 864×0.95=820.8만 원 |

④ 책자의 분량이 1장 적은 19장이라면 3사의 견적가격은 순서대로 각각 912만 원, 798만 원, 820.8만 원이 되어 '마바인쇄'의 견적은 할인 적용이 안 된다. 따라서 이 경우 780만 원 이하로 할인되는 '자차인쇄'의 견적이 여전히 가장 낮게 된다.
① 할인 전에는 '가나인쇄', '자차인쇄', '마바인쇄'의 순으로 견적가격이 높으나, 할인 후에는 '가나인쇄', '마바인쇄', '자차인쇄'의 순이 된다.
② 할인 후 최종 견적가격은 '가나인쇄', '마바인쇄', '자차인쇄' 순으로 높은 것을 알 수 있다.
③ 기본 인쇄는 종이가격이 가장 낮고 인쇄 도수가 가장 적은 '가나인쇄'가 600만 원으로 가장 낮은 것을 알 수 있다.

**Answer** 6.① 7.④

**8** 다음은 K지역의 자원이용과 관련한 특정 시점간의 비교 자료이다. 이를 참고할 때, K지역이 2023년에 세워야 할 대책과 관련한 의견 중 타당하지 않은 것은 어느 것인가?

〈강수량 및 강수일수〉

(단위: mm, 일)

| | 2017년 | 2018년 | 2019년 | 2020년 | 2021년 | 2022년 |
|---|---|---|---|---|---|---|
| 강수량 | 2,043.5 | 2,039.3 | 1,646.3 | 1,403.8 | 808.9 | 792.1 |
| 강수일수 | 136 | 108 | 110 | 128 | 101 | 104 |

〈가정에서 1인이 하루에 사용한 물 사용량〉

| | 총 사용량(천m$^3$) | 인구수(천 명) | 1인당 연간 사용량(L) | 1인당 일일 사용량(L) | 18.9L 생수통 환산(통) | 2L 생수통 환산(병) |
|---|---|---|---|---|---|---|
| 2022년 | 719,879 | 10,370 | 69,910 | 192 | 10.1 | 96 |
| 2017년 | 728,300 | 10,575 | 68,867 | 189 | 10.0 | 94 |

〈가정에서 1인이 1년 동안 배출한 쓰레기 현황〉

| | | 총량(천 톤) | 인구수(천 명) | 1인당 연간 배출량(kg) | 1인당 주간 배출량(kg) | 1인당 하루 배출량(kg) |
|---|---|---|---|---|---|---|
| 2022년 | 가정용 | 995 | 10,370 | 95.9 | 1.84 | 0.26 |
| | 음식물 | 894 | | 86.2 | 1.65 | 0.24 |
| | 합계 | 1,889 | | 182.1 | 3.49 | 0.50 |
| 2017년 | 가정용 | 1,050 | 10,575 | 99.2 | 1.90 | 0.27 |
| | 음식물 | 1,045 | | 98.8 | 1.89 | 0.27 |
| | 합계 | 2,095 | | 198.0 | 3.79 | 0.54 |

① 강수량 감소에도 불구하고 1인당 물 사용량이 늘었으므로 물 아껴 쓰기에 대한 인식을 제고하기 위한 홍보 대책을 세워야 한다.

② 가정용 일반 쓰레기보다 음식물 쓰레기 감소 원인을 집중 파악하여 가정용 쓰레기 추가 감소에 적용할 필요가 있다.

③ 2017~2022년 동안의 가구원 구성 현황 변동 추이를 추가로 조사하여 쓰레기 배출 패턴에 적합한 추가 감소 대안을 2023년에 적용하여야 한다.

④ 가정용 일반 쓰레기와 음식물 쓰레기의 수거 및 배출 방법상의 개선점을 확인하여 2023년에도 유지 및 보완 대책을 마련한다.

**해설** 가정용과 음식물로 구분된 쓰레기 배출 현황이 가구원 구성 현황과 관련 있다고 볼 수 있는 근거는 제시되어 있지 않으며, 제시된 자료는 연령대나 남녀 구성, 자녀 수 및 가족 구성 여부 등의 지표와는 무관한 자료이다.

① 2017년부터 강수량과 강수일수가 지속적으로 감소하고 있음에도 1인당 용수량 지표는 모두 증가하였으므로 타당한 대책이라고 할 수 있다.

② 2017년 대비 2022년에는 가정용 일반 쓰레기보다 음식물 쓰레기가 더 큰 폭으로 감소하였으므로 이에 대한 원인을 분석하여 2023년의 가정용 쓰레기 추가 감소에 적용하는 것은 타당한 대책이라고 할 수 있다.

④ 쓰레기의 배출 용기나 봉투 등 배출과 수거의 방법에 의한 배출량 개선이었는지 배출 자체의 감소였는지를 파악하는 것은 의미 있는 대책으로 볼 수 있다.

**Answer** 8.③

**9** 같은 상황에서 아래의 물음 ㈎, ㈏에 적절한 답을 순서대로 올바르게 나열한 것은 어느 것인가?

> 팀장은 최 대리와 남 대리에게 계약서 12건의 오류 확인과 24건의 원가계산서를 확인해 보라고 지시하였다. 두 사람은 지시 받은 두 가지의 업무를 모두 마친 후 퇴근할 예정이며, 최대한 빨리 끝내려고 한다. 이들은 동시에 두 가지 업무를 시작하려 하며, 1시간 당 각자가 처리할 수 있는 업무량은 다음 표와 같다.

| | 계약서 오류 확인(건) | 원가계산서 확인(건) |
|---|---|---|
| 최 대리 | 2 | 6 |
| 남 대리 | 2 | 2 |

> ㈎ 최 대리와 남 대리가 같은 일을 함께할 경우, 두 사람이 지시 받은 업무를 모두 마칠 때까지 걸리는 최단 시간은 얼마인가?
> ㈏ 두 사람이 어떤 업무를 하든지 지시 받은 모든 업무를 마칠 때까지 걸리는 최단 시간은 얼마인가?

① 5시간, 5시간
② 5시간, 6시간
③ 6시간, 6시간
④ 6시간, 5시간

**✔ 해설** ㈎ 최 대리와 남 대리는 항상 함께 같은 업무를 해야 한다. 계약서 오류 확인을 할 경우, 1시간당 4건을 12건을 처리하기 위해서는 3시간이 필요하며, 원가계산서 확인은 1시간 당 8건을 처리할 수 있으므로 24건의 확인을 끝마치기 위해서는 3시간이 필요하다. 따라서 총 6시간이 필요하게 된다.

㈏ 이 경우, 두 사람이 항상 함께 같은 업무를 처리할 필요가 없이 더 잘하는 일을 먼저 처리하고 나머지 시간에 다른 사람을 도와줄 수 있다. 최 대리가 원가계산서 확인에 더 비교우위가 있으므로 상대적으로 남 대리는 계약서 오류 확인을 먼저 하는 것이 시간 단축에 더 유리하게 된다. 최 대리는 원가계산서 확인 24건을 4시간 동안 처리한 후 남 대리의 계약서 오류 확인을 도와줄 수 있다. 이 경우, 남 대리가 계약서 오류 확인을 4시간 동안 8건 처리한 후, 1시간 동안 두 사람이 함께 나머지 계약서 오류 확인 4건을 처리하면 총 5시간 후에 모든 업무를 끝마칠 수 있게 된다.

**10** 갑, 을, 병사는 A, B, C 3개 운동 종목에 대한 3사 간의 경기를 실시하였으며, 결과는 다음 표와 같다. 이에 대한 설명으로 올바르지 않은 것은 어느 것인가? (무승부인 경기는 없다고 가정함)

| 구분 | 갑 | 을 | 병 |
|---|---|---|---|
| A 종목 | 4승6패 | 7승3패 | 4승6패 |
| B 종목 | 7승3패 | 2승8패 | 6승4패 |
| C 종목 | 5승5패 | 3승7패 | 7승3패 |

① 갑사가 병사로부터 거둔 A 종목 경기 승수가 1승뿐이었다면 을사는 병사에 압도적인 우세를 보였다.

② 을사의 B 종목 경기 8패가 나머지 두 회사와의 경기에서 절반씩 거둔 결과라면 갑사와 병사의 상대 전적은 갑사가 더 우세하다.

③ 갑사가 세 종목에서 거둔 승수 중 을사와 병사로부터 각각 적어도 2승 이상씩을 거두었다면, 적어도 을사는 병사보다 A 종목의, 병사는 을사보다 C 종목의 상대 전적이 더 우세하다.

④ 갑사는 C 종목에서 을사, 병사와의 상대 전적이 동일하여 우열을 가릴 수 없다.

✔ 해설 3개 회사는 각 종목 당 다른 회사와 5번씩 경기를 가졌으며 이에 따른 승수와 패수의 합은 항상 10이 된다. 갑사가 C 종목에서 거둔 5승과 5패는 어느 팀으로부터 거둔 것인지 알 수 있는 근거가 없어 을사, 병사와 상대 전적이 동일하다고 말할 수 없다. 또한, 특정 팀과 5회 경기를 하여 무승부인 결과는 없는 것이므로 상대 전적이 동일한 두 팀이 생길 수는 없다.

① 병사의 6패 중 나머지 5패를 을사로부터 당한 것이 된다. 따라서 을사와의 전적은 0승 5패의 압도적인 결과가 된다.

② 갑사와 병사의 승수 중 각각 4승씩을 제외한 나머지 승수가 상대방으로부터 거둔 승수가 된다. 따라서 갑사는 병사로부터 3승을, 병사는 갑사로부터 2승을 거둔 것이 되어 갑사의 상대 전적이 병사보다 더 우세하게 된다.

③ 을사의 A 종목 3패 중 적어도 2패 이상이 갑사에게 당한 것이 되고 나머지 패수가 병사에게 당한 것이 되므로 을사는 병사보다 A 종목의 상대 전적이 더 우세하다. 이와 같은 논리로 살펴보면 병사의 C 종목 3패 중 1패 또는 0패가 을사와의 경기 결과가 되어 병사는 을사보다 C 종목 상대 전적이 더 우세하게 된다.

**Answer** 9.④ 10.④

**▌11~12▐ 다음은 A공사의 선로정비규정의 일부 내용이다. 이를 참고로 이어지는 물음에 답하시오.**

제23조(레일의 취급) 레일의 취급은 다음 각 호에 의한다.

1. 레일을 궤간 내 또는 레일에 접근하여 두고 레일교환 작업을 할 때에는 유동되지 않도록 조치하여야 한다.
2. 레일을 내릴 때에는 손상되거나 변형되지 않도록 주의하여야 한다.
3. 레일은 레일톱 또는 절단기를 사용하여 반드시 직각되게 수직으로 절단하고 특별한 경우 외에는 레일에 열을 가하여서는 아니 된다.
4. 레일에 이음매볼트 구멍을 뚫을 때에는 레일제원에 맞는 정확한 위치에 천공하여야 하며, 볼트구멍 주위는 볼트구멍보다 3㎜ 큰 직경으로 면정리를 시행하여야 한다.
5. 레일을 쌓을 때에는 건조한 장소에 견고한 받침대를 설치하고 나란히 정리하여야 하며 <u>첨부한 표</u>에 따라 단면에 도색하여 레일종별, 길이 및 수량 등을 표시한 표찰을 세워야 한다.

제25조(레일의 이음방법) 레일의 이음방법은 다음 각 호에 의한다.

1. 레일의 이음은 상대식으로 부설하여야 한다. 다만, 특별한 경우에는 상호식으로 부설할 수 있다.
2. 상대식 이음으로 레일을 부설할 때에는 직선궤도에 있어서는 양측레일의 이음을 직각선중에, 곡선궤도에서는 반경의 대소에 따라서 짧은 레일을 혼용하여 양측레일의 이음을 원심선상에 있도록 하여야 한다.
3. 상호식 이음으로 레일을 부설할 때에는 좌, 우 레일의 이음 간 최단거리는 5m이상으로 하여야 한다.
4. 레일 이음부의 침목 배치는 현접법과 지접법을 사용하여야 한다. 다만, 측선의 경우 필요하다고 인정할 때는 그러하지 아니하다.
5. 레일의 이음부는 부득이한 경우를 제외하고는 교대, 교각부근, 거더 중앙 및 건널목 위치를 피하여야 한다.

제26조(레일 이음의 간격) ① 레일을 부설하거나 간격정정을 할 때에는 밀려남을 감안하여야 한다.

② 레일의 간격정정작업은 봄 또는 가을에 시행함을 원칙으로 한다. 다만, 터널 내 및 특별한 경우는 그러하지 아니하다.

제27조(레일의 마모방지) ① 본선의 곡선반경 300m이하의 곡선 외측 레일에 레일도유기를 설치하여야 한다. 다만, 차륜도유기를 설치한 차량이 운행하는 구간에 레일도유기를 설치하지 아니할 경우와 레일도유기를 설치(이설) 또는 철거하고자 할 때에는 본부장의 승인을 받아야 한다.

② 레일도유기 설치 곡선의 레일을 교환하였을 때에는 두부 내측에 적당히 기름을 칠하여 급격히 마모되지 않도록 조치하여야 한다.

③ 곡선에 부설된 레일로서 마모가 심하게 발생되는 개소는 열처리레일을 설치하여 마모방지에 노력하여야 한다.

**11** 다음 중 위의 규정을 올바르게 이해한 것은 어느 것인가?

① 레일의 마모방지를 위하여 레일도유기를 설치하는 경우에는 반드시 본부장의 승인을 받아야 한다.

② 레일의 이음방법에는 현접법과 지접법이 있다.

③ 터널 내 레일의 간격정정작업은 여름과 겨울에 시행하는 것이 원칙이다.

④ 레일이 직선에 부설되었을 경우에는 어떠한 경우에도 열을 가할 수 없다.

✔ 해설 제23조 제3호에서는 레일에 특별한 경우 외에는 열을 가할 수 없다고 규정하고 있으며, 제27조 제3항에서는 곡선에 부설된 레일 중 마모가 심하게 발생하는 개소에 열처리레일 설치가 가능하다고 규정하고 있으므로 이를 종합하면 곡선이 아닌 직선에 부설된 어떠한 레일의 경우에도 열처리가 허용되지 않는다고 판단할 수 있다.

① 모든 경우 본부장의 승인을 받는 것이 아니며, '차륜도유기를 설치한 차량이 운행하는 구간에 레일도유기를 설치하지 아니할 경우와 레일도유기를 설치(이설) 또는 철거하고자 할 경우'에만 본부장의 승인을 받는 것으로 규정하고 있다.

② 현접법과 지접법은 레일 이음부의 침목 배치 방법이며, 레일의 이음방법에는 상대식과 상호식이 있다.

③ 제26조 제2항의 내용은, 터널 내 레일의 간격정정작업은 봄이나 가을에 시행해야 한다는 원칙 규정의 적용을 받지 않아 계절에 구애받지 않는다는 것이지, 여름과 겨울에 시행해야 한다는 의미는 아니다.

**Answer** 11.④

**12** 위 규정의 밑줄 친 '첨부한 표'가 다음과 같을 때, 레일의 단면 표시로 올바르지 않은 것은 어느 것인가?

| 구분 | 레일종별 | 단면도색 | | 선별기준 |
|---|---|---|---|---|
| | | 보통레일 | 열처리레일 | |
| 신품 | 50kg, 60kg | 흰색 | – | 신품레일로 본선사용이 가능한 것 |
| | 60kg 초과 | 파란색 | 분홍색 | |
| 중고품 | 50kg, 60kg | 검정색 | – | 일단 사용하였다가 발생한 레일로 마모상태, 길이 등이 재사용이 가능한 것 |
| | 60kg 초과 | 노란색 | 녹색 | |
| 불용품 | 50kg, 60kg | 빨강색 | 빨강색 | 훼손(균열, 파상마모, 탐상지적레일), 마모한도 초과, 단면적 감소, 단척, 누적통과톤수 등으로 교환되어 재사용 불가로 판정된 것 |
| | 60kg 초과 | | | |

① 사용 불가한 60kg 레일 – 빨간색

② 신품인 50kg 레일 – 흰색

③ 재사용 가능한 60kg 직선용 레일 – 검정색

④ 재사용 가능한 65kg 직선용 레일 – 녹색

✔ 해설 재사용이 가능한 중고품으로 60kg을 초과하는 경우이며, 직선 레일에 사용하는 것이므로 곡선용에서만 가능한 열처리가 되어 있지 않는 레일이 된다. 따라서 보통레일에 해당하는 노란색으로 단면을 도색해야 한다.

**13** 다음은 T센터 대강당 사용과 관련한 안내문이다. 이를 참고할 때, 다음 주 금요일 신년 행사에서 장소 섭외 담당자인 A 씨가 다음의 안내문을 잘못 이해한 것은?

• 설비 사용료

| 구분 | 장비명 | | 수량 | 개당 가격 | 비고 |
|---|---|---|---|---|---|
| 음향 장치 | 일반 마이크 | 다이나믹 | 65개 | 4,500원 | 7대 무료, 8대부터 비용 |
| | | 콘덴서 | 55개 | 4,500원 | |
| | 고급 마이크 | | 25개 | 25,000원 | 건전지 사용자 부담 |
| | 써라운드 스피커 시스템 | | 4대 | 25,000원 | 1일 1대 |
| 촬영 장치 | 빔 프로젝터 | | 1대 | 210,000원 | 1일 1대 |
| | 영상 재생 및 녹화 서비스 | USB | 1개 | 25,000원 | - |
| | | CD | 1개 | 32,000원 | - |
| 조명 장치 | solo 라이트 | | 2대 | 6,000원 | - |
| | rail 라이트 | | 10대 | 55,000원 | 2개까지 무료 |

• 주의사항
- 내부 매점 이외에서 구매한 음식물 반입 엄금(음용수 제외)
- 대관일 하루 전날 사전 점검 및 시설물 설치 가능, 행사 종료 즉시 시설물 철거 요망
- 건물 내 전 지역 금연(실외 경비구역 내 지정 흡연 부스 있음)

• 주차장 안내
- 행사장 주최 측에 무료 주차권 100장 공급
- 무료 주차권 없을 경우, 행사 종료 후부터 1시간까지 3,000원/이후 30분당 1,000원
- 경차, 장애인 차량 주차 무료

• 기타사항
- 예약 후, 행사 당일 3일 전 이후 취소 시 기 지급금 20% 수수료 및 향후 대관 불가
- 정치적 목적의 행사, 종교 행사 등과 사회 기피적 모임 및 활동을 위한 대관 불가

① 회사에서 준비해 간 주류와 음료는 이용할 수 없겠군.
② 무료 주차권에 맞춰서 차량 수도 조정하는 게 좋겠어.
③ 다음 주 수요일에 화환이 도착한다고 했으니까 곧장 대강당으로 보내면 되겠군.
④ 마이크는 일반 마이크 5대면 충분하니 추가금은 필요 없겠어.

**해설** 안내문에서 주의사항으로 시설물 설치는 대관일 하루 전날부터 가능하다고 되어있고 행사는 금요일이므로 화환은 목요일에 보내야 한다.

**Answer** 12.④ 13.③

**14** 다음 규정을 참고할 때, 반드시 고발되어야 하는 경우라고 볼 수 없는 것은 어느 것인가?

> 제6조(고발 및 고소) ① 사장 또는 감사는 범죄의 고발 등 여부를 결정함에 있어 그 도의 경중과 고의 또는 과실여부를 고려하여 판단하되, 다음의 경우에는 반드시 고발하여야 한다.
> 1. 뇌물수수 · 공금횡령 등 직무와 관련한 부당한 이득 또는 재물취득과 관련된 범죄에 해당되는 경우.
>    가. 100만 원 이상 금품 · 향응 수수, 공금횡령 · 유용(공소시효 기간 내 누계금액을 말함)
>    나. 100만 원 미만이라도 공금횡령 · 유용 금액을 전액 회복하지 않은 경우
>    다. 최근 3년 이내 금품 · 향응 수수, 공금횡령 · 유용, 업무상 배임으로 징계를 받은 자가 또다시 수수 등을 한 경우
>    라. 인사, 계약 등 직무수행 과정에서 서류를 위 · 변조하거나 은폐한 경우
> 2. 부당한 업무행위를 수반한 범죄로 인해 본인 또는 제3자에게 이익을 가져다 준 경우
> 3. 범죄내용이 파급 개연성이 크고 수사 시 비위 규모가 더 밝혀질 수 있는 경우
> 4. 징계처분을 받고 징계기록 말소기간 이내에 다시 범죄에 해당하는 비위를 행한 경우
> 5. 업무특성상 비위 발생빈도가 높거나 높을 우려가 있는 다음 각 분야와 관련한 범죄에 해당하는 경우
>    가. 타인에게 이익을 줄 목적으로 업무상 비밀을 누설하는 경우
>    나. 비리를 은닉할 목적으로 보관해야할 문서 등을 파기, 분실 또는 손괴한 경우
>    다. 공사의 재산을 절취하거나 또는 고의적인 손실을 끼친 경우
>    라. 문서의 위조, 변조, 직인(인감)의 부정사용 또는 공사로 명의를 도용한 경우
> 6. 기타 범죄의 횟수, 수법 등을 고려할 때 죄질이 불량하여 고발 등을 하는 것이 타당하다고 판단되는 경우

① 200만 원의 공금을 횡령하였으나 전액 반납하여 회복 조치된 경우

② 2년 전 서류 위조로 징계 처분을 받고 징계기록이 말소 되었으나 최근 또다시 금품 수수를 한 경우

③ 범죄내용이 파급 개연성이 크다고 여겨지며, 법에 어긋나는 사항들이 계속해서 밝혀질 수 있는 경우

④ 타인에게는 이익이 되었으나 본인은 전혀 이익을 취할 수 없는 사항에 대한 업무상 비밀을 누설한 경우

**해설** 징계기록이 말소 되었으면 징계에 대한 누적 범죄에 해당되지는 않는다. 또한, 3년 이내에는 '금품 · 향응 수수, 공금횡령 · 유용, 업무상 배임'의 범죄가 반복되었을 경우가 고발에 해당되므로 서류 위조+금품 수수가 3년 이내에 반복된 것은 반드시 고발해야 하는 사항에 해당되지 않는다.

① 전액 반납 및 회복 여부와 관계없이 100만 원이 넘는 금액이므로 고발에 해당된다.

③ 범죄내용이 파급 개연성이 크고 수사 시 비위 규모가 더 밝혀질 수 있는 경우 반드시 고발하여야 한다.

④ 본인 이익 취득 여부와 관계없이 타인에게 이익을 줄 목적으로 업무상 비밀을 누설하는 경우도 고발에 해당된다.

**15** 다음은 L사의 사내 전화번호부 사용법과 일부 직원들의 전화번호이다. 신입사원인 A씨가 다음 내용을 보고 판단한 것으로 적절하지 않은 것은 어느 것인가?

* 일반 전화걸기 : 회사 외부로 전화를 거는 경우 수화기를 들고 9번을 누른 후 지역번호부터 누른다.
* 타 직원에게 전화 돌려주기 : 수화기를 들고 # 버튼을 누른 후 원하는 직원의 내선번호를 누른다.
* 직원 간 내선통화 : 수화기를 들고 직원의 내선번호를 누른다.
* 전화 당겨 받기 : 수화기를 들고 * 버튼을 2번 누른다.
* 통화대기 : 통화 도중 통화대기 버튼을 누르고 수화기를 내린다. 다시 통화하려면 수화기를 들고 통화대기 버튼을 누른다.

| 부서 | 이름 | 내선번호 | 부서 | 이름 | 내선번호 |
|---|---|---|---|---|---|
| 기획팀 | 신 과장 | 410 | 총무팀 | 김 과장 | 704 |
| | 최 대리 | 413 | 영업1팀 | 신 대리 | 513 |
| 인사팀 | 김 사원 | 305 | | 오 사원 | 515 |
| | 백 대리 | 307 | 영업2팀 | 이 대리 | 105 |
| 마케팅팀 | 이 부장 | 201 | | 정 과장 | 103 |

① 내선번호에는 조직의 편제에 따른 구분이 감안되어 있다.

② 통화 중인 이 부장과의 통화를 위해 대기 중이던 김 과장은 이 부장 통화가 끝나면 수화기를 들고 201을 눌러야 한다.

③ 신 대리에게 걸려 온 전화를 오 사원이 당겨 받으려면 신 대리의 내선번호를 누르지 않아도 된다.

④ 최 대리가 이 대리에게 전화를 연결해 주려면 반드시 105번을 눌러야 한다.

**해설** ② 통화 대기를 한 경우이므로 이 부장 통화 후 수화기를 들고 이 부장의 내선번호가 아닌 통화대기 버튼을 눌러야 한다.(이 부장의 앞선 통화가 끝나게 되면 김 과장의 전화벨이 울리게 된다.)

① 세 자리 내선번호의 맨 앞자리는 부서 명칭을 의미하는 것임을 알 수 있다.

③ 당겨 받을 경우 * 버튼을 두 번 누르면 되므로 신 대리의 내선번호를 누를 필요는 없다.

④ 타 직원에게 전화를 돌려주는 경우이므로 # 버튼을 누른 후 이 대리의 내선번호인 105번을 반드시 눌러야 한다.

**Answer** 14.② 15.②

**16** H사 김 과장은 외출을 하여 대한상사, 고려무역, 한국은행, 홍익협회 네 군데를 다녀와야 한다. 김 과장의 사무실과 네 군데 방문 지점과의 이동 시간이 다음과 같을 때, '사무실~대한상사'와 '사무실~한국은행'의 소요 시간이 될 수 없는 것은 어느 것인가? (소요 시간은 1분 단위로만 계산한다)

- 홍익협회까지 가는 시간은 한국은행까지 가는 시간의 두 배보다 더 많이 걸린다.
- 고려무역까지 가는 시간은 홍익협회까지 가는 시간의 30%만큼 덜 걸리는 35분이다.
- 대한상사까지 가는 시간은 한국은행보다는 더 걸리고 고려무역보다는 덜 걸린다.
- 한국은행까지 가는 시간과 대한상사까지 가는 시간의 합은 홍익협회까지 가는 시간과 같다.

| | 사무실 ~ 대한상사 | 사무실 ~ 한국은행 |
|---|---|---|
| ① | 26분 | 24분 |
| ② | 28분 | 22분 |
| ③ | 30분 | 20분 |
| ④ | 35분 | 15분 |

**해설** 고려무역까지 35분이 소요되며 이것이 홍익협회까지 가는 시간의 30%가 덜 걸리는 것이므로 홍익협회까지 가는 시간은 35÷0.7=50분이 된다. 또한 대한상사까지 가는 시간은 한국은행보다는 더 걸리고 고려무역보다는 덜 걸린다고 했으므로 김 과장의 사무실로부터 가까운 순서는 '한국은행-대한상사-고려무역-홍익협회'가 된다.

따라서 한국은행까지 가는 시간은 적어도 25분보다 적어야 하며, 이 거리에 소요되는 시간과 '사무실~대한상사'의 시간의 합이 50분이어야 하므로 대한상사까지 가는 시간은 25분보다 크면서 고려무역까지 가는 시간인 35분보다는 적어야 한다.

그러므로 대한상사까지는 26분~34분, 한국은행까지는 24분~16분 사이가 되어야 한다. 따라서 '35분과 15분'이 정답이 된다.

**17** 바둑 애호가인 정 대리, 서 대리, 홍 대리 3명은 각각 상대방과 16판씩 총 32판의 대국을 두었다. 이들의 올해 계절별 바둑 결과가 다음과 같다. 정 대리와 서 대리 상호 간의 결과가 네 시기 모두 우열을 가리지 못하고 동일하였을 경우에 대한 설명으로 올바른 것은 어느 것인가?

〈3명의 바둑 대국 결과〉

| 시기 | 정 대리 전적 | 서 대리 전적 | 홍 대리 전적 |
|---|---|---|---|
| 봄 | 19승 13패 | 14승 18패 | 15승 17패 |
| 여름 | 10승 22패 | 20승 12패 | 18승 14패 |
| 가을 | 17승 15패 | 14승 18패 | 17승 15패 |
| 겨울 | 17승 15패 | 21승 11패 | 10승 22패 |

* 무승부는 한 차례도 없는 것으로 가정한다.

① 정 대리는 봄에 홍 대리에게 10승 이하의 성적을 거두었다.

② 홍 대리에게 우세를 보인 시기는 정 대리가 서 대리보다 더 많다.

③ 홍 대리가 서 대리에게 네 시기에 거둔 승수는 모두 30승이 넘는다.

④ 홍 대리가 한 사람에게 당한 패수가 가장 많은 시기는 봄이다.

✔ 해설 정 대리와 서 대리 상호 간의 성적이 네 시기 모두 8승 8패라는 의미가 되므로 나머지 승수는 각각 홍 대리에게 거둔 것이 된다. 따라서 홍 대리에 대한 이들의 성적을 시기별로 정리해 보면 다음과 같다.

봄 : 정 대리 11승, 서 대리 6승

여름 : 정 대리 2승, 서 대리 12승

가을 : 정 대리 9승, 서 대리 6승

겨울 : 정 대리 9승, 서 대리 13승

따라서 8승보다 많은 승수를 나타낸 시기가 우세를 보인 시기가 되므로, 정 대리는 봄, 가을, 겨울로 3회, 서 대리는 여름, 겨울로 2회가 되는 것을 알 수 있다.

① 정 대리가 거둔 19승 중 서 대리에게 8승을 거둔 것이므로 나머지 11승은 홍 대리에게 거둔 승수가 된다.

③ 홍 대리가 서 대리에게 네 시기에 거둔 승수는 시기별로 총 16번의 대국에서 서 대리가 홍 대리에게 거둔 승수를 뺀 값이 될 것이다. 따라서 시기별로 각각 10승, 4승, 10승, 3승이 되어 총 27승으로 30승을 넘지 않는다.

④ 홍 대리는 봄에 정 대리에게 11패, 서 대리에게 6패를 당한 것이 된다. 그러나 겨울에는 정 대리에게 9패, 서 대리에게 13패를 당하였으므로 한 사람에게 가장 많은 패를 당한 시기는 겨울이 된다.

**Answer** 16.④ 17.②

**18** 다음 조건을 만족할 때, 백 대리의 비밀번호에 쓰일 수 없는 숫자는 어느 것인가?

> • 백 대리는 회사 컴퓨터에 비밀번호를 설정해 두었으며, 비밀번호는 1~9까지의 숫자 중 중복되지 않은 네 개의 숫자이다.
> • 네 자리의 비밀번호는 오름차순으로 정리되어 있으며, 네 자릿수의 합은 20이다.
> • 가장 큰 숫자는 8이며, 짝수가 2개, 홀수가 2개이다.
> • 짝수 2개는 연이은 자릿수에 쓰이지 않았다.

① 2　　② 3

③ 4　　④ 6

✔ **해설** 오름차순으로 정리되어 있으므로 마지막 숫자가 8이다. 따라서 앞의 세 개의 숫자는 1~7까지의 숫자들이며, 이를 더해 12가 나와야 한다. 8을 제외한 세 개의 숫자가 4이하의 숫자만으로 구성되어 있다면 12가 나올 수 없으므로 5, 6, 7중 하나 이상의 숫자는 반드시 사용되어야 한다. 또한 짝수와 홀수가 각각 2개씩이어야 한다.

세 번째 숫자가 7일 경우 앞 두 개의 숫자의 합은 5가 되어야 하므로 1, 4 또는 2, 3이 가능하여 1478, 2378의 비밀번호가 가능하다.

세 번째 숫자가 6일 경우 앞 두 개의 숫자는 모두 홀수이면서 합이 6이 되어야 하므로 1, 5가 가능하나, 이 경우 1568의 네 자리는 짝수가 연이은 자릿수에 쓰였으므로 비밀번호 생성이 불가능하다.

세 번째 숫자가 5일 경우 앞 두 개의 숫자의 합은 7이어야 하며 홀수와 짝수가 한 개씩 이어야 한다. 따라서 3458이 가능하다.

결국 가능한 비밀번호는 1478, 2378, 3458의 세 가지가 되어 이 비밀번호에 쓰일 수 없는 숫자는 6이 되는 것을 알 수 있다.

**19** 다음 글을 참고할 때, '미국이 중국에 한해에 수출하는 대두의 양이 세계 대두시장에서 차지하는 비중'(㉠)과 '3세대(3G) 가입자의 5월의 데이터 사용량'(㉡)을 올바르게 나열한 것은 어느 것인가?

> ㈎ 중국은 한해 세계 대두시장의 60%에 달하는 1억 톤 가량의 대두를 수입하는데 그 중 절반은 브라질에서, 3분의 1은 미국에서 들여오고 있다. 나머지 러시아, 우크라이나, 카자흐스탄 등은 합쳐도 1%도 되지 않는다. 수입되는 대두는 식용유 원료 외에도 대부분 가축용 사료로 가공된다. 중국인들의 소득증가에 따라 육류 소비가 급증하고 있는 추세에 맞춘 것이다.
>
> ㈏ 국내 4세대(4G) 이동전화 롱텀에볼루션(LTE) 가입자 1인당 월평균 무선데이터 사용량이 8기가바이트(GB)에 육박하고 있다. 1일 과학기술정보통신부가 5월 무선데이터 이용량을 집계한 결과, 데이터 총 사용량이 전월보다 7.81% 증가한 36만 5,034테라바이트(TB)에 달했다. 이 가운데 4G 가입자들의 사용량이 36만 4,407TB로, 전체 사용량의 99.8%를 차지했다. 3G와 4G 전체 이동전화 가입자 6,506만8,680명 중 80.8%에 달하는 5,262만4,352명의 4G LTE 가입자가 데이터의 대부분을 소비한다는 얘기다. LTE 가입자 1인당 5월의 데이터 사용량은 7,091MB에 이른다. 1GB가 1,024MB이므로, 8GB에 육박하는 수준이다.

| | ㉠ | ㉡ |
|---|---|---|
| ① | 약 26.8% | 약 125MB |
| ② | 약 19.8% | 약 85MB |
| ③ | 약 19.8% | 약 52MB |
| ④ | 약 15.7% | 약 85MB |

✔ 해설 중국이 한해 수입하는 1억 톤의 대두가 세계시장의 60%라고 했으므로 세계 대두시장의 총량은 1억 톤÷60×100=약 1.67톤이 된다. 또한 중국은 총 대두 수입량인 1억 톤 중 3분의 1을 미국으로부터 들여오므로 미국이 한해 중국으로 수출하는 대두의 총량은 약 3천3백만 톤 정도가 된다. 따라서 3천3백만 톤이 세계 대두시장의 총량인 1.67톤에서 차지하는 비중은 0.33÷1.67×100=약 19.8%가 된다.
5월의 데이터 총 사용량이 365,034TB이며, 4G 가입자들의 사용량이 364,407TB이므로 3G 가입자들의 사용량은 365,034−364,407=627TB가 된다. 또한 3G와 4G 전체 이동전화 가입자가 6,506만8,680명이며, 4G 가입자가 5,262만4,352명이므로 3G 가입자는 6,506만8,680명−5,262만4,352명=1,244만4,328명이 된다. 따라서 3G 가입자의 5월의 데이터 사용량은 627÷12,444,328×1,000×1,024=약 52MB가 된다.(1TB=1,000GB이며, 1GB= 1,024MB이므로 1TB=1,024,000MB가 된다.)
따라서 약 19.8%와 약 52MB가 정답이 된다.

**Answer** 18.④ 19.③

**20** 다음 글을 근거로 판단할 때, 甲이 이용할 관광 상품은?

- 甲은 첨성대에서 시작하여 대릉원, 불국사, 동궁과 월지까지 관광하려 한다. '첨성대→대릉원'은 도보로, '대릉원→동궁과 월지' 및 '동궁과 월지→불국사'은 각각 버스로 이동해야 한다.
- 입장료 및 지하철 요금

| 첨성대 | 대릉원 | 불국사 | 동궁과 월지 | 버스 |
|---|---|---|---|---|
| 1,000원 | 3,000원 | 10,000원 | 5,000원 | 1,000원 |

※ 버스 요금은 거리에 관계없이 탑승할 때마다 일정하게 지불하며, 도보 이동시에는 별도 비용 없음
- 관광비용은 입장료, 버스 요금, 상품가격의 합산액이다.
- 甲은 관광비용을 최소화하고자 하며, 甲이 선택할 수 있는 상품은 다음 세 가지 중 하나이다.

| 상품 | 가격 | 혜택 | | | | |
|---|---|---|---|---|---|---|
| | | 첨성대 | 대릉원 | 불국사 | 동궁과 월지 | 버스 |
| 스마트 교통 카드 | 1,000원 | – | – | 50%할인 | – | 당일무료 |
| 시티투어A | 3,000원 | 30%할인 | 30%할인 | 30%할인 | 30%할인 | 당일무료 |
| 시티투어B | 5,000원 | 무료 | – | 무료 | 무료 | – |
| 스탬프투어 | 2,000원 | | | 무료 | | 당일무료 |

① 스마트 교통 카드
② 시티투어A
③ 시티투어B
④ 스탬프투어

✔ 해설 관광 상품을 사용했을 때 甲이 지불할 관광비용은 다음과 같다.
스마트 교통 카드 : 1,000+1,000+3,000+5,000+5,000=15,000(원)
시티투어A : 3,000+700+2,100+7,000+3,500=16,300(원)
시티투어B : 5,000+3,000+2,000=10,000(원)
스탬프투어 : 2,000+1,000+3,000+5,000=11,000(원)
따라서 시티투어B를 이용하는 것이 가장 저렴하다.

**21** 다음을 근거로 판단할 때 옳은 것은?

A구와 B구로 이루어진 신도시 甲시에는 어린이집과 복지회관이 없다. 이에 甲시는 60억 원의 건축 예산을 사용하여 아래 〈건축비와 만족도〉와 〈조건〉 하에서 시민 만족도가 가장 높도록 어린이집과 복지회관을 신축하려고 한다.

〈건축비와 만족도〉

| 지역 | 시설 종류 | 건축비(억 원) | 만족도 |
|---|---|---|---|
| A구 | 어린이집 | 20 | 35 |
| | 복지회관 | 15 | 30 |
| B구 | 어린이집 | 15 | 40 |
| | 복지회관 | 20 | 50 |

〈조건〉

1) 예산 범위 내에서 시설을 신축한다.
2) 시민 만족도는 각 시설에 대한 만족도의 합으로 계산한다.
3) 각 구에는 최소 1개의 시설을 신축해야 한다.
4) 하나의 구에 동일 종류의 시설을 3개 이상 신축할 수 없다.
5) 하나의 구에 동일 종류의 시설을 2개 신축할 경우, 그 시설 중 한 시설에 대한 만족도는 20% 하락한다.

① B구에는 복지회관이 신축될 것이다.
② 최대한 만족도가 하락하지 않도록 계획해야한다.
③ 만족도가 가장 높도록 기관을 신축할 경우 예산은 전액 사용된다.
④ 甲시에 신축되는 시설의 수는 3개일 것이다.

**해설** 시민 만족도가 가장 높게 신축을 하기 위해서 우선 예산을 최대한 사용하면 두 가지 경우를 계획할 수 있다.

㉠ 가장 만족도가 높은 기관을 신축할 경우 B구의 복지회관을 2개, A구에 어린이 집 1개를 지을 수 있다. 이 경우의 만족도는 50+50−50×0.2+35=125이다.

㉡ 건축비가 낮은 기관을 각 구에 2개씩 지을 경우, A구에는 복지회관 2개, B구에는 어린이집을 2개 지을 수 있는데 만족도를 계산하면 30+30−30×0.2+40+40−40×0.2=126이다.

따라서 ㉡의 경우를 선택한다.

③ 예산은 전액 사용된다.
① B구에는 어린이집이 2개 신축된다.
② ㉡의 경우 만족도의 하락을 감안하고 최대의 결과를 도출한 것이다.
④ 甲시에 신축되는 건물의 수는 4개일 것이다.

**Answer** 20.③ 21.③

**22** 다음 글을 근거로 판단할 때, 다음 중 인증 가능한 경우는?

○○국 친환경농산물의 종류는 3가지로, 인증기준에 부합하는 재배방법은 각각 다음과 같다.

1) 유기농산물의 경우 일정 기간(다년생 작물 3년, 그 외 작물 2년) 이상을 농약과 화학비료를 사용하지 않고 재배한다.
2) 무농약농산물의 경우 농약을 사용하지 않고, 화학비료는 권장량의 2분의 1 이하로 사용하여 재배한다.
3) 저농약농산물의 경우 화학 비료는 권장량의 2분의 1 이하로 사용하고, 농약은 살포 시기를 지켜 살포 최대횟수의 2분의 1 이하로 사용하여 재배한다.

〈농산물별 관련 기준〉

| 구분 | 재배기간 내 화학비료 권장량(kg/ha) | 재배기간 내 농약살포 최대횟수 | 농약 살포시기 |
|---|---|---|---|
| 사과 | 100 | 4 | 수확 30일 전까지 |
| 감귤 | 80 | 3 | 수확 30일 전까지 |
| 감 | 120 | 4 | 수확 14일 전까지 |
| 복숭아 | 50 | 5 | 수확 14일 전까지 |

※ 1ha=10,000㎡, 1t=1,000kg

① 甲은 5㎢의 면적에서 재배기간 동안 농약을 전혀 사용하지 않고 20t의 화학비료를 사용하여 사과를 재배하였으며, 이 사과를 수확하여 무농약농산물 인증 신청을 하였다.

② 乙은 3ha의 면적에서 재배기간 동안 총 2회 화학비료 30kg씩을 뿌리면서 병충해 방지를 위해 농약도 함께 살포하여 복숭아를 재배하였다. 수확시기가 다가오면서 병충해 피해가 나타나자 농약을 추가로 1회 살포하였고, 20일 뒤 수확하여 저농약농산물 인증신청을 하였다.

③ 丙은 지름이 1km인 원 모양의 농장에서 작년부터 농약을 전혀 사용하지 않고 감귤을 재배하였다. 작년에는 5t의 화학비료를 사용하였으나, 올해는 전혀 사용하지 않고 감귤을 수확하여 유기농산물 인증신청을 하였다.

④ 丁은 가로와 세로가 각각 100m, 400m인 과수원에서 감을 재배하였다. 재배기간 동안 농약을 1회 살포하고 250kg의 화학비료를 사용하였다. 丁은 추석을 맞아 9월 말에 감을 수확하여 저농약농산물 인증신청을 하였다.

✔ 해설 ① 甲은 사과를 500ha(5㎢)의 면적에 농약은 사용하지 않고 20,000kg(20t)의 화학비료를 사용하여 재배했다. 무농약농산물 인증을 위해 농약은 사용하지 않고, 화학비료는 권장량을 2분의 1 이하(甲의 경우 50,000kg의 2분의 1)로 사용하여야 하므로 甲은 무농약농산물 인증이 가능하다.

② 乙은 복숭아를 3ha의 면적에 농약을 총 3회 살포하고 60kg 화학비료를 사용하여 재배하였다. 저농약농산물 인증을 위해서는 농약 최대회수의 2분의 1이하로 사용해야하는 데 복숭아 농약 살포 최대 횟수는 5회 이므로 인증을 받을 수 없다.

③ 丙은 유기농산물 인증을 받고자하는데 감귤의 경우 3년 이상 농약과 화학비료를 사용하지 않아야 유기농산물 인증을 받을 수 있다. 하지만 丙은 작년에 화학비료를 사용했으므로 인증을 받을 수 없다.

④ 丁은 감을 수확하기 위해 4ha(가로와 세로가 각각 100m, 400m)의 면적에 농약을 1회, 화학비료 250kg를 사용하였다. 저농약농산물 인증을 위해서 丁은 화학비료를 240kg 이하로 사용하여야 하는데 이를 초과하였으므로, 저농약농산물 인증을 받을 수 없다.

**23** 다음 글을 근거로 판단할 때, ○○백화점이 한 해 캐롤 음원이용료로 지불해야 하는 최대 금액은?

> ○○백화점에서는 매년 크리스마스 트리 점등식(11월 네 번째 목요일) 이후 돌아오는 첫 월요일부터 크리스마스 (12월 25일)까지 백화점 내에서 캐롤을 틀어 놓는다(단, 휴점일 제외). 이 기간 동안 캐롤을 틀기 위해서는 하루에 2만 원의 음원이용료를 지불해야 한다. ○○백화점 휴점일은 매월 네 번째 수요일이지만, 크리스마스와 겹칠 경우에는 정상영업을 한다.

① 48만 원
② 52만 원
③ 58만 원
④ 60만 원

✔ 해설 최대 음원이용료를 구하는 것이므로 12월 25일은 네 번째 수요일이거나 수요일 이전이어야 한다. 또한 11월 네 번째 목요일 이후 돌아오는 월요일부터 11월 마지막 날까지의 기간을 최대로 가정하면 11월 1일이 목요일일 경우(네 번째 목요일이 22일, 네 번째 수요일이 28일)와 수요일일 경우(네 번째 수요일이 22일, 네 번째 목요일이 23일) 모두 11월 4일 동안 캐롤을 틀 수 있고, 12월에 25일 동안 캐롤을 틀 수 있으므로 (4+25)×20,000원=58만 원이 된다.

**Answer** 22.① 23.③

**24** ○○회사에 근무하는 준기 씨는 상사로부터 다음과 같은 지시를 받았다. 다음 중 준기 씨가 상사에게 제출할 자료로 가장 적절한 것은? (비행시간 이외의 시간은 고려하지 않고 인천은 동경 135도 로스앤젤레스는 서경 120도에 위치해있다)

상사 : 인천에서 로스앤젤레스로 출장을 갈 예정입니다. 도착지 기준으로 7월 10일 오전 11시까지 도착해야 하고 가장 늦은 항공편을 타야합니다. 시차 계산 요령도 함께 보냈으니 각 항공편마다 시차에 맞는 도착 시각을 알려주시고 제 일정에 맞는 시간에 체크해서 보내주세요.

〈시차 계산 요령〉

시차 계산 요령은 다음과 같은 3가지의 원칙을 적용할 수 있다.

1. 같은 경도(동경과 동경 혹은 서경과 서경)인 경우는 두 지점을 빼서 15로 나누되, 더 숫자가 큰 쪽이 동쪽에 위치한다는 뜻이므로 시간도 더 빠르다.
2. 또한, 본초자오선과의 시차는 한국이 영국보다 9시간 빠르다는 점을 적용하면 된다.
3. 경도가 다른 경우(동경과 서경)는 두 지점을 더해서 15로 나누면 되고 역시 동경이 서경보다 더 동쪽에 위치하므로 시간도 더 빠르게 된다.

| 항공편명 | 출발일 | 출발 시각 | 비행시간 |
|---|---|---|---|
| KR107 | 7월 9일 | 오후 11시 | 12시간 |
| AE034 | 7월 9일 | 오후 2시 | |
| KR202 | 7월 9일 | 오후 7시 | |
| AE037 | 7월 10일 | 오후 10시 | |
| KR204 | 7월 10일 | 오후 4시 | |

①

| 항공편명 | 출발일 | 출발 시각 | 도착시각 |
|---|---|---|---|
| KR107 | 7월 9일 | 오후 11시 | 7월 10일 오전 6시 |
| AE034 | 7월 9일 | 오후 2시 | 7월 9일 오전 9시 |
| KR202 | 7월 9일 | 오후 7시 | 7월 9일 오후 2시 |
| AE037 | 7월 10일 | 오후 10시 | 7월 10일 오후 5시 |
| * KR204 | 7월 10일 | 오후 4시 | 7월 10일 오전 11시 |

②

| 항공편명 | 출발일 | 출발 시각 | 도착시각 |
|---|---|---|---|
| KR107 | 7월 9일 | 오후 11시 | 7월 9일 오후 6시 |
| AE034 | 7월 9일 | 오후 2시 | 7월 9일 오전 10시 |
| * KR202 | 7월 9일 | 오후 7시 | 7월 9일 오후 2시 |
| AE037 | 7월 10일 | 오후 10시 | 7월 10일 오후 5시 |
| KR204 | 7월 10일 | 오후 4시 | 7월 10일 오전 7시 |

③

| 항공편명 | 출발일 | 출발 시각 | 도착시각 |
|---|---|---|---|
| * KR107 | 7월 9일 | 오후 11시 | 7월 9일 오후 6시 |
| AE034 | 7월 9일 | 오후 2시 | 7월 9일 오전 9시 |
| KR202 | 7월 9일 | 오후 7시 | 7월 9일 오후 2시 |
| AE037 | 7월 10일 | 오후 10시 | 7월 10일 오후 5시 |
| KR204 | 7월 10일 | 오후 4시 | 7월 10일 오전 11시 |

④

| 항공편명 | 출발일 | 출발 시각 | 도착시각 |
|---|---|---|---|
| KR107 | 7월 9일 | 오후 11시 | 7월 9일 오후 6시 |
| AE034 | 7월 9일 | 오후 2시 | 7월 9일 오전 9시 |
| KR202 | 7월 9일 | 오후 7시 | 7월 9일 오후 2시 |
| AE037 | 7월 10일 | 오후 10시 | 7월 10일 오후 5시 |
| * KR204 | 7월 10일 | 오후 4시 | 7월 10일 오전 11시 |

**해설** 출발지와 도착지는 경도가 다른 지역이므로 주어진 설명의 3번에 해당된다. 따라서 두 지점의 시차를 계산해 보면 (135+120)÷15=17시간이 된다.

또한, 인천이 로스앤젤레스보다 더 동쪽에 위치하므로 인천이 로스앤젤레스보다 17시간이 빠르게 된다. 다시 말해, 로스앤젤레스가 인천보다 17시간이 느리다. 따라서 도착시간을 정리하면 다음과 같다.

| 항공편명 | 출발일 | 출발 시각 | 도착시각 |
|---|---|---|---|
| KR107 | 7월 9일 | 오후 11시 | 7월 9일 오후 6시 |
| AE034 | 7월 9일 | 오후 2시 | 7월 9일 오전 9시 |
| KR202 | 7월 9일 | 오후 7시 | 7월 9일 오후 2시 |
| AE037 | 7월 10일 | 오후 10시 | 7월 10일 오후 5시 |
| KR204 | 7월 10일 | 오후 4시 | 7월 10일 오전 11시 |

KR204이 도착시간이 7월 10일 오전 11시이므로 가장 늦은 항공편에 해당한다.

**Answer** 24.④

**25** 양 과장 휴가를 맞아 제주도로 여행을 떠나려고 한다. 가족 여행이라 짐이 많을 것을 예상한 양 과장은 제주도로 운항하는 5개의 항공사별 수하물 규정을 다음과 같이 검토하였다. 다음 규정을 참고할 때, 양 과장이 판단한 것으로 올바르지 않은 것은 어느 것인가?

| | 화물용 | 기내 반입용 |
|---|---|---|
| 갑항공사 | A+B+C=158 cm 이하, 각 23kg, 2개 | A+B+C=115cm 이하, 10kg~12kg, 2개 |
| 을항공사 | | A+B+C=115cm 이하, 10kg~12kg, 1개 |
| 병항공사 | A+B+C=158 cm 이하, 20kg, 1개 | A+B+C=115cm 이하, 7kg~12kg, 2개 |
| 정항공사 | A+B+C=158 cm 이하, 각 20kg, 2개 | A+B+C=115cm 이하, 14kg 이하, 1개 |
| 무항공사 | | A+B+C=120cm 이하, 14kg~16kg, 1개 |

* A, B, C는 가방의 가로, 세로, 높이의 길이를 의미함.

① 기내 반입용 가방이 최소한 2개는 되어야 하니 일단 갑, 병항공사밖엔 안 되겠군.

② 가방 세 개 중 A+B+C의 합이 2개는 155cm, 1개는 118cm이니 무항공사 예약상황을 알아봐야지.

③ 무게로만 따지면 병항공사보다 을항공사를 이용하면 더 많은 짐을 가져갈 수 있겠군.

④ 가방의 총 무게가 55kg을 넘어갈 테니 반드시 갑항공사를 이용해야겠네.

**해설** 무항공사의 경우 화물용 가방 2개의 총 무게가 20×2=40kg, 기내 반입용 가방 1개의 최대 허용 무게가 16kg이므로 총 56kg까지 허용되어 무항공사도 이용이 가능하다.

① 기내 반입용 가방의 개수를 2개까지 허용하는 항공사는 갑, 병항공사 밖에 없다.

② 155cm 2개는 화물용으로, 118cm 1개는 기내 반입용으로 운송 가능한 곳은 무항공사이다.

③ 을항공사는 총 허용무게가 23+23+12=58kg이며, 병항공사는 20+12+12=44kg이다.

**26** A모직은 4~50대를 대상으로 하는 맞춤 수제정장을 주력 상품으로 판매하고 있다. 다음은 2~30대 청년층을 대상으로 하는 캐주얼 정장 시장에 진입을 시도해보자는 안건으로 진행된 회의 내용을 3C 분석표로 나타낸 것이다. 표를 보고 A모직에서 결정할 수 있는 사항으로 가장 옳지 않은 것은?

| 구분 | 내용 |
|---|---|
| 고객/시장(Customer) | • 시니어 정장 시장은 정체 및 감소되는 추세이다.<br>• 캐주얼 정장 시장은 매년 급성장 중이다.<br>• 청년들도 기성복이 아닌 맞춤 수제정장을 찾는 경우가 있다. |
| 경쟁사(Competitor) | • 2~30대 캐주얼 정장 시장으로 진출할 경우 경쟁사는 외국 캐주얼 정장 기업, 캐주얼 전문 기업 등의 의류 기업 등이 포함된다.<br>• 이미 대기업들의 캐주얼 정장시장은 브랜드 인지도, 유통, 생산 등에서 차별화된 경쟁력을 갖고 있다.<br>• 공장 대량생산화를 통해 저렴한 가격으로 제품을 판매하고 있으며 스마트시대에 따른 디지털마케팅을 구사하고 있다. |
| 자사(Company) | • 디지털마케팅 역량이 미흡하고, 신규 시장 진출 시 막대한 마케팅 비용이 들 것으로 예상된다.<br>• 기존 시니어 정장에 대한 이미지를 탈피하기 위한 노력이 필요하다.<br>• 오래도록 품질 좋은 수제 정장을 만들던 기술력을 보유하고 있다. |

① 2~30대를 대상으로 맞춤 수제정장에 대한 설문조사를 진행한다.

② 경쟁사의 전략이 막강하고 자사의 자원과 역량은 부족하므로 진출하지 않는 것이 바람직하다.

③ 청년들도 맞춤 수제정장을 찾는 수가 많아지고 있으므로 소비되는 마케팅 비용보다 새로운 시장에서의 수입이 더 클 것으로 전망된다.

④ 대량생산되는 기성복과의 차별화를 부각시킬 수 있는 방안을 생각한다.

**해설** 청년들도 기성복이 아닌 맞춤 수제정장을 찾는 경우가 있다고 제시되어 있으나 그 수요가 얼마나 될지 정확하게 알 수 없으며 디지털마케팅에 대한 역량이 부족하여 막대한 마케팅 비용이 들 것으로 예상된다고 제시되어 있으므로 A모직에서 결정할 수 있는 사항으로 가장 옳지 않은 것은 ③이다.

**Answer** 25.④ 26.③

**27** 다음은 어느 은행의 대출 상품에 관한 정보이다. 보기 중에서 이 대출상품에 적합한 사람을 모두 고른 것은? (단, 보기 중 모든 사람이 캐피탈의 보증서가 발급된다고 가정한다.)

소액대출 전용상품

- 특징 : 은행－캐피탈 간 협약상품으로 직업, 소득에 관계없이 쉽고 간편하게 최고 1,000만 원까지 이용 가능한 개인 소액대출 전용상품
- 대출대상 : 캐피탈의 보증서가 발급되는 개인
- 대출기간 : 4개월 이상 1년 이내(거치기간 없음). 다만, 원리금 상환을 위하여 자동이체일과 상환기일을 일치시키는 경우에 한하여 최장 13개월 이내에서 대출기간 지정 가능
- 대출한도 : 300만 원 이상 1,000만 원 이내
- 대출금리 : 신용등급에 따라 차등적용
- 상환방법 : 원금균등할부상환
- 중도상환 : 수수료 없음

〈보기〉

㉠ 정훈 : 회사를 운영하고 있으며, 갑작스럽게 1,000만 원이 필요하여 법인 앞으로 대출을 원하고 있다.

㉡ 수미 : 4학년 2학기 등록금 400만 원이 필요하며, 거치기간을 거쳐 입사한 후에 대출상환을 원하고 있다.

㉢ 은정 : 갑작스러운 남편의 수술로 500만 원이 필요하며 5개월 후 곗돈 500만 원을 타면 대출상환을 할 수 있다.

① ㉠ ② ㉢

③ ㉠㉡ ④ ㉠㉡㉢

✔ 해설 ㉠ 이 대출상품은 개인을 대상으로 하기 때문에 법인은 대출을 받을 수 없다.
㉡ 대출기간은 4개월 이상 1년 이내로 거치기간이 없다.

**28** 다음은 화재손해 발생 시 지급 보험금 산정방법과 피보험물건의 보험금액 및 보험가액에 대한 자료이다. 다음 조건에 따를 때, 지급 보험금이 가장 많은 피보험물건은?

〈표1〉 지급 보험금 산정방법

| 피보험물건의 유형 | 조건 | 지급 보험금 |
|---|---|---|
| 일반물건, 창고물건, 주택 | 보험금액 ≥ 보험가액의 80% | 손해액 전액 |
| | 보험금액 < 보험가액의 80% | $손해액\times\frac{보험금액}{보험가액의 80\%}$ |
| 공장물건, 동산 | 보험금액 ≥ 보험가액 | 손해액 전액 |
| | 보험금액 < 보험가액 | $손해액\times\frac{보험금액}{보험가액}$ |

※ 보험금액은 보험사고가 발생한 때에 보험회사가 피보험자에게 지급해야 하는 금액의 최고한도를 말한다.

※ 보험가액은 보험사고가 발생한 때에 피보험자에게 발생 가능한 손해액의 최고한도를 말한다.

〈표2〉 피보험물건의 보험금액 및 보험가액

| 피보험물건 | 피보험물건 유형 | 보험금액 | 보험가액 | 손해액 |
|---|---|---|---|---|
| 甲 | 동산 | 7천만 원 | 1억 원 | 6천만 원 |
| 乙 | 일반물건 | 8천만 원 | 1억 원 | 8천만 원 |
| 丙 | 창고물건 | 6천만 원 | 7천만 원 | 9천만 원 |
| 丁 | 공장물건 | 9천만 원 | 1억 원 | 6천만 원 |

① 甲　　② 乙

③ 丙　　④ 丁

① 甲 : $6천만 원\times\frac{7천만 원}{1억 원}=4,200만 원$

② 乙 : 손해액 전액이므로 8,000만 원

③ 丙 : 손해액 전액이므로 9,000만 원

④ 丁 : $6천만 원\times\frac{9천만 원}{1억 원}=5,400만 원$

Answer 27.② 28.③

**Ⅰ29~30Ⅰ 다음은 금융 관련 긴급상황 발생시 행동요령에 대한 내용이다. 이를 읽고 물음에 답하시오.**

금융 관련 긴급상황 발생 행동요령

1. 신용카드 및 체크카드를 분실한 경우
   카드를 분실했을 경우 카드회사 고객센터에 분실신고를 하여야 한다.
   분실신고 접수일로부터 60일 전과 신고 이후에 발생한 부정 사용액에 대해서는 납부의무가 없다. 카드에 서명을 하지 않은 경우, 비밀번호를 남에게 알려준 경우, 카드를 남에게 빌려준 경우 등 카드 주인의 특별한 잘못이 있는 경우에는 보상을 하지 않는다.
   비밀번호가 필요한 거래(현금인출, 카드론, 전자상거래)의 경우 분실신고 전 발생한 제2자의 부정사용액에 대해서는 카드사가 책임을 지지 않는다. 그러나 저항할 수 없는 폭력이나 생명의 위협으로 비밀번호를 누설한 경우 등 카드회원의 과실이 없는 경우는 제외
2. 다른 사람의 계좌에 잘못 송금한 경우
   본인의 거래은행에 잘못 송금한 사실을 먼저 알린다. 전화로 잘못 송금한 사실을 말하고 거래은행 영업점을 방문해 착오입금반환의뢰서를 작성하면 된다.
   수취인과 연락이 되지 않거나 돈을 되돌려 주길 거부하는 경우에는 부당이득반환소송 등 법적 조치를 취하면 된다.
3. 대출사기를 당한 경우
   대출사기를 당했거나 대출수수료를 요구할 땐 경찰서, 금융감독원에 전화로 신고를 하여야 한다. 아니면 금감원 홈페이지 참여마당 → 금융범죄/비리/기타신고 → 불법 사금융 개인정보 불법유통 및 불법 대출 중개수수료 피해신고 코너를 통해 신고하면 된다.
4. 신분증을 잃어버린 경우
   가까운 은행 영업점을 방문하여 개인정보 노출자 사고 예방 시스템에 등록을 한다. 신청인의 개인정보를 금융회사에 전파하여 신청인의 명의로 금융거래를 하면 금융회사가 본인확인을 거쳐 2차 피해를 예방한다.

**29** 만약 당신이 신용카드를 분실했을 경우 가장 먼저 취해야 할 행동으로 적절한 것은?

① 경찰서에 전화로 분실신고를 한다.
② 해당 카드회사에 전화로 분실신고를 한다.
③ 금융감독원에 분실신고를 한다.
④ 카드사에 전화를 걸어 카드를 해지한다.

✔해설 신용카드 및 체크카드를 분실한 경우 카드회사 고객센터에 분실신고를 하여야 한다.

**30** 매사 모든 일에 철두철미하기로 유명한 당신이 보이스피싱에 걸려 대출사기를 당했다고 느껴질 경우 당신이 취할 수 있는 가장 적절한 행동은?

① 가까운 은행을 방문하여 개인정보 노출자 사고 예방 시스템에 등록을 한다.
② 해당 거래 은행에 송금 사실을 전화로 알린다.
③ 경찰서나 금융감독원에 전화로 신고를 한다.
④ 법원에 부당이득반환소송을 청구한다.

✔해설 대출사기를 당했거나 대출수수료를 요구할 땐 경찰서, 금융감독원에 전화로 신고를 하여야 한다.

**Answer** 29.② 30.③

**31** 다음 글을 읽고 '차등금리방식'을 〈보기〉에 적용한 내용으로 옳은 것은?

국채는 정부가 부족한 조세 수입을 보전하고 재정 수요를 충당하기 위해 발행하는 일종의 차용 증서이다. 이 중 국고채는 정부가 자금을 조달하는 주요한 수단이며, 채권 시장을 대표하는 상품이다. 만기일에 원금과 약속한 이자를 지급하는 국고채는 관련 법률에 따라 발행된다. 발행 주체인 정부는 이자 비용을 줄이기 위해 낮은 금리를 선호하며, 매입 주체인 투자자들은 높은 이자 수익을 기대하여 높은 금리를 선호한다. 국고채의 금리는 경쟁 입찰을 통해 결정되는데, 경쟁 입찰은 금리 결정 방법에 따라 크게 '복수금리결정방식'과 '단일금리결정방식'으로 나뉜다.

※ 발행 예정액 : 800억 원

| 투자자 | 제시한 금리와 금액 | 결정 방식 | |
|---|---|---|---|
| | | 복수금리 | 단일금리 |
| A | 4.99% 200억 원 | 4.99% | 모두 5.05% |
| B | 5.00% 200억 원 | 5.00% | |
| C | 5.01% 200억 원 | 5.01% | |
| D | 5.03% 100억 원 | 5.03% | |
| E | 5.05% 100억 원 | 5.05% | |
| F | 5.07% 100억 원 | 미낙찰 | 미낙찰 |

복수금리결정방식은 각각의 투자자가 금리와 금액을 제시하면 최저 금리를 제시한 투자자부터 순차적으로 낙찰자를 결정하는 방식이다. 낙찰된 금액의 합계가 발행 예정액에 도달할 때까지 낙찰자를 결정하기 때문에 상대적으로 낮은 금리를 제시한 투자자부터 낙찰자로 결정된다. 이때 국고채의 금리는 각각의 투자자가 제시한 금리로 결정된다. 표와 같이 발행 예정액이 800억 원인 경쟁 입찰이 있다면, 가장 낮은 금리를 제시한 A부터 E까지 제시한 금액 합계가 800억 원이므로 이들이 순차적으로 낙찰자로 결정된다. 이때 국고채의 금리는 A에게는 4.99%, B에게는 5.00%, …, E에게는 5.05%로 각기 다르게 적용이 된다.

한편, 단일금리결정방식은 각 투자자들이 제시한 금리를 최저부터 순차적으로 나열하여 이들이 제시한 금액이 발행 예정액에 도달할 때까지 낙찰자를 결정한다는 점에서는 복수금리결정방식과 같다. 하지만 발행되는 국고채의 금리는 낙찰자들이 제시한 금리 중 가장 높은 금리로 단일하게 결정된다는 점이 다르다. 표와 같이 낙찰자는 A ~ E로 결정되지만 국고채의 금리는 A ~ E 모두에게 5.05%로 동일하게 적용되는 것이다. 따라서 단일금리결정방식은 복수금리결정방식에 비해 투자자에게 유리한 방식일 수 있다.

하지만 단일금리결정방식은 정부의 이자 부담을 가중시킬 수 있어, 복수금리결정방식과 단일금리결정방식을 혼합한 '차등금리결정방식'을 도입하기도 한다. <u>차등금리결정방식</u>이란 단일금리결정방식과 같은 방법으로 낙찰자들을 결정하지만, 낙찰자들이 제시한 금리들 중 가장 높은 금리를 기준으로 삼아 금리들을 일정한 간격으로 그룹화한다는 점이 다르다. 각 그룹의 간격은 0.02%p ~ 0.03%p 정도로 정부가 결정하며, 이때 국고채의 금리는 투자자가 제시한 금리와 관계없이 정부가 각각의 그룹에 설정한 최고 금리로 결정된다. 이는 투자자가 제시한 금리를 그룹별로 차등화함으로써 적정 금리로 입찰하도록 유도하는 효과를 낸다.

〈보기〉

㉠ 발행 예정액 : 700억 원

㉡ 그룹화 간격 : 0.03%p

㉢ 입찰 결과

| 투자자 | 제시한 금리와 금액 |
|---|---|
| ⓐ | 1.98% 100억 원 |
| ⓑ | 2.00% 100억 원 |
| ⓒ | 2.02% 200억 원 |
| ⓓ | 2.05% 100억 원 |
| ⓔ | 2.06% 200억 원 |
| ⓕ | 2.07% 200억 원 |

㉣ 그룹화 결과 : 2.06 ~ 2.04%, 2.03 ~ 2.01%, 2.00 ~ 1.98%(단, 입찰 단위는 0.01%p 단위로 제시한다.)

① ⓐ가 속한 그룹은 ⓐ가 제시한 금리로 낙찰 받는다.

② ⓑ와 ⓒ는 같은 금리로 낙찰 받는다.

③ ⓒ는 2.03%의 금리로 낙찰 받는다.

④ ⓓ와 ⓔ 모두 2.05%의 금리로 낙찰 받는다.

**해설** 차등금리결정방식은 각각의 투자자가 제시한 금리를 순차적으로 나열한 후 일정한 간격으로 그룹화하는 방식이다. 〈보기〉의 경우 발행 예정액이 700억 원이므로 ⓕ를 제외한 나머지 투자자들이 낙찰자로 결정되며, 그룹화 간격이 0.03%p이므로 [ⓐ와 ⓑ], [ⓒ], [ⓓ와 ⓔ]로 그룹화 된다. 이때 기준이 되는 금리는 최종 낙찰자인 ⓔ가 제시한 2.06%이며, 그룹별 금리는 각 구간의 최고 금리 2.06%, 2.03%, 2.00%으로 결정된다.

**Answer** 31.③

**┃32~33┃ 다음 지문과 자료를 읽고 물음에 답하시오.**

신입사원 P씨는 중요한 회의의 자료를 출력하여 인원수에 맞춰 복사를 해두라는 팀장님의 지시를 받았는데 아무리 인쇄를 눌러봐도 프린터에서는 서류가 나오지 않았다. 이 때 서랍 속에서 프린터기의 사용설명서를 찾았다.

프린터 인쇄 문제 해결사

| 항목 | 문제 | 점검사항 | 조치 |
|---|---|---|---|
| A | 인쇄 출력 품질이 떨어집니다. | 올바른 용지를 사용하고 있습니까? | • 프린터 권장 용지를 사용하면 인쇄 출력 품질이 향상됩니다.<br>• 본 프린터는 ○○용지 또는 △△용지의 사용을 권장합니다. |
| | | 프린터기의 상태메뉴에 빨간 불이 들어와 있습니까? | • 프린터기의 잉크 노즐이 오염된 신호입니다.<br>• 잉크 노즐을 청소하십시오. |
| B | 문서가 인쇄되지 않습니다. | 인쇄 대기열에 오류 문서가 있습니까? | 인쇄 대기열의 오류 문서를 취소하십시오. |
| | | 네트워크가 제대로 연결되어 있습니까? | 컴퓨터와 프린터의 네트워크 연결을 확인하고 연결하십시오. |
| | | 프린터기에 용지 또는 토너가 공급되어 있습니까? | 프린터기에 용지 또는 토너를 공급하십시오. |
| C | 프린터의 기능이 일부 작동하지 않습니다. | 본사에서 제공하는 드라이버를 사용하고 있습니까? | 본사의 홈페이지에서 제공하는 프린터 드라이버를 받아 설치하십시오. |
| D | 인쇄 속도가 느립니다. | 인쇄 대기열에 오류 문서가 있습니까? | 인쇄 대기열의 오류 문서를 취소하십시오. |
| | | 인쇄하려는 파일에 많은 메모리가 필요합니까? | 하드 디스크의 사용 가능한 공간의 양을 늘려보십시오. |

**32** 신입사원 P씨가 확인해야 할 항목은 무엇인가?

① A

② B

③ C

④ D

**해설** 현재 인쇄가 전혀 되지 않으므로 B항목 "문서가 인쇄되지 않습니다."를 확인해야 한다.

**33** 다음 중 신입사원 P씨가 확인하지 않아도 되는 것은?

① 인쇄 대기열에 오류 문서가 있는지 확인한다.

② 네트워크가 제대로 연결되어 있는지 확인한다.

③ 프린터기에 용지나 토너가 공급되어 있는지 확인한다.

④ 올바른 용지를 사용하고 있는지 확인한다.

**해설** B항목의 점검사항만 확인하면 되므로 용지의 종류는 확인하지 않아도 된다.

**Answer** 32.② 33.④

**| 34~35 | 다음 글을 읽고 물음에 답하시오.**

광물은 지각을 이루는 암석의 단위 물질로서 특징적인 결정 구조를 갖는다. 광물의 결정 구조는 그 광물을 구성하는 원자들이 일정하게 배열된 양상이다. 같은 광물일 경우 그 결정 구조가 동일하며, 이러한 결정 구조에 의해 나타나는 규칙적인 겉모양인 결정형(crystal form)도 동일하다. 그런데 실제로 광물들의 결정은 서로 다른 모양을 가지는 경우가 많다.

덴마크의 물리학자 니콜라우스 스테노는 등산길에서 채집한 수정의 단면들이 서로 조금씩 다른 모양을 가지고 있는 것에 궁금증이 생겼다. 그 이유를 밝히기 위해 그는 수집한 수정의 단면도를 그려서 비교해 보았다. 그 결과 수정 결정의 모양은 모두 조금씩 다르지만 맞닿은 결정면들이 이루고 있는 각은 〈그림1〉의 a와 같이 항상 일정하다는 '면각 일정의 법칙'을 발견하게 되었다.

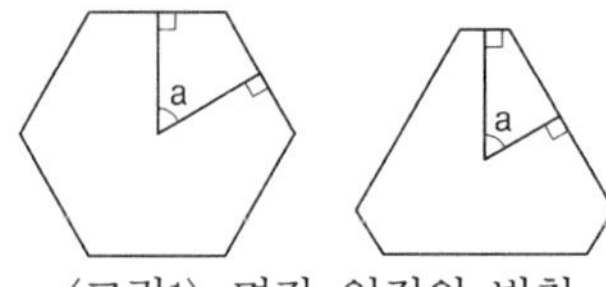


〈그림1〉 면각 일정의 법칙

스테노는 같은 광물의 결정일 경우 면각이 일정해지는 이유가 결정 내부의 규칙성 때문일 것이라 짐작했다. 당시만 해도 그 규칙성의 이유가 되는 결정 내부의 원자 배열 상태를 직접 관찰할 수 없었다. 그가 죽은 뒤 X선이 발견되고 나서야, 결정 모양이 그 결정을 이루고 있는 내부 원자들의 규칙적인 배열 상태를 반영한다는 것이 밝혀지게 되었다.

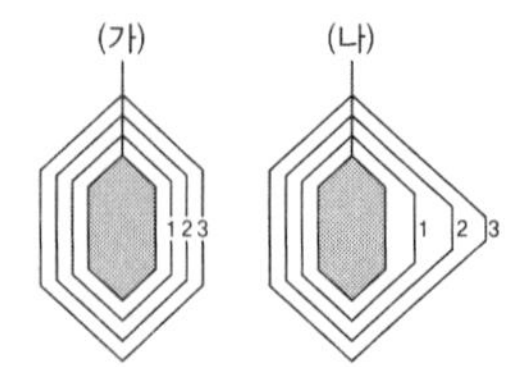


〈그림2〉 결정의 성장 과정(결정의 수직 단면)

그렇다면 같은 종류의 결정이 서로 다른 모양으로 형성되는 이유는 무엇일까? 그 이유는 결정에 주입되는 물질의 공급 정도에 따라 결정면의 성장 속도가 달라지기 때문이다. 가령 〈그림2〉에서 보는 바와 같이 같은 광물의 작은 결정 두 개를, 같은 성분을 가진 용액 속에 매달아 놓았다고 하자. 이때 ㈎결정이 담긴 용액은 물질이 사방에서 고르게 공급될 수 있도록 하고, ㈏결정이 담긴 용액은 물질이 오른쪽에서 더 많이 공급되도록 해 놓으면 ㈎결정은 1단계에서 2단계, 3단계를 거쳐서 이상적인 모양을 가진 결정(이상결정)으로 성장하는 반면, ㈏결정은 기형적인 모양을 가진 결정(기형결정)으로 성장하게 된다. ㈏결정의 오른쪽 결정면은 다른 결정면들보다 성장 속도가 더 빠르기 때문에 결정이 성장해 나갈수록 결정면이 점점 더 좁아지고 있음을 확인할 수 있다.

〈그림2〉를 통해 설명한 바와 같이 물질의 공급 환경이 다른 곳에서 성장한 결정들은 서로 다른 모양을 가지게 된다. 그러나 ㈎와 ㈏는 같은 광물의 결정이기 때문에 그 면각은 서로 같다. 이처럼 같은 광물의 결정은 그 면각이 같다는 사실을 통해 다양한 모양의 결정들의 종류를 판별할 수 있다. 면각 일정의 법칙은 광물의 결정을 판별하는 데 가장 기본적이고 중요한 기준으로, 현대 광물학의 초석이 되었다.

**34** 한국광물자원공사에 입사한 L씨가 다음 내용을 읽고 상사의 질문에 답을 찾을 수 없는 것은?

① 면각 일정의 법칙은 무엇인가?

② 면각 일정의 법칙이 나타나는 이유는 무엇인가?

③ 광물별 결정형의 종류에는 어떤 것들이 있는가?

④ 결정면의 성장 속도는 결정면의 크기와 어떤 관련이 있는가?

✔해설 ① 면각 일정의 법칙이 무엇인지 확인할 수 있다.
② 원자들의 규칙적인 배열 상태가 외부로 반영된 것이 결정면이므로, 이에 따라 결정의 면각이 일정하다는 것을 확인할 수 있다.
④ 결정면의 성장 속도에 따라 결정면의 크기가 달라진다는 것을 확인할 수 있다.

**35** 같은 종류의 결정이 서로 다른 모양으로 형성되는 이유는 무엇인가?

① 결정에 주입되는 물질의 공급 정도에 따라 결정면의 성장 속도가 달라지므로

② 결정구조에 의해 나타나는 결정형이 동일하지 않으므로

③ 광물을 구성하는 원자들의 배열이 일정하지 않으므로

④ 광물의 특징적인 구조가 시각적으로 착시효과를 일으키므로

✔해설 네 번째 문단을 보면 같은 종류의 결정이 서로 다른 모양으로 형성되는 이유는 결정에 주입되는 물질의 공급정도에 따라 결정면의 성장속도가 다르기 때문이라고 말하고 있다.

**Answer** 34.③ 35.①

**36** 다음 글과 상황을 근거로 판단할 때, A국 각 지역에 설치될 것으로 예상되는 풍력발전기 모델명을 바르게 짝지은 것은?

풍력발전기는 회전축의 방향에 따라 수평축 풍력발전기와 수직축 풍력발전기로 구분된다. 수평축 풍력발전기는 구조가 간단하고 설치가 용이하며 에너지 변환효율이 우수하다. 하지만 바람의 방향에 영향을 많이 받기 때문에 바람의 방향이 일정한 지역에만 설치가 가능하다. 수직축 풍력발전기는 바람의 방향에 영향을 받지 않아 바람의 방향이 일정하지 않은 지역에도 설치가 가능하며, 이로 인해 사막이나 평원에도 설치가 가능하다. 하지만 부품이 비싸고 수평축 풍력발전기에 비해 에너지 변환 효율이 떨어진다는 단점이 있다. B사는 현재 4가지 모델의 풍력발전기를 생산하고 있다. 각 풍력발전기는 정격 풍속이 최대 발전량에 도달하며, 가동이 시작되면 최소 발전량 이상의 전기를 생산한다. 각 발전기의 특성은 아래와 같다.

| 모델명 | U-50 | U-57 | U-88 | U-93 |
|---|---|---|---|---|
| 시간당 최대 발선량(kW) | 100 | 100 | 750 | 2,000 |
| 시간당 최소 발전량(kW) | 20 | 20 | 150 | 400 |
| 발전기 높이(m) | 50 | 68 | 80 | 84.7 |
| 회전축 방향 | 수직 | 수평 | 수직 | 수평 |

〈상황〉

A국은 B사의 풍력발전기를 X, Y, Z지역에 각 1기씩 설치할 계획이다. X지역은 산악지대로 바람의 방향이 일정하며, 최소 150kW 이상의 시간당 발전량이 필요하다. Y지역은 평원지대로 바람의 방향이 일정하지 않으며, 철새보호를 위해 발전기 높이는 70m 이하가 되어야 한다. Z지역은 사막지대로 바람의 방향이 일정하지 않으며, 주민 편의를 위해 정격 풍속에서 600kW 이상의 시간당 발전량이 필요하다. 복수의 모델이 각 지역의 조건을 충족할 경우, 에너지 변환효율을 높이기 위해 수평축 모델을 설치하기로 한다.

| | X지역 | Y지역 | Z지역 |
|---|---|---|---|
| ① | U-88 | U-50 | U-88 |
| ② | U-88 | U-57 | U-93 |
| ③ | U-93 | U-50 | U-88 |
| ④ | U-93 | U-50 | U-93 |

**해설** ㉠ **X지역**: 바람의 방향이 일정하므로 수직·수평축 모두 사용할 수 있고, 최소 150kW 이상의 시간당 발전량이 필요하므로 U-88과 U-93 중 하나를 설치해야 한다. 에너지 변환효율을 높이기 위해 수평축 모델인 U-93을 설치한다.

㉡ **Y지역**: 수직축 모델만 사용 가능하며, 높이가 70m 이하인 U-50만 설치 가능하다.

㉢ **Z지역**: 수직축 모델만 사용 가능하며, 정격 풍속이 600kW 이상의 시간당 발전량을 갖는 U-88만 설치 가능하다.

**37** K씨가 다음의 내용을 정리하여 제목을 정하려고 할 때 가장 적절한 것은?

> 도로에서 발생하는 소음을 줄이는 가장 일반적인 방법은 방음벽을 설치하는 것이다. 그런데 일반적으로 소리는 장애물의 가장자리를 지날 때 회절되기 때문에 기존의 방음벽만으로는 소음을 완벽하게 차단할 수 없다. 따라서 방음벽 상단의 끝 부분에서 회절되는 소음까지 흡수 또는 감소시키기 위해서는 방음벽 상단에 별도의 소음저감장치를 설치해야 한다.
>
> 현재 대표적인 소음저감장치로 흡음형과 간섭형이 있다. 흡음형은 방음벽 상단에 흡음재를 설치하여 소음을 감소시키는 방법이다. 보통 흡음재에 사용되는 섬유질 재료에는 스펀지의 내부와 같이 섬유소 사이에 미세한 공간들이 존재하는데 이는 소음과 섬유소의 접촉면을 늘리기 위한 것이다. 흡음재 내부로 유입된 소음은 미세한 공간을 지나가면서 주변의 섬유소와 접촉하게 되는데, 이때 소음이 지닌 진동에너지로 인해 섬유소가 진동하게 된다. 즉 소음의 진동에너지가 섬유소의 진동에너지로 전환되면서 소음이 흡음재로 흡수되는 것이다.
>
> 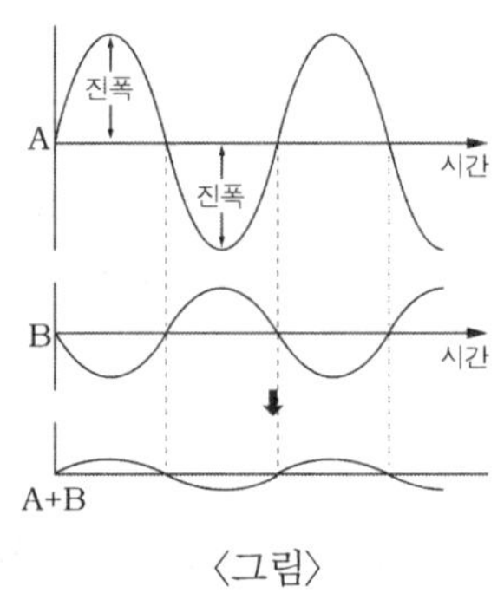
> 
>
> 〈그림〉
>
> 한편 간섭형은 소리가 지닌 파동의 간섭 현상을 이용하여 회절음의 크기를 감소시키는 방법이다. 모든 소리는 각각 고유한 파동을 지니고 있는데 두 개의 소리가 중첩되는 것을 파동의 간섭 현상이라고 한다. 간섭 현상이 일어나 진폭이 커질 경우 소리의 세기도 커지고, 진폭이 작아질 경우 소리의 세기도 작아진다. 〈그림〉에서 A를 어떤 소리의 파동이라고 할 때 B는 A보다 진폭은 작고 위상이 반대인 소리의 파동이다. 만약 어느 지점에서 파동의 위상이 반대인 두 소리가 중첩되면 〈그림〉의 A+B와 같이 진폭이 작아지면서 소리의 세기가 작아지는데 이를 상쇄 간섭이라고 한다. 반면 파동의 위상이 서로 같은 두 소리가 중첩되어 소리의 세기가 커지는 것을 보강 간섭이라고 한다.
>
> 간섭형 소음저감장치를 설치하기 위해서는 방음벽 상단에서 발생하는 회절음의 파동을 미리 파악해야 한다. 이후 방음벽 상단에 간섭 통로를 설치하는데 이는 회절음의 일부분이 간섭 통로를 거친 후, 이를 거치지 않은 또 다른 회절음과 시간차를 두고 다시 만나게 하기 위해서이다. 그리고 간섭 통로의 길이는, 미리 파악한 회절음의 파동과 간섭 통로를 거친 회절음의 파동이 간섭 통로가 끝나는 특정 지점에서 정반대되는 위상으로 중첩되게 조절한다. 따라서 이와 같은 소음저감장치는 회절음과 간섭 통로를 거친 소리의 상쇄 간섭 현상을 활용하여 소음의 크기를 감소시키는 방법이라고 할 수 있다. 실제로 방음벽에 설치하는 소음저감장치 중에는 회절음의 감소 효과를 높이기 위해 흡음형과 간섭형을 혼합한 소음저감장치도 있다.

① 소음저감의 원리
② 방음벽의 내부 구조
③ 소음저감장치의 발전 과정
④ 방음벽의 효과를 높이는 소음저감장치

✔ 해설 방음벽의 효과를 높이기 위해서는 소음저감장치가 추가로 필요함을 밝히고 있으며, 대표적인 소음저감장치로서 흡음형과 간섭형을 각각 설명하고 있다.

**Answer** 36.③ 37.④

**38** 휴대전화 부품업체에 입사를 준비하는 K씨는 서류전형, 필기시험을 모두 통과한 후 임원 면접을 앞두고 있다. 다음은 임원 면접시 참고자료로 나눠준 글이다. 면접관이 질문할 예상 질문으로 적절하지 못한 것은?

> 무선으로 전력을 주고받으면, 전원을 직접 연결하는 유선보다 효율은 떨어지지만 전자 제품을 자유롭게 이동하며 사용할 수 있는 장점이 있다. 이처럼 무선으로 전력을 주고받을 수 있도록 전자기를 활용하여 전기를 공급하거나 이용하는 기술이 무선 전력 전송 방식인데 대표적으로 '자기 유도 방식'과 '자기 공명 방식' 두 가지를 들 수 있다.
>
> 자기 유도 방식은 변압기의 원리와 유사하다. 변압기는 네모 모양의 철심 좌우에 코일을 감아, 1차 코일에 '+, −' 극성이 바뀌는 교류 전류를 보내면 마치 자석을 운동시켜서 자기장을 형성하는 것처럼 1차 코일에서도 자기장을 형성한다. 이 자기장에 의해 2차 코일에 전류가 만들어지는데 이 전류를 유도전류라 한다. 변압기는 자기장의 에너지를 잘 전달할 수 있는 철심이 있으나, 자기 유도 방식은 철심이 없이 무선 전력 전송을 하는 것이다.
>
> 이러한 자기 유도 방식은 전력 전송 효율이 90% 이상으로 매우 높다는 장점이 있다. 하지만 1차 코일에 해당하는 송신부와 2차 코일에 해당하는 수신부가 수 센티미터 이상 떨어지거나 송신부와 수신부의 중심이 일치하지 않게 되면 전력 전송 효율이 급격히 저하된다는 문제점이 있다. 휴대전화 같은 경우, 충전 패드에 휴대전화를 올려놓는 방식으로 거리 문제를 해결하고 충전 패드 전체에 코일을 배치하여 송수신부 간 전송 효율을 높임으로써 무선 충전이 가능하도록 하였다. 다만 휴대전화는 직류 전류를 사용하기 때문에 1차 코일로부터 2차 코일에 유도된 교류 전류를 직류 전류로 변환해 주는 정류기가 충전 단계 전에 필요하다.
>
> 두 번째 전송 방식은 자기 공명 방식이다. 다양한 소리굽쇠 중에 하나를 두드리면 동일한 고유 진동수를 가지는 소리 굽쇠가 같이 진동하는 물리적 현상이 공명이다. 자기장에 공명이 일어나도록 1차 코일과 공진기를 설계하여 공진 주파수를 만든다. 이후 2차 코일과 공진기를 설계하여 공진 주파수가 전달되도록 하는 것이 자기 공명 방식의 원리이다.
>
> 이러한 특성으로 인해 자기 공명 방식은 자기 유도 방식과 달리 수 미터 가량 근거리 전력 전송이 가능하다는 장점이 있다. 이 방식이 상용화된다면, 송신부와 공명되는 여러 전자 제품을 전원을 연결하지 않아도 사용할 수 있거나 충전할 수 있다. 그러나 실험 단계의 코일 크기로는 일반 가전제품에 적용할 수 없으므로 코일을 소형화해야 할 필요가 있다. 따라서 이를 해결하기 위한 연구가 필요하다.

① 자기 공명 방식의 장점은 무엇인가?

② 자가 유도 방식의 문제점은 무엇인가?

③ 변압기에서 철심은 어떤 역할을 하는가?

④ 자기 공명 방식의 효율을 높이는 방법은 무엇인가?

**해설** 자기 공명 방식의 효율을 높이는 방법은 윗글에 나타나 있지 않다.

**39** K기업의 입사설명회에서 면접 강의를 한 L씨는 다음과 같이 강의를 하였다. 이 강의를 준비하기 위한 사전계획 중 L씨의 강의 내용에 포함되지 않은 것은?

> 안녕하십니까? 취업준비생 여러분, 오늘은 K기업의 입사시험을 준비하는 여러분에게 면접에 대한 대비 방법에 대해 알려드리려고 합니다.
>
> 면접 준비는 어떻게 해야 할까요? 먼저 입사하고자 하는 기업의 특성과 원하는 인재상에 맞는 면접 예상 질문을 만들고 그에 대한 답변을 준비하는 것이 좋습니다. 예를 들어 사회적 기업에 입사를 하려고 한다면 신문이나 잡지 등에서 사회적 이슈가 되고 있는 것을 찾아 예상 질문을 만들고 거울을 보면서 실제 면접관 앞이라고 생각하며 답변을 해 보면 면접에 대한 자신감을 키울 수 있습니다.
>
> 면접은 일반적으로 일대일 면접, 일대다 면접, 다대다 면접 이렇게 세 가지 유형으로 분류할 수 있습니다.
>
> 면접 유형이 다르면 전략도 달라져야 합니다. 다대다 면접을 치르는 기업의 경우 질문하는 면접관이 여러 명이므로 면접관 한 사람 한 사람의 질문에 집중해야 하고, 질문한 면접관의 눈을 응시하며 답변을 해야 합니다. 또한 다른 지원자들이 하는 답변도 잘 경청하는 것이 중요합니다.
>
> 면접 상황에서 가장 중요한 것은 질문의 의도가 사실의 정보를 요구하는 것인지, 본인의 의견을 묻는 것인지를 분명하게 파악해야 합니다. 사실적 정보를 묻는 질문이라면 객관적 내용을 토대로 명확하게 답변을 해야 하고, 본인의 의견을 묻는 질문이라면 구체적 근거를 제시하여 자신의 견해를 논리적으로 대답해야 합니다.
>
> 만약 면접관이 여러분에게 '음식물 쓰레기 종량제'에 대한 찬반 의견을 묻는다면 여러분은 어떻게 답변을 하시겠습니까? 먼저 찬반 입장을 생각한 후 자신의 입장을 분명히 밝히고 그에 따른 구체적 근거를 제시하면 됩니다. 이때 근거는 보통 세 가지 이상 드는 것이 좋습니다. 가능하면 실제 사례나 경험을 바탕으로 설명하는 것이 설득력을 높일 수 있습니다. 면접관이 추가 질문을 할 경우에는 앞서 했던 답변 중 부족한 부분이 무엇이었는지를 점검하고 보완해서 대답을 하면 됩니다.

① 구체적인 사례를 들어 청중의 이해를 도울 것이다.
② 청중의 특성을 고려하여 강의 내용을 선정할 것이다.
③ 청중과의 상호 작용을 위해 질문의 형식을 활용할 것이다.
④ 강의 중 청중의 배경지식을 확인하여 내용의 수준을 조절할 것이다.

**해설** L씨는 청중이 취업준비생이라는 특성을 고려하여 면접 전형 대비 방법에 대한 강의 내용을 선정하였고, 질문의 형식을 활용하고 있다. 또한 예상 질문을 통해 사례를 구체적으로 들어 청중의 이해를 돕고 있다. 그러나 청중의 배경지식을 확인하여 내용의 수준을 조절한다고 보기는 어렵다.

**Answer** 38.④ 39.④

**40** 한국저작권위원회에 입사한 L씨는 다음의 자료를 가지고 '대학생의 표절문제와 그 해결 방안'에 대한 인터넷 보도기사를 작성하라는 지시를 받았다. 이 자료를 활용한 L씨의 태도로 옳지 않은 것은?

(가) 다른 신문에 게재된 기사의 내용

'표절'은 의도적인 것은 물론이고 의도하지 않은 베끼기, 출처 미표기 등을 포함하는 개념으로, 학문 발전 및 공동체 윤리를 저해한다. 연구윤리정보센터의 ○○○ 씨는 '다른 사람이 써 놓은 글을 표절하는 것은 물건을 훔치는 것과 같은 범죄'라면서, 학생들이 표절인 걸 알면서도 대수롭지 않게 여기는 태도도 문제라고 지적했다. 이러한 문제들을 해결하기 위해서는 우선적으로 의식 개선이 필요하다고 말했다.

(나) 설문조사의 결과

설문 대상 : A 대학교 학생 331명 (단위 : %)

1. 다른 사람의 자료를 인용하면서 출처를 밝히지 않은 경험이 있는가?

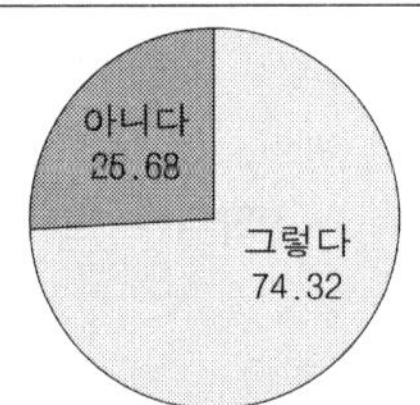


2. 다른 사람의 자료를 인용하면서 출처를 밝히지 않으면 표절이라고 생각하는가?

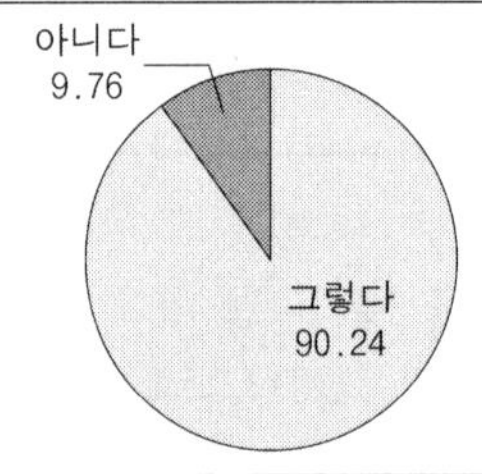


(다) 연구 자료

B 대학교 학생 42명을 대상으로 표절 검사 시스템의 효과 검증 연구가 이루어졌다. 연구자는 학생들에게 1차, 2차 과제물을 차례로 부여하였다. 과제물의 성격은 같으며 과제 작성 기간도 1주일로 동일하다. 1차 과제물을 부여할 때는 아무런 공지도 하지 않았으며, 2차 과제물을 부여할 때는 표절검사를 실시할 것임을 공지하였다. 과제물 수합 후 표절 검사 시스템을 통해 각각의 표절 여부를 확인하였다.

[연구 결과 : 시스템을 통한 표절 검사 결과 비교]

| 일치성 비율 | 1차 과제물 | 2차 과제물 |
|---|---|---|
| 10% 미만 | 24 | 31 |
| 10% 이상 ~ 20% 미만 | 6 | 10 |
| 20% 이상 ~ 30% 미만 | 7 | 1 |
| 30% 이상 | 5 | 0 |

(이 검사에서는 일치성 비율이 20% 이상일 경우 표절에 해당함.)

① ㈎를 활용하여 표절의 개념과 해결의 필요성을 제시한다.

② ㈏ - 1을 활용하여 학생들의 표절 실태를 제시한다.

③ ㈐를 활용하여 표절 검사 시스템의 도입이 표절 방지에 도움이 될 수 있음을 제시한다.

④ ㈏ - 2와 ㈐를 활용하여 표절에 대한 학생들의 인식이 부족한 이유를 제시한다.

✔ 해설 ㈏-2는 표절 개념에 대한 학생들의 인식도가 높음을 나타내고 있다. ㈐에서는 표절 검사 시스템을 통해 표절이 줄어들 수 있음을 보여주고 있다. 이러한 자료에서 학생들이 표절에 대한 인식이 부족하다고 할 근거를 찾기 어려우며, 그 이유를 파악할 수도 없다.

Answer 40.④

**▌41~42▐ 다음은 블루투스 이어폰을 구매하기 위하여 전자제품 매장을 찾은 K씨가 제품 설명서를 보고 점원과 나눈 대화와 설명서 내용의 일부이다. 다음을 보고 이어지는 물음에 답하시오.**

K씨 : "블루투스 이어폰을 좀 사려고 합니다."
점원 : "네 고객님, 어떤 조건을 원하시나요?"
K씨 : "제 것과 친구에게 선물할 것 두 개를 사려고 하는데요, 두 개 모두 가볍고 배터리 사용시간이 좀 길었으면 합니다. 무게는 42g까지가 적당할 거 같고요, 저는 충전시간이 짧으면서도 통화시간이 긴 제품을 원해요. 선물하려는 제품은요, 일주일에 한 번만 충전해도 통화시간이 16시간은 되어야 하고, 음악은 운동하면서 매일 하루 1시간씩만 들을 수 있으면 돼요. 스피커는 고감도인 게 더 낫겠죠."
점원 : "그럼 고객님께는 (　　)모델을, 친구 분께 드릴 선물로는 (　　)모델을 추천해 드립니다."

〈제품 사양서〉

| 구분 | 무게 | 충전시간 | 통화시간 | 음악재생시간 | 스피커 감도 |
|---|---|---|---|---|---|
| A모델 | 40.0g | 2.2H | 15H | 17H | 92db |
| B모델 | 43.5g | 2.5H | 12H | 14H | 96db |
| C모델 | 38.4g | 3.0H | 12H | 15H | 94db |
| D모델 | 42.0g | 2.2H | 13H | 18H | 85db |

※ A, B모델 : 통화시간 1시간 감소 시 음악재생시간 30분 증가
※ C, D모델 : 음악재생시간 1시간 감소 시 통화시간 30분 증가

## 41 다음 중 위 네 가지 모델에 대한 설명으로 옳은 것을 〈보기〉에서 모두 고르면?

〈보기〉

㈎ 충전시간 당 통화시간이 긴 제품일수록 음악재생시간이 길다.
㈏ 충전시간 당 통화시간이 5시간 이상인 것은 A, D모델이다.
㈐ A모델은 통화에, C모델은 음악재생에 더 많은 배터리가 사용된다.
㈑ B모델의 통화시간을 10시간으로 제한하면 음악재생시간을 C모델과 동일하게 유지할 수 있다.

① ㈎, ㈏　　② ㈏, ㈑
③ ㈐, ㈑　　④ ㈎, ㈐

해설 (가) 충전시간 당 통화시간은 A모델 6.8H > D모델 5.9H > B모델 4.8H > C모델 4.0H 순이다. 음악재생시간은 D모델 > A모델 > C모델 > B모델 순으로 그 순위가 다르다. (X)

(나) 충전시간 당 통화시간이 5시간 이상인 것은 A모델 6.8H과 D모델 5.9H이다. (O)

(다) 통화 1시간을 감소하여 음악재생 30분의 증가 효과가 있다는 것은 음악재생에 더 많은 배터리가 사용된다는 것을 의미하므로 A모델은 음악재생에, C모델은 통화에 더 많은 배터리가 사용된다. (X)

(라) B모델은 통화시간 1시간 감소 시 음악재생시간 30분이 증가한다. 현행 12시간에서 10시간으로 통화시간을 2시간 감소시키면 음악재생시간이 1시간 증가하여 15시간이 되므로 C모델과 동일하게 된다. (O)

**42** 다음 중 점원이 K씨에게 추천한 빈칸의 제품이 순서대로 올바르게 짝지어진 것은 어느 것인가?

| | K씨 | 선물 |
|---|---|---|
| ① | C모델 | A모델 |
| ② | C모델 | D모델 |
| ③ | A모델 | C모델 |
| ④ | A모델 | B모델 |

해설 두 개의 제품 모두 무게가 42g 이하여야 하므로 B모델은 제외된다. K씨는 충전시간이 짧고 통화시간이 길어야 한다는 조건만 제시되어 있으므로 나머지 세 모델 중 A모델이 가장 적절하다.
친구에게 선물할 제품은 통화시간이 16시간이어야 하므로 통화시간을 더 늘릴 수 없는 A모델은 제외되어야 한다. 나머지 C모델, D모델은 모두 음악재생시간을 조절하여 통화시간을 16시간으로 늘릴 수 있으며 이때 음악재생시간 감소는 C, D모델이 각각 8시간(통화시간 4시간 증가)과 6시간(통화시간 3시간 증가)이 된다. 따라서 두 모델의 음악재생 가능시간은 15 − 8 = 7시간, 18 − 6 = 12시간이 된다. 그런데 일주일 1회 충전하여 매일 1시간씩의 음악을 들을 수 있으면 된다고 하였으므로 7시간 이상의 음악재생시간이 필요하지는 않으며, 7시간만 충족될 경우 고감도 스피커 제품이 더 낫다고 요청하고 있다. 따라서 D모델보다 C모델이 더 적절하다는 것을 알 수 있다.

**Answer** 41.② 42.③

**43** 빅데이터 솔루션 업체에 근무 중인 R씨는 다음의 내용을 살펴보고 [A]에 'ㄱ씨의 취미는 독서이다.'라는 정보를 추가하라는 지시를 받았다. R씨가 작업한 내용으로 가장 적절한 것은?

빅 데이터(Big Data)란 기존의 일반적인 기술로는 관리하기 곤란한 대량의 데이터를 가리키는 것으로, 그 특성은 데이터의 방대한 양과 다양성 및 데이터 발생의 높은 빈도로 요약된다. 이전과 달리 특수 학문 분야가 아닌 일상생활과 밀접한 환경에서도 엄청난 분량의 데이터가 만들어지게 되었고, 소프트웨어 기술의 발달로 이전보다 적은 시간과 비용으로 대량의 데이터 분석이 가능해졌다. 또한 이를 분석하여 유용한 규칙이나 패턴을 발견하고 다양한 예측에 활용하는 사례가 늘어나면서 빅 데이터 처리 기술의 중요성이 부각되고 있다. 이러한 빅 데이터의 처리 및 분류와 관계된 기술에는 NoSQL 데이터베이스 시스템에 의한 데이터 처리 기술이 있다. 이를 이해하기 위해서는 기존의 관계형 데이터베이스 관리 시스템(RDBMS)에 대한 이해가 필요하다. RDBMS에서는 특정 기준이 제시된 데이터 테이블을 구성하고 이 기준을 속성으로 갖는 정형적 데이터를 다룬다. 고정성이 중요한 시스템이므로 상호 합의된 데이터 테이블의 기준을 자의적으로 추가, 삭제하거나 변용하는 것이 쉽지 않다. 또한 데이터 간의 일관성과 정합성*이 유지될 것을 요구하므로 데이터의 변동 사항은 즉각적으로 반영되어야 한다. 〈그림 1〉은 RDBMS를 기반으로 은행들 간의 상호 연동되는 데이터를 정리하기 위해 사용하는 데이터 테이블의 가상 사례이다.

한예금 씨의 A 은행 거래내역

| | | | | | | | |
|---|---|---|---|---|---|---|---|
| ㉠ | 거래일자 | 입금액 | 출금액 | 잔액 | 거래내용 | 기록사항 | 거래점 |
| ㉡ | 2022.10.08. | 30,000 | | 61,217 | 이체 | 나저축 | B 은행 |
| ㉢ | 2022.10.09. | | 55,000 | 6,217 | 자동납부 | 전화료 | A 은행 |
| ㉣ | | | | | | | |

〈그림 1〉 RDBMS에 의해 구성된 데이터 테이블의 예

NoSQL 데이터베이스 시스템은 특정 기준을 적용하기 어려운 비정형적 데이터를 효율적으로 처리할 수 있도록 설계되었다. 이 시스템에서는 선형으로 데이터의 특성을 나열하여 정리하는 방식을 통해 데이터의 속성을 모두 반영하여 처리한다. 〈그림 2〉는 NoSQL 데이터베이스 시스템으로 자료를 다루는 방식을 나타낸 것이다.

| ㄱ씨, 34세, 간호사, 남 | 27세, 여, ㄴ씨, 서울 거주 | ㄷ씨, 남, SNS 사용 | … |
|---|---|---|---|

↓

| | |
|---|---|
| [A] | 행 = 1, 이름 = ㄱ씨, 나이 = 34세, 직업 = 간호사, 성별 = 남 |
| | 행 = 2, 나이 = 27세, 성별 = 여, 이름 = ㄴ씨, 거주지 = 서울 |
| | 행 = 3, 이름 = ㄷ씨, 성별 = 남, SNS = 사용 |

〈그림 2〉 NoSQL 데이터베이스 시스템에 의한 데이터 처리의 예

〈그림 2〉에서는 '이름=', '나이=', '직업='과 같이 데이터의 속성을 표시하는 기준을 같은 행 안에 포함시킴으로써 데이터의 다양한 속성을 빠짐없이 기록하고, 처리된 데이터를 쉽게 활용할 수 있도록 하고 있다. 또한 이 시스템은 데이터와 관련된 정보의 변용이 상대적으로 자유로우며, 이러한 변화가 즉각적으로 반영되지 않는다는 특성을 지닌다.

① 1행의 '성별 = 남' 다음에 '취미 = 독서'를 기록한다.

② 1행과 2행 사이에 행을 삽입하여 '취미 = 독서'를 기록한다.

③ 3행 다음에 행을 추가하여 '행 = 4, 이름 = ㄱ씨, 취미 = 독서'를 기록한다.

④ 기준에 맞는 데이터 테이블을 구성하여 해당란에 '독서'를 기록한다.

해설 NoSQL 데이터베이스 시스템에서는 데이터의 속성을 표시하는 기준을 '기준='과 같이 표시하고 그에 해당하는 정보를 함께 기록하며, 해당 행에 자유롭게 그 정보를 추가할 수 있다. 따라서 'ㄱ씨의 취미는 독서이다'와 같은 정보는 '취미=독서'의 형태로 'ㄱ씨'와 관련된 정보를 다룬 행의 마지막 부분에 추가할 수 있다.

**Answer** 43.①

**44** 인구보건복지협회에 입사한 Y씨는 상사의 지시로 '우리나라의 영유아 보육 문제'에 관한 보고서를 쓰기 위해 다음과 같이 자료를 수집하였다. 이를 토대로 이끌어 낸 내용으로 적절하지 않은 것은?

(가) 통계 자료

1. 전체 영유아 보육 시설 현황

(단위 : 개)

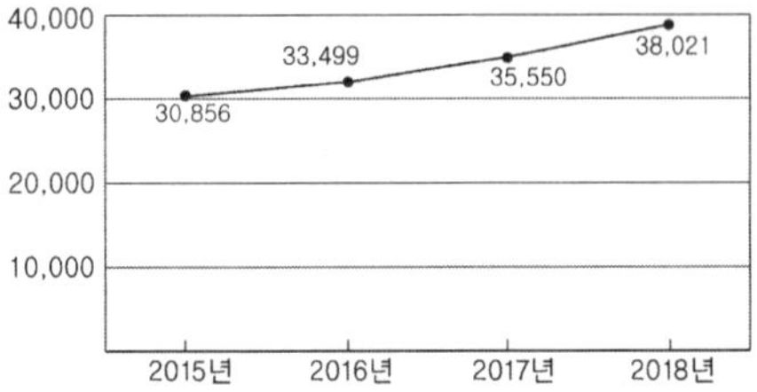

| 연도 | 2015년 | 2016년 | 2017년 | 2018년 |
|---|---|---|---|---|
| 시설 수 | 30,856 | 33,499 | 35,550 | 38,021 |

2. 설립 주체별 영유아 보육 시설 비율

(단위 : %)

| | 민간시설 | 국공일 시설 | 사회복지 법인시설 |
|---|---|---|---|
| 2015년 | 89.6 | 5.7 | 4.7 |
| 2016년 | 90.2 | 5.4 | 4.4 |
| 2017년 | 90.5 | 5.4 | 4.1 |
| 2018년 | 90.8 | 5.3 | 3.9 |

(나) 신문 기사

2022년 말 기준 전국 영유아 보육 시설 정원에 30만 6,898명의 여유가 있다. 그런데 많은 지역에서 부모들이 아이를 맡길 보육 시설을 찾지 못해 어려움을 겪고 있다. 지역에 따라 보육 시설이 편중되어 있으며, 특히 부모들이 선호하는 국공립이나 사회복지법인 보육 시설이 턱없이 부족하기 때문이다. 이로 인해 부모들은 비싼 민간 보육 시설에 아이들을 맡길 수밖에 없어 보육비 부담이 가중되고 있다.

-○○일보-

(다) 인터뷰 내용

○ "일본은 정부나 지방자치단체의 지원과 감독을 받는 국공립 및 사회복지법인 보육 시설이 대부분입니다. 이런 보육 시설이 우리보다 10배나 많으며 우수한 교육 프로그램을 운영하여 보육에 대한 부모들의 만족도가 높습니다."

-○○대학교 교수 한○○-

○ "보육 시설 안전사고가 매년 4,500여 건이나 발생한다고 들었습니다. 우리 아이가 다니는 보육 시설은 안전한지 늘 염려가 됩니다."

-학부모 이○○-

① (가)-1과 (나)를 활용하여, 전체적으로 보육 시설이 증가하고 있음에도 많은 학부모들이 아이를 맡길 보육 시설을 구하는 데 어려움을 겪고 있음을 문제점으로 지적한다.

② (가)-2와 (다)를 활용하여, 우리나라와 일본의 보육 시설 현황을 대비하여 민간 보육 시설이 대부분인 우리나라의 문제점을 부각한다.

③ (나)와 (다)를 활용하여, 국공립 및 사회복지법인 보육 시설의 교육 프로그램의 질 저하가 보육 시설에 대한 부모들의 불신을 키우는 주요 원인임을 밝힌다.

④ (가)-1과 (다)를 활용하여, 보육 시설이 지속적으로 증가하고 있는 만큼 보육 시설의 안전사고를 줄이기 위한 관리와 감독을 시급히 강화해야 한다고 제안한다.

✔ 해설 ㈏에서는 전국적으로 보육 시설의 정원이 남음에도 많은 지역에 부모들이 아이들을 맡길 보육 시설을 찾지 못해 어려움을 겪고 있다는 문제점을 제시하고 있다. 그리고 ㈐에서는 일본의 경우 보육 시설의 교육 프로그램이 우수해 부모들의 보육 시설에 대한 만족도가 높다고 하고 있다. ㈏와 ㈐ 모두 우리나라 국공립 및 사회복지법인 보육 시설의 교육 프로그램의 질이 저하되어 있다는 문제점을 제시하고 있지 않다.

**45** 어느 동물원에서 다음의 열 마리의 천적 관계가 있는 동물을 최소한의 우리를 사용하여 구분해두려고 한다. 필요한 우리의 개수는 몇 개인가?

| 포식동물 | 피식동물 |
|---|---|
| 표범 | 치타, 토끼 |
| 여우 | 기린, 사슴, 토끼 |
| 치타 | 토끼, 하이에나 |
| 호랑이 | 표범, 기린 |
| 늑대 | 기린, 치타 |
| 사자 | 여우, 기린, 토끼, 하이에나 |
| 하이에나 | 기린, 사슴, 토끼 |

※ 포식동물은 각자의 피식동물 이외의 동물은 잡아먹지 않는다.

① 2개　② 3개

③ 4개　④ 5개

✔ 해설 포식동물인 표범, 여우, 치타, 호랑이, 늑대, 사자, 하이에나 사이에 포식 · 피식 관계가 없는 관계끼리 먼저 나누면 (표범, 여우, 늑대, 하이에나), (치타, 호랑이, 사자)로 나눌 수 있으므로 2개의 우리가 필요하고, 나머지 (기린, 사슴, 토끼)를 하나의 우리에 넣으면 된다. 따라서 필요한 우리의 개수는 3개이다.

Answer 44.③ 43.②

**46** 희수는 매일 모자, 상의, 하의, 악세사리, 신발을 1개씩 착용하고 외출한다. 모자는 2개, 상의는 5가지, 하의는 4가지, 악세사리는 4가지, 신발은 5가지가 있다. 다음의 조건에 맞추어 아래의 표를 채워 이번 한 주의 옷을 정하려고 할 때, 올바른 것은?

㉠ 의상의 색상은 다음과 같다.

| | 흰색 | 빨간색 | 파란색 | 검은색 |
|---|---|---|---|---|
| 모자 | 1 | 1 | – | – |
| 상의 | – | 1 | 3 | 1 |
| 하의 | 1 | – | 1 | 2 |
| 악세사리 | 2 | 1 | 1 | – |
| 신발 | 1 | 2 | 1 | 1 |

※ 칸 안의 숫자는 의상의 개수이며 –는 해당 색상이 없음을 의미한다.

㉡ 조건

- 월요일부터 금요일까지 모든 의상을 1번 이상씩 착용한다.
- 흰색과 빨간색 의상은 각각 1개 이상씩 매일 착용한다.
- 하루에 빨간색 의상을 3개 이상 착용하면 흰색 의상 2개를 함께 착용한다.
- 월요일에는 검은색 의상을 착용하지 않는다.
- 수요일에는 파란색 의상을 2개 착용한다.
- 하의와 악세사리는 같은 색상을 이틀 연속 착용하지 않는다.
- 모자와 상의는 같은 색상을 착용할 수 없다.

| | 월요일 | 화요일 | 수요일 | 목요일 | 금요일 |
|---|---|---|---|---|---|
| 모자 | 빨간색 | 빨간색 | 흰색 | | |
| 상의 | | | 파란색 | 빨간색 | 파란색 |
| 하의 | 파란색 | 흰색 | | | 검은색 |
| 악세사리 | | 빨간색 | | | |
| 신발 | | 파란색 | 빨간색 | 빨간색 | |

① 월요일에는 파란색 의상을 1개 착용한다.

② 화요일에는 검은색 의상을 착용하지 않는다.

③ 수요일에는 검은색 의상을 1개 착용한다.

④ 목요일에는 파란색 의상을 착용하지 않는다.

✔ 해설 ③ 검은색 하의는 2개이고, 하의는 같은 색상을 이틀 연속 착용하지 않으므로 수요일 하의는 무조건 검은색이다. 악세사리는 검은색이 없으므로 수요일에는 검은색 의상을 1개 착용한다.

① 상의는 5개이고 그 중 빈칸 2개에 들어갈 색은 파란색과 검은색이다. 월요일에는 검은색 의상을 착용하지 않으므로 월요일 상의는 파란색이다. 따라서 월요일은 상의와 하의 2개 이상의 파란색 의상을 착용한다.

② ①과 같은 이유로 화요일 상의는 검은색이다.

④ 수요일 하의가 검은색이므로 하의 4개는 모두 채워졌다. 목요일의 하의가 흰색인지 파란색인지는 주어진 조건으로는 알 수 없다.

**Answer** 46.③

**47** 지환이의 신장은 170cm, 체중은 80kg이다. 다음을 근거로 할 때, 지환이의 비만 정도를 바르게 나열한 것은?

> 과다한 영양소 섭취와 적은 체내 에너지 소비로 인한 에너지 대사의 불균형으로 지방이 체내에 지나치게 축적되어 체중이 과다해지는 것을 비만이라 한다.
> 비만 정도를 측정하는 방법은 Broca 보정식과 체질량지수를 이용하는 것이 대표적이다.
> Broca 보정식은 신장과 체중을 이용하여 비만 정도를 측정하는 간단한 방법이다. 이 방법에 의하면 신장(cm)에서 100을 뺀 수치에 0.9를 곱한 수치가 '표준체중(kg)'이며, 표준체중의 110% 이상 120% 미만의 체중을 '체중과잉', 120% 이상의 체중을 '비만'이라고 한다.
> 한편 체질량 지수는 체중(kg)을 '신장(m)'의 제곱으로 나눈 값을 의미한다. 체질량 지수에 따른 비만 정도는 다음 〈표〉와 같다.

〈표〉

| 체질량 지수 | 비만 정도 |
|---|---|
| 18.5 미만 | 저체중 |
| 18.5 이상 ~ 23.0 미만 | 정상 |
| 23.0 이상 ~ 25.0 미만 | 과체중 |
| 25.0 이상 ~ 30.0 미만 | 경도비만 |
| 30.0 이상 ~ 35.0 미만 | 중등도비만 |
| 35.0 이상 | 고도비만 |

① Broca 보정식으로는 체중과잉, 체질량 지수로는 과체중에 해당한다.
② Broca 보정식으로는 체중과잉, 체질량 지수로는 경도비만에 해당한다.
③ Broca 보정식으로는 비만, 체질량 지수로는 중등도비만에 해당한다.
④ Broca 보정식으로는 비만, 체질량 지수로는 경도비만에 해당한다.

**해설** ㉠ Broca 보정식에 의한 신장 $170cm$의 표준체중은 $(170-100)\times 0.9=63kg$이므로,
지환이는 $\frac{80}{63}\times 100 ≒ 127(\%)$로 비만에 해당한다.

㉡ 지환이의 체질량 지수는 $\frac{80}{1.7^2} ≒ 27.7$이므로 경도비만에 해당한다.

**48** 가위 · 바위 · 보의 규칙과 사람들의 성격이 다음과 같다면 옳은 것은?

〈규칙〉

㉠ 이길 때의 보상
- 가위를 낸 경우 : 1,000원
- 바위를 낸 경우 : 700원
- 보를 낸 경우 : 300원

㉡ 질 때의 피해
- 가위를 낸 경우 : 500원
- 바위를 낸 경우 : 200원
- 보를 낸 경우 : 1,000원

㉢ 세 사람이 모두 같은 것을 내거나, 모두 다른 것을 내는 경우는 비긴 것으로 하며, 비겼을 경우에는 보상도 피해도 없다.

〈성격〉

- A : 이길 경우의 보상만을 생각한다.
- B : 질 경우의 피해가 이길 경우의 보상보다 적어야한다.
- C : 질 경우의 피해가 가장 적은 것을 생각한다.

① A는 C에게 무조건 이긴다.

② C는 B에게 무조건 이긴다.

③ A는 B에게 이길 수 없다.

④ 셋 모두 바위는 내지 않는다.

✔ 해설 A는 이길 경우의 보상이 가장 큰 가위를 내고, B는 질 경우의 피해가 이길 경우의 보상보다 큰 보는 내지 않는다. 또한 C는 질 경우의 보상이 가장 적은 바위를 낸다.

① A는 C에게 무조건 진다.

② C는 B에게 이기거나 비긴다.

④ 셋 모두 보는 내지 않는다.

**Answer** 47.④ 48.③

**49** 아래에 제시된 글을 읽고 문제해결과정 중 어느 부분에 위치하는 것이 적절한지를 고르면?

> T사는 1950년대 이후 세계적인 자동차 생산 회사로서의 자리를 지켜 왔다. 그러나 최근 T사의 자동차 생산라인에서 문제가 발생하고 있었는데, 이 문제는 자동차 문에서 나타난 멍자국이었다. 문을 어느 쪽에서 보는가에 따라 다르기는 하지만, 이 멍자국은 눌린 것이거나 문을 만드는 과정에서 생긴 것 같았다.
>
> 문을 만들 때는 평평한 금속을 곡선으로 만들기 위해 강력한 프레스기에 넣고 누르게 되는데, 그때 표면이 올라 온 것처럼 보였다. 실제적으로 아주 작은 먼지나 미세한 입자 같은 것도 프레스기 안에 들어가면 문짝의 표면에 자국을 남길 수 있을 것으로 추정되었다.
>
> 그러던 어느 날 공장의 생산라인 담당자 B로 부터 다음과 같은 푸념을 듣게 되었다.
>
> "저는 매일 같이 문짝 때문에 재작업을 하느라 억만금이 들어간다고 말하는 재정 담당 사람들이나, 이 멍자국이 어떻게 해서 진열대까지 올라가면 고객들을 열 받게 해서 다 쫓아 버린다고 말하는 마케팅 직원들과 싸우고 있어요." 처음에 A는 이 말을 듣고도 '멍자국이 무슨 문제가 되겠어?'라고 별로 신경을 쓰지 않았다.
>
> 그러나 자기 감독 하에 있는 프레스기에서 나오는 멍자국의 수가 점점 증가하고 있다는 것을 알게 되었고, 그것 때문에 페인트 작업이나 조립 공정이 점점 늦어짐으로써 회사에 막대한 추가 비용과 시간이 든다는 문제를 인식하게 되었다.

① 문제에 대한 실행 및 평가 단계

② 문제해결안 단계

③ 문제처리 단계

④ 문제인식 단계

**✔ 해설** 윗글은 문제해결과정 중 문제인식 단계에서 중요성에 대해 말하고 있다. 사례에서 A공장장은 처음에 문제를 인식하지 못하다가 상황이 점점 악화되자 문제가 있다는 것을 알게 되었다. 만약 A공장장이 초기에 문제의 상황을 인식하였다면, 초기에 문제의 상황에 시기 적절하게 대처함으로써 비용과 시간의 소비를 최소화할 수 있었을 것이다. 결국 문제인식은 해결해야 할 전체 문제를 파악하고, 문제에 대한 목표를 명확히 하는 활동임을 알 수 있다.

**50** 다음과 같은 상황이 발생하여 적용되는 약관을 찾아보려고 한다. 적용되는 약관의 조항과 그에 대한 대응방안으로 옳은 것은?

> 보증채권자인 A는 청구하기 위하여 보증채무이행청구서, 신분증 사본, 보증서 사본, 명도확인서를 제출하였다. 이를 검토해 보던 사원 L은 A가 전세계약이 해지 또는 종료되었음을 증명하는 서류를 제출하지 않을 것을 알게 되었다. 이 때, 사원 L은 어떻게 해야 하는가?

> 제9조(보증채무 이행청구 시 제출서류)
> ① 보증채권자가 보증채무의 이행을 청구할 때에는 보증회사에 다음의 서류를 제출하여야 합니다.
> 1. 보증채무이행청구서
> 2. 신분증 사본
> 3. 보증서 또는 그 사본(보증회사가 확인 가능한 경우에는 생략할 수 있습니다)
> 4. 전세계약이 해지 또는 종료되었음을 증명하는 서류
> 5. 명도확인서 또는 퇴거예정확인서
> 6. 배당표 등 전세보증금중 미수령액을 증명하는 서류(경·공매 시)
> 7. 회사가 요구하는 그 밖의 서류
>
> ② 보증채권자는 보증회사로부터 전세계약과 관계있는 서류사본의 교부를 요청받은 때에는 이에 응하여야 합니다.
> ③ 보증채권자가 제1항 내지 제2항의 서류 중 일부를 누락하여 이행을 청구한 경우 보증회사는 서면으로 기한을 정하여 서류보완을 요청할 수 있습니다.

① 제9조 제2항, 청구가 없었던 것으로 본다.
② 제9조 제2항, 기간을 정해 서류보완을 요청한다.
③ 제9조 제3항, 청구가 없었던 것으로 본다.
④ 제9조 제3항, 기간을 정해 서류보완을 요청한다.

✔ 해설 보증채권자가 서류 중 일부를 누락하여 이행을 청구한 경우 보증회사는 서면으로 기한을 정하여 서류보완을 요청할 수 있다.

**Answer** 49.④ 50.④

**51** 이번에 탄생한 TF팀에서 팀장과 부팀장을 선정하려고 한다. 선정기준은 이전에 있던 팀에서의 근무성적과 성과점수, 봉사점수 등을 기준으로 한다. 구체적인 선정기준이 다음과 같을 때 선정되는 팀장과 부팀장을 바르게 연결한 것은?

〈선정기준〉

- 최종점수가 가장 높은 직원이 팀장이 되고, 팀장과 다른 성별의 직원 중에서 가장 높은 점수를 받는 직원이 부팀장이 된다(예를 들어 팀장이 남자가 되면, 여자 중 최고점을 받은 직원이 부팀장이 된다).
- 근무성적 40%, 성과점수 40%, 봉사점수 20%로 기본점수를 산출하고, 기본점수에 투표점수를 더하여 최종점수를 산정한다.
- 투표점수는 한 명당 5점이 부여된다(예를 들어 2명에게서 한 표씩 받으면 10점이다).

〈직원별 근무성적과 점수〉

| 직원 | 성별 | 근무성적 | 성과점수 | 봉사점수 | 투표한 사람수 |
|---|---|---|---|---|---|
| 고경원 | 남자 | 88 | 92 | 80 | 2 |
| 박하나 | 여자 | 74 | 86 | 90 | 1 |
| 도경수 | 남자 | 96 | 94 | 100 | 0 |
| 하지민 | 여자 | 100 | 100 | 75 | 0 |
| 유해영 | 여자 | 80 | 90 | 80 | 2 |
| 문정진 | 남자 | 75 | 75 | 95 | 1 |

① 고경원 – 하지민　　② 고경원 – 유해영
③ 하지민 – 도경수　　④ 하지민 – 문정진

해설 점수를 계산하면 다음과 같다.

| 직원 | 성별 | 근무점수 | 성과점수 | 봉사점수 | 투표점수 | 합계 |
|---|---|---|---|---|---|---|
| 고경원 | 남자 | 35.2 | 36.8 | 16 | 10 | 98 |
| 박하나 | 여자 | 29.6 | 34.4 | 18 | 5 | 87 |
| 도경수 | 남자 | 38.4 | 37.6 | 20 | 0 | 96 |
| 하지민 | 여자 | 40 | 40 | 15 | 0 | 95 |
| 유해영 | 여자 | 32 | 36 | 16 | 10 | 94 |
| 문정진 | 남자 | 30 | 30 | 19 | 5 | 84 |

**52** 다음은 영업사원인 甲씨가 오늘 미팅해야 할 거래처 직원들과 방문해야 할 업체에 관한 정보이다. 다음의 정보를 모두 반영하여 하루의 일정을 짠다고 할 때 순서가 올바르게 배열된 것은? (단, 장소간 이동 시간은 없는 것으로 가정한다)

〈거래처 직원들의 요구 사항〉

- A거래처 과장 : 회사 내부 일정으로 인해 미팅은 10시~12시 또는 16~18시까지 2시간 정도 가능합니다.
- B거래처 대리 : 12시부터 점심식사를 하거나, 18시부터 저녁식사를 하시죠. 시간은 2시간이면 될 것 같습니다.
- C거래처 사원 : 외근이 잡혀서 오전 9시부터 10시까지 1시간만 가능합니다.
- D거래처 부장 : 외부일정으로 18시부터 저녁식사만 가능합니다.

〈방문해야 할 업체와 가능시간〉

- E서점 : 14~18시, 소요시간은 2시간
- F은행 : 12~16시, 소요시간은 1시간
- G미술관 관람 : 하루 3회(10시, 13시, 15시), 소요시간은 1시간

① C거래처 사원 – A거래처 과장 – B거래처 대리 – E서점 – G미술관 – F은행 – D거래처 부장
② C거래처 사원 – A거래처 과장 – F은행 – B거래처 대리 – G미술관 – E서점 – D거래처 부장
③ C거래처 사원 – G미술관 – F은행 – B거래처 대리 – E서점 – A거래처 과장 – D거래처 부장
④ C거래처 사원 – A거래처 과장 – B거래처 대리 – F은행 – G미술관 – E서점 – D거래처 부장

**해설** C거래처 사원(9시~10시) – A거래처 과장(10시~12시) – B거래처 대리(12시~14시) – F은행(14시~15시) – G미술관(15시~16시) – E서점(16~18시) – D거래처 부장(18시~)

① E서점까지 들리면 16시가 되는데, 그 이후에 G미술관을 관람할 수 없다.
② F은행까지 들리면 13시가 되는데, B거래처 대리 약속은 18시에 가능하다.
③ G미술관 관람을 마치고 나면 11시가 되는데 F은행은 12시에 가야한다. 1시간 기다려서 F은행 일이 끝나면 13시가 되는데, B거래처 대리 약속은 18시에 가능하다.

**Answer** 51.① 52.④

**53** K회사에서 근무하는 甲팀장은 팀의 사기를 높이기 위하여 팀원들을 데리고 야유회를 가려고 한다. 주어진 상황이 다음과 같을 때 비용이 가장 저렴한 펜션은 어디인가?

〈상황〉

- 팀장을 포함하여 인원은 6명이다.
- 2박 3일을 갔다 오려고 한다.
- 팀장은 나무펜션 1회 이용 기록이 있다.
- 펜션 비용은 1박을 기준으로 부과된다.

〈펜션 비용〉

| 펜션 | 가격<br>(1박 기준) | 비고 |
|---|---|---|
| 나무펜션 | 70,000원<br>(6인 기준) | • 1박을 한 후 연이어 2박을 할 때는 2박의 비용은 처음 1박의 10%를 할인 받는다.<br>• 나무펜션 이용 기록이 있는 경우에는 총 합산 금액의 10%를 할인 받는다. (중복 할인 가능) |
| 그늘펜션 | 60,000원<br>(4인 기준) | • 인원 추가시, 1인당 10,000원의 추가비용이 발생된다.<br>• 나무, 그늘, 푸른, 구름펜션 이용기록이 1회라도 있는 경우에는 총 합산 금액의 20%를 할인 받는다. |
| 푸른펜션 | 80,000원<br>(6인 기준) | • 1박을 한 후 연이어 2박을 할 때는 2박의 비용은 처음 1박의 15%를 할인 받는다. |
| 구름펜션 | 55,000원<br>(4인 기준) | • 인원 추가시, 1인당 10,000원의 추가비용이 발생된다. |

① 나무펜션 ② 그늘펜션
③ 푸른펜션 ④ 구름펜션

 ㉠ **나무펜션** : 70,000 + (70,000 × 0.9) = 133,000에서 팀장은 나무펜션 이용 기록이 있으므로 총 합산 금액의 10%를 또 할인 받는다. 따라서 133,000 × 0.9 = 119,700원이다.

㉡ **그늘펜션** : 4인 기준이므로 2명을 추가하면 80,000원이 되고 2박이므로 160,000원 된다. 그러나 팀장은 나무펜션 이용기록이 있으므로 총 합산 금액의 20%를 할인 받는다. 따라서 160,000 × 0.8 = 128,000원이다.

㉢ **푸른펜션** : 80,000 + (80,000 × 0.85) = 148,000원이다.

㉣ **구름펜션** : 4인 기준이므로 2명을 추가하면 75,000원이 되고 2박이므로 75,000 × 2 = 150,000원이 된다.

**54** 다음에서 주어진 내용만을 고려할 때, 그림의 기점에서 (가), (나) 각 지점까지의 총 운송비가 가장 저렴한 교통수단을 바르게 고른 것은?

• 교통수단별 기종점 비용과 주행 비용은 아래와 같음.

| 비용 \ 교통수단 | A | B | C |
|---|---|---|---|
| 기종점 비용(원) | 1,000 | 2,000 | 4,000 |
| 단위 거리당 주행 비용(원/km) | 400 | 300 | 250 |

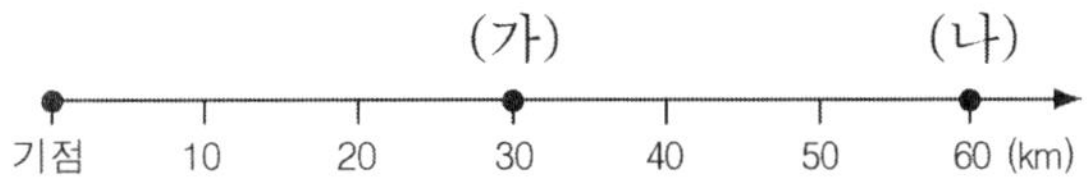


| (가) | (나) |
|---|---|
| ① A | A |
| ② A | B |
| ③ A | C |
| ④ B | C |

해설 총 운송비는 선적 · 하역비 등이 포함된 기종점 비용과 이동 거리가 늘어나면서 증가하는 주행 비용으로 구성된다. 따라서 총 운송비는 '기종점 비용+단위 거리당 주행비용×거리'로 계산할 수 있다. 이와 같이 계산하면 (가) 지점까지의 총 운송비는 A 13,000원, B 11,000원, C 11,500원으로 B가 가장 저렴하다. (나) 지점까지의 총 운송비는 A 25,000원, B 20,000원, C 19,000원으로 C가 가장 저렴하다.

Answer 53.① 54.④

**55** 다음은 주식회사 서원각의 회의 장면이다. 밑줄 친 ㈎, ㈏에 들어갈 내용으로 옳은 것은? (단, 주어진 내용만 고려한다)

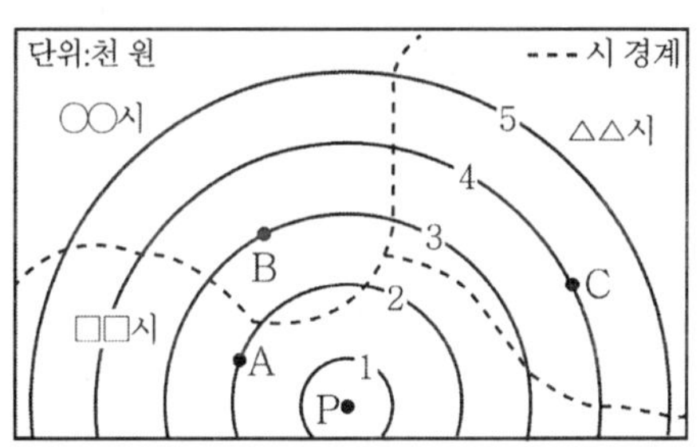


* 동심원은 제품 1단위당 등총운송비선이며 숫자는 비용임.

사장 : 현재 P 지점에 입지한 공장을 다음 그림의 A~C 지점 중 어디로 이전해야 할 지 논의해 봅시다.

김 부장 : A 지점으로 공장을 이전하면 제품 1단위당 2,300원의 집적 이익을 얻게 됩니다.

이 부장 : B 지점으로 공장을 이전하면 ○○시는 제품 1단위당 3,500원의 보조금을 지원하겠다고 하였습니다.

박 부장 : C 지점으로 공장을 이전하면 △△시는 제품 1단위당 5,000원의 세금을 감면해 주겠다고 하였습니다.

사장 : 그렇다면 공장을 ㈎ 지점으로 이전하여 제품 1단위당 총 생산비를 ㈏ 원 절감하는 것이 가장 이익이겠군요.

| | ㈎ | ㈏ |
|---|---|---|
| ① | A | 300 |
| ② | B | 500 |
| ③ | B | 1,000 |
| ④ | C | 1,000 |

✔ 해설 C 지점으로 공장을 이전할 경우 제품 1단위당 운송비가 4,000원 증가하지만, 세금 감면을 통해 5,000원의 이익을 얻을 수 있으므로 1,000원의 초과 이익을 얻을 수 있다.

**56** A 지점에 입지한 공장을 B ~ D 중 한 지점으로 이전하려고 한다. 가장 유리한 지점과 그 지점의 비용 절감액은?

> ㉠ A 지점은 최소 운송비 지점으로 동심원은 등비용선이고, 숫자는 비용을 나타낸다.
> ㉡ A ~ D 지점의 제품 단위당 노동비는 다음과 같다.
>
> | 지점 | A | B | C | D |
> |---|---|---|---|---|
> | 노동비(원) | 10,000 | 7,500 | 5,000 | 14,500 |
>
> ㉢ D 지점은 제품 단위당 10,000원의 집적 이익이 발생한다.

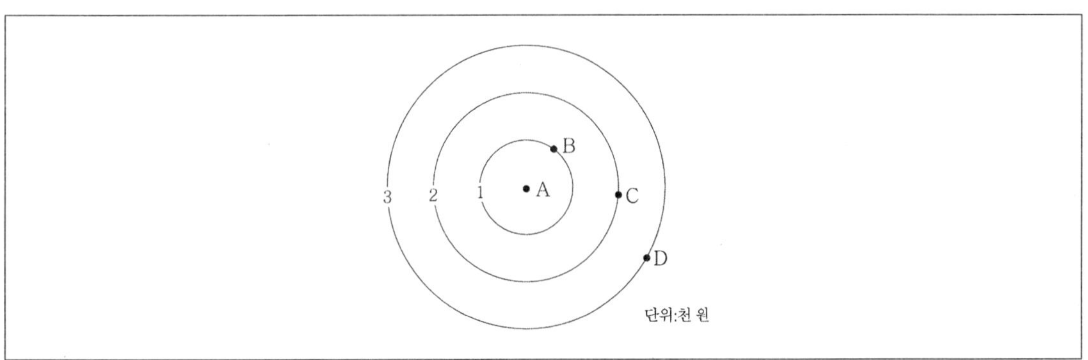


| 지점 | 절감액 |
|---|---|
| ① B | 1,500원 |
| ② C | 2,500원 |
| ③ C | 3,000원 |
| ④ D | 2,500원 |

✔ 해설 운송비, 노동비, 집적 이익을 고려하여 B ~ D 지점의 비용 절감액을 구하면

B= 10,000 − 7,500 − 1,000 = 1,500

C= 10,000 − 5,000 − 2,000 = 3,000

D= 10,000 − 14,500 − 3,000 + 10,000 = 2,500

따라서 가장 유리한 지점은 C 지점이며 비용 절감액은 3,000원이다.

**Answer** 55.④ 56.③

**▎57~58 ▎** **다음은 서원물류담당자 J씨가 회사와 인접한 파주, 인천, 철원, 구리 4개 지점 중 최적의 물류 거점을 세우려고 한다. 지점 간 거리와 물동량을 보고 물음에 답하시오.**

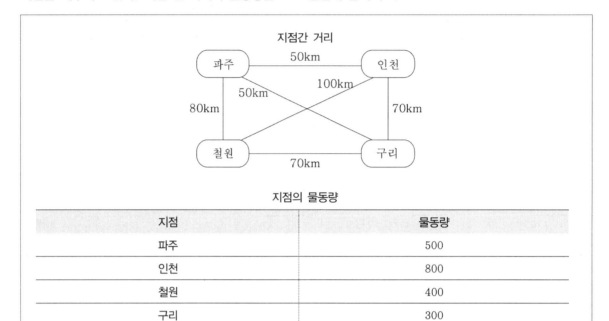

지점간 거리

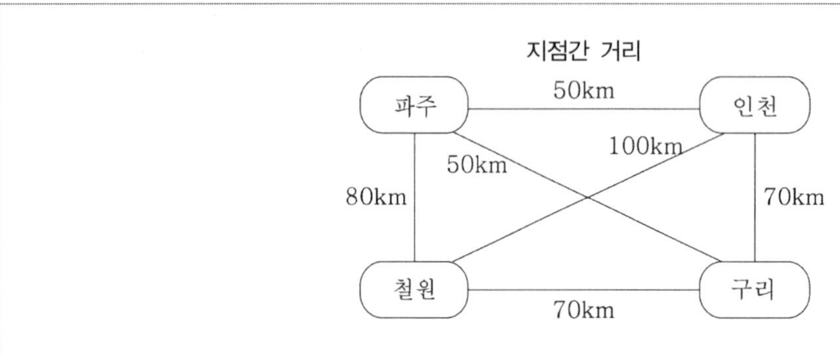


지점의 물동량

| 지점 | 물동량 |
|---|---|
| 파주 | 500 |
| 인천 | 800 |
| 철원 | 400 |
| 구리 | 300 |

**57** 지점간 거리를 고려한 최적의 물류거점은 어디가 되는가?

① 파주　　② 인천
③ 철원　　④ 구리

✔ 해설 파주 : $50+50+80=180$
인천 : $50+100+70=220$
철원 : $80+70+100=250$
구리 : $70+70+50=190$

**58** 지점간 거리와 물동량을 모두 고려한 최적의 물류거점은 어디가 되는가?

① 파주 ② 인천

③ 철원 ④ 구리

해설 파주 : $(50\times800)+(50\times300)+(80\times400)=40,000+15,000+32,000=87,000$

인천 : $(50\times500)+(100\times400)+(70\times300)=25,000+40,000+21,000=86,000$

철원 : $(80\times500)+(100\times800)+(70\times300)=40,000+80,000+21,000=141,000$

구리 : $(50\times500)+(70\times800)+(70\times400)=25,000+56,000+28,000=109,000$

**Answer** 57.① 58.②

**▌59~60▐ 다음은 어느 회사의 전화 사용 요령이다. 다음을 읽고 물음에 답하시오.**

1. 일반 전화 걸기
회사 외부에 전화를 걸어야 하는 경우
→수화기를 들고 9번을 누른 후 (지역번호)+전화번호를 누른다.

2. 전화 당겨 받기
다른 직원에게 전화가 왔으나, 사정상 내가 받아야 하는 경우
→수화기를 들고 *(별표)를 두 번 누른다.
※ 다른 팀에게 걸려온 전화도 당겨 받을 수 있다.

3. 회사 내 직원과 전화하기
→수화기를 들고 내선번호를 누르면 통화가 가능하다.

4. 전화 넘겨주기
외부 전화를 받았는데 내가 담당자가 아니라서 다른 담당자에게 넘겨 줄 경우
→통화 중 상대방에게 양해를 구한 뒤 통화 종료 버튼을 짧게 누른 뒤 내선번호를 누른다. 다른 직원이 내선 전화를 받으면 어떤 용건인지 간략하게 얘기 한 뒤 수화기를 내려놓으면 자동적으로 전화가 넘겨진다.

5. 회사 전화를 내 핸드폰으로 받기
외근 나가 있는 상황에서 중요한 전화가 올 예정인 경우
→내 핸드폰으로 착신을 돌리기 위해서는 사무실 수화기를 들고 *(별표)를 누르고 88번을 누른다. 그리고 내 핸드폰 번호를 입력한다.
→착신을 풀기 위해서는 #(샵)을 누르고 88번을 누른 다음 *(별)을 누르면 된다.
※ 회사 전화를 내 핸드폰으로 받는 기능은 팀장급 이상의 자리에 있는 대표 전화기로만 가능하며, 그 이하의 직급 자리에 있는 일반 전화기로는 이 기능을 사용할 수 없다.

**59** 인사팀에 근무하고 있는 사원S는 신입사원들을 위해 전화기 사용 요령에 대해 교육을 진행하려고 한다. 다음 중 신입사원들에게 교육하지 않아도 되는 항목은?

① 일반 전화 걸기
② 전화 당겨 받기
③ 전화 넘겨 주기
④ 회사 전화를 내 핸드폰으로 받기

✔ **해설** 회사 전화를 내 핸드폰으로 받는 기능은 팀장급 이상의 자리에 있는 대표 전화기로만 가능하기 때문에 신입사원에게 교육하지 않아도 되는 항목이다.

**60** 사원S는 전화 관련 정보들을 신입사원이 이해하기 쉽도록 표로 정리하였다. 정리한 내용으로 옳지 않은 내용이 포함된 항목은?

| 상황 | 항목 | 눌러야 하는 번호 |
|---|---|---|
| 회사 외부로 전화 걸 때 | 일반 전화 걸기 | 9+(지역번호)+(전화번호) |
| 다른 직원에게 걸려온 전화를 내가 받아야 할 때 | 전화 당겨 받기 | *(별표) 한 번 |
| 회사 내 다른 직원과 전화 할 때 | 회사 내 직원과 전화하기 | 내선번호 |
| 내가 먼저 전화를 받은 경우 다른 직원에게 넘겨 줄 때 | 전화 넘겨 주기 | 종료버튼(짧게)+내선번호 |

① 일반 전화 걸기
② 전화 당겨 받기
③ 전화 넘겨 주기
④ 회사 내 직원과 전화하기

✔ 해설 전화를 당겨 받는 경우에는 *(별표)를 두 번 누른다.

**Answer** 59.④ 60.②

# 출제예상문제

1 다음 표와 설명을 참고할 때, '부채'가 가장 많은 기업부터 순서대로 올바르게 나열된 것은 어느 것인가?

〈A~D기업의 재무 현황〉

(단위: 억 원, %)

| | A기업 | B기업 | C기업 | D기업 |
|---|---|---|---|---|
| 유동자산 | 13 | 15 | 22 | 20 |
| 유동부채 | 10 | 12 | 20 | 16 |
| 순운전자본비율 | 10 | 8.6 | 5.6 | 9.5 |
| 타인자본 | 10 | 20 | 12 | 14 |
| 부채비율 | 90 | 140 | 84 | 88 |

* 순운전자본비율=(유동자산-유동부채)÷총 자본×100

* 부채비율=부채÷자기자본×100

* 총 자본=자기자본+타인자본

① D기업 - B기업 - C기업 - A기업

② B기업 - D기업 - C기업 - A기업

③ D기업 - B기업 - A기업 - C기업

④ A기업 - B기업 - C기업 - D기업

해설 부채를 알기 위해서는 자기자본을 알아야 하며, 타인자본이 제시되어 있으므로 자기자본을 알기 위해서는 총 자본을 알아야 한다. 또한 순운전자본비율이 제시되어 있으므로 유동자산, 유동부채를 이용하여 총 자본을 계산해 볼 수 있다. 따라서 이를 계산하여 정리하면 다음과 같은 표로 정리될 수 있다.(단, 소수점 첫째 자리에서 반올림한다)

(단위: 억 원, %)

| | A기업 | B기업 | C기업 | D기업 |
|---|---|---|---|---|
| 자기자본 | 20 | 15 | 24 | 28 |
| 총 자본 | 30 | 35 | 36 | 42 |
| 부채비율 | 90 | 140 | 84 | 88 |
| 부채 | 18 | 21 | 20 | 25 |

따라서 부채가 많은 기업은 D기업 – B기업 – C기업 – A기업의 순이 된다.

**2** 다음은 국립공원 중 일부의 면적 현황에 관한 자료이다. 이에 대한 설명으로 옳지 않은 것은?

(단위 : $km^2$)

| 구분 | 2015년 | 2016년 | 2017년 | 2018년 | 2019~2022년 |
|---|---|---|---|---|---|
| 지리산 | 471,758 | 471,758 | 471,625 | 483,022 | 483,022 |
| 계룡산 | 64,683 | 64,683 | 64,602 | 65,335 | 65,335 |
| 한려해상 | 545,627 | 545,627 | 544,958 | 535,676 | 535,676 |
| 속리산 | 274,541 | 274,541 | 274,449 | 274,766 | 274,766 |
| 내장산 | 81,715 | 81,715 | 81,452 | 80,708 | 80,708 |
| 가야산 | 77,074 | 77,074 | 77,063 | 76,256 | 76,256 |
| 덕유산 | 231,650 | 231,650 | 231,649 | 229,430 | 229,430 |
| 북한산 | 79,916 | 79,916 | 79,789 | 76,922 | 76,922 |
| 월악산 | 287,977 | 287,977 | 287,777 | 287,571 | 287,571 |
| 소백산 | 322,383 | 322,383 | 322,051 | 322,011 | 322,011 |

① 2018년 이후로는 모든 국립공원이 동일한 면적을 유지하고 있다.
② 면적의 감소 여부와 상관없이 가장 면적이 넓은 국립공원은 한려해상 국립공원이다.
③ 2017년부터 2018년 사이 면적이 늘어난 국립공원은 총 4개이다.
④ 2015년 덕유산 국립공원의 면적은 같은 해 계룡산 국립공원 면적의 3배 이상이다.

**해설** ③ 2017년부터 2018년 사이 면적이 늘어난 국립공원은 지리산, 계룡산, 속리산 총 3개이다.

**Answer** 1.① 2.③

**3** A, B, C 직업을 가진 부모 세대 각각 200명, 300명, 400명을 대상으로 자녀도 동일 직업을 갖는지 여부를 물은 설문조사 결과가 다음과 같았다. 다음 조사 결과의 해석이 바르지 않은 것은?

〈세대 간의 직업 이전 비율〉

(단위: %)

| 자녀 직업 / 부모 직업 | A | B | C | 기타 |
|---|---|---|---|---|
| A | 35 | 20 | 40 | 5 |
| B | 25 | 25 | 35 | 15 |
| C | 25 | 40 | 25 | 10 |

* 모든 자녀의 수는 부모 당 1명으로 가정한다.

① 부모와 동일한 직업을 갖는 자녀의 수는 C직업이 A직업보다 많다.

② 부모의 직업과 다른 직업을 갖는 자녀의 비중은 B와 C직업이 동일하다.

③ 응답자의 자녀 중 A직업을 가진 사람은 B직업을 가진 사람보다 더 많다.

④ 기타 직업을 가진 자녀의 수는 B직업을 가진 부모가 가장 많다.

**해설** ③ A직업을 가진 자녀는 70+75+100=245명이며, B직업을 가진 자녀는 40+75+160= 275명이다.

① A직업의 경우는 200명 중 35%이므로 200×0.35=70명이, C직업의 경우는 400명 중 25%이므로 400×0.25=100명이 부모와 동일한 직업을 갖는 자녀의 수가 된다.

② B와 C직업 모두 75%로 동일함을 알 수 있다.

④ 기타 직업을 가진 자녀의 수는 각각 200×0.05=10명, 300×0.15=45명, 400×0.1= 40명으로 B직업을 가진 부모가 가장 많다.

**4** 월별 금융비용을 나타낸 다음 자료를 참고할 때, 전월 대비 금융비용 증가율이 가장 큰 시기와 작은 시기는 각각 언제인가?

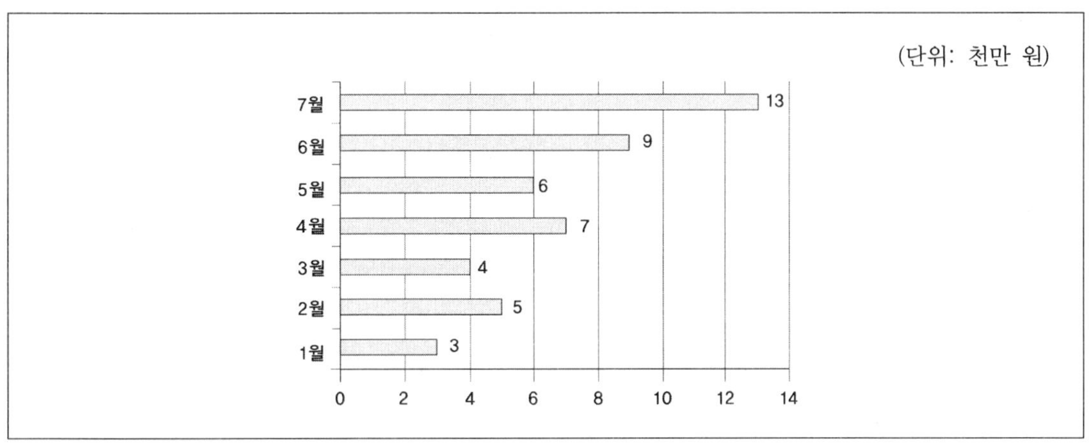


① 4월, 6월

② 4월, 7월

③ 2월, 6월

④ 2월, 4월

**해설** 증감률이 아닌 증가율을 묻고 있으므로 전월 대비 금융비용이 감소한 3월과 5월을 제외한 나머지 시기의 증가율을 구해 보면 다음과 같다. A에서 B로 변동된 수치의 증가율은 (B−A)÷A×100의 산식으로 계산할 수 있다.

| | 2월 | 4월 | 6월 | 7월 |
|---|---|---|---|---|
| 증가율 | 66.7% | 75% | 50% | 44.4% |

따라서 증가율이 가장 큰 시기와 작은 시기는 각각 4월과 7월이 된다.

**Answer** 3.③ 4.②

**5** 다음은 영업팀의 갑, 을, 병, 정 네 명의 직원에 대한 업무평가 현황과 그에 따른 성과급 지급 기준이다. 갑, 을, 병, 정의 총 성과급 금액의 합은 얼마인가?

〈업무평가 항목별 득점 현황〉

| 구분 | 갑 | 을 | 병 | 정 |
|---|---|---|---|---|
| 성실도 | 7 | 8 | 9 | 8 |
| 근무태도 | 6 | 8 | 9 | 9 |
| 업무실적 | 8 | 8 | 10 | 9 |

* 가중치 부여: 성실도 30%, 근무태도 30%, 업무실적 40%를 반영함.

〈성과급 지급 기준〉

| 업무평가 득점 | 등급 | 등급별 성과급 지급액 |
|---|---|---|
| 9.5 이상 | A | 50만 원 |
| 9.0 이상~9.5 미만 | B | 45만 원 |
| 8.0 이상~9.0 미만 | C | 40만 원 |
| 7.0 이상~8.0 미만 | D | 30만 원 |
| 7.0 미만 | E | 20만 원 |

① 155만 원
② 160만 원
③ 165만 원
④ 170만 원

✔ 해설 네 명의 업무평가 득점과 성과급을 표로 정리하면 다음과 같다.

| | 갑 | 을 | 병 | 정 |
|---|---|---|---|---|
| 득점 | 7×0.3+6×0.3+8×0.4=7.1 | 8×0.3+8×0.3+8×0.4=8.0 | 9×0.3+9×0.3+10×0.4=9.4 | 8×0.3+9×0.3+9×0.4=8.7 |
| 등급 | D | C | B | C |
| 성과급 | 30만 원 | 40만 원 | 45만 원 | 40만 원 |

따라서 총 성과급 금액의 합은 30+40+45+40=155만 원이 된다.

**6** 다음은 지역별 남녀의 기대수명 차이를 나타내는 자료이다. 이에 대한 설명으로 올바르지 않은 것은 어느 것인가?

(단위: 년)

| 시도 | 2019년 | | | | 2022년 | | | |
|---|---|---|---|---|---|---|---|---|
| | 전체 | 남자 | 여자 | 남녀차이 | 전체 | 남자 | 여자 | 남녀차이 |
| 전국 | 81.8 | 78.6 | 85.0 | 6.4 | 82.7 | 79.7 | 85.7 | 6.0 |
| 서울 | 83.0 | 80.1 | 85.8 | 5.7 | 84.1 | 81.2 | 87.0 | 5.8 |
| 부산 | 81.0 | 77.9 | 84.1 | 6.2 | 81.9 | 78.9 | 84.9 | 6.0 |
| 대구 | 81.4 | 78.4 | 84.3 | 5.9 | 82.2 | 79.2 | 85.1 | 5.9 |
| 인천 | 81.4 | 78.3 | 84.5 | 6.2 | 82.4 | 79.3 | 85.6 | 6.3 |
| 광주 | 81.4 | 78.3 | 84.4 | 6.1 | 82.0 | 79.3 | 84.8 | 5.5 |
| 대전 | 82.0 | 79.2 | 84.8 | 5.6 | 82.9 | 80.5 | 85.4 | 4.9 |
| 울산 | 80.7 | 78.2 | 83.2 | 5.0 | 82.0 | 79.1 | 84.9 | 5.8 |
| 세종 | 81.3 | 77.7 | 84.8 | 7.1 | 83.0 | 80.0 | 86.1 | 6.1 |
| 경기 | 82.2 | 79.2 | 85.2 | 6.0 | 83.1 | 80.4 | 85.7 | 5.3 |
| 강원 | 80.9 | 77.2 | 84.6 | 7.4 | 82.0 | 78.4 | 85.7 | 7.3 |
| 충북 | 81.2 | 77.6 | 84.8 | 7.2 | 81.9 | 78.8 | 84.9 | 6.1 |
| 충남 | 81.3 | 77.8 | 84.9 | 7.1 | 82.2 | 78.9 | 85.6 | 6.7 |
| 전북 | 81.4 | 77.8 | 85.0 | 7.2 | 82.3 | 79.0 | 85.5 | 6.5 |
| 전남 | 81.2 | 77.1 | 85.3 | 8.2 | 82.0 | 78.4 | 85.6 | 7.2 |
| 경북 | 81.1 | 77.6 | 84.7 | 7.1 | 82.0 | 78.6 | 85.5 | 6.9 |
| 경남 | 80.9 | 77.3 | 84.5 | 7.2 | 81.9 | 78.6 | 85.2 | 6.6 |
| 제주 | 82.1 | 78.3 | 85.9 | 7.6 | 82.7 | 78.7 | 86.7 | 8.0 |

① 남자는 세종 지역, 여자는 울산 지역이 이전 시기 대비 기대수명 증가가 가장 크다.
② 기대수명은 모든 지역에서 남녀 모두 이전 시기보다 더 증가하였다.
③ 2022년 남자의 기대수명 상위 3개 지역은 서울, 대전, 경기이다.
④ 2019년 여자의 기대수명 하위 3개 지역은 2022년에도 동일하다.

**해설** 2019년의 하위 3개 지역은 부산 84.1년, 대구 84.3년, 울산 83.2년이었으나, 2022년에는 광주 84.8년과 부산, 울산, 충북이 모두 84.9년으로 가장 기대수명이 짧은 4개 지역이 된다.

① 남자는 2.3년이 늘어난 세종 지역이, 여자는 1.7년이 늘어난 울산 지역이 이전 시기보다 가장 크게 기대수명이 늘어난 지역이다.
② 남녀와 전체의 기대수명은 모든 지역에서 이전 시기보다 더 증가하였다.
③ 서울 81.2년, 대전 80.5년, 경기 80.4년으로 상위 3개 지역이 된다.

**Answer** 5.① 6.④

**Ⅰ7~8Ⅰ 다음은 해외여행 상품의 비용에 관한 자료이다. 다음 질문에 답하시오.**

| 여행지 | 일정 | 1인당 요금 | 할인 조건 |
|---|---|---|---|
| 스위스 | 7일 | 280만 원 | 1. 주중 출발 20% 할인(단, 주중 월~목 출발)<br>2. 사전 예약 할인<br>(1) 3개월 전 예약 20% 할인<br>(2) 2개월 전 예약 10% 할인<br>(3) 1개월 전 예약 5% 할인<br>3. 미성년자 : 성인 요금의 80% 할인<br>4. 만 65세 이상 : 여행 요금의 10% 할인(단, 주중 출발에는 적용되지 않음) |
| 괌 | 10일 | 420만 원 | |
| 푸켓 | 5일 | 160만 원 | |
| 세부 | 6일 | 210만 원 | |

**7** 어느 노부부가 결혼 50주년 여행을 가려고 모아 둔 300만 원을 가지고 한 달 뒤인 6월 12일(월)에 여행을 간다고 했을 때, 가능한 여행지를 고르면? (단, 2명 모두 70세 이상이다)

① 스위스　　② 괌

③ 푸켓　　④ 세부

✔ 해설 주중 출발 할인 20%와 1개월 전 예약 할인 5%를 받을 수 있다.

| 여행지 | 2인 요금 | 할인된 요금 |
|---|---|---|
| 스위스 | 560만 원 | $560 \times 0.75 = 420$(만 원) |
| 괌 | 840만 원 | $840 \times 0.75 = 630$(만 원) |
| 푸켓 | 320만 원 | $320 \times 0.75 = 240$(만 원) |
| 세부 | 420만 원 | $420 \times 0.75 = 315$(만 원) |

**8** 다음 주 토요일에 가족 여행을 떠나려고 계획하고 있다. 어머니(55세), 아버지(50세), 나(27세), 동생(초등학생) 4명이서 해외여행을 가려고 할 때, 하루당 비용이 두 번째로 비싼 여행지는? (단, 예약은 지금 바로 하는 것을 기준으로 한다)

① 스위스 ② 괌

③ 푸켓 ④ 세부

✔ 해설

| 여행지 | 성인 하루당 비용 | 미성년자 하루당 비용 | 가족 전체 하루당 비용 |
|---|---|---|---|
| 스위스 | 40만 원 | 8만 원 | $40 \times 3 + 8 = 128$ |
| 괌 | 42만 원 | 8.4만 원 | $42 \times 3 + 8.4 = 134.4$ |
| 푸켓 | 32만 원 | 6.4만 원 | $32 \times 3 + 6.4 = 102.4$ |
| 세부 | 35만 원 | 7만 원 | $35 \times 3 + 7 = 112$ |

**9** 다음은 가구 월평균 가계지출액과 오락문화비를 나타낸 자료이다. 이에 대한 설명으로 옳지 않은 것은?

〈가구 월평균 가계지출액과 오락문화비〉

(단위 : 원)

| | 2018 | 2019 | 2020 | 2021 | 2022 |
|---|---|---|---|---|---|
| 가계지출액 | 2,901,814 | 2,886,649 | 2,857,967 | 3,316,143 | 3,326,764 |
| 오락문화비 | 126,351 | 128,260 | 129,494 | 174,693 | 191,772 |

※ 문화여가지출률 = (가구 월평균 오락문화비 ÷ 가구 월평균 가계지출액) × 100

① 2019년 가계지출액 대비 오락문화비는 4.5%에 미치지 않는다.

② 문화여가지출률은 2022년에 가장 높다.

③ 2021년 오락문화비는 전년보다 45,000원 증가했다.

④ 2019년과 2020년에는 전년대비 가계지출액이 감소했다.

✔ 해설 ③ 2021년 오락문화비는 174,693원, 2020년 오락문화비는 129,494원이므로 2021년 오락문화비는 전년보다 $174,693 - 129,494 = 45,199$(원) 증가했다.

① 2019년 가계지출액 대비 오락문화비는 4.44%로 4.5%에 미치지 않는다.

② 2018년부터 2022년의 문화여가지출률은 다음과 같다.

| | 2018 | 2019 | 2020 | 2021 | 2022 |
|---|---|---|---|---|---|
| 문화여가지출률 | 4.35 | 4.44 | 4.53 | 5.27 | 5.76 |

④ 2019년(2,886,649) → 2020년(2,857,967)로 전년대비 가계지출액이 감소하였음을 알 수 있다.

**Answer** 7.③ 8.① 9.③

**10** 다음 자료를 올바르게 설명하지 못한 것은 어느 것인가?

(단위: 억 불)

| | | | 2018 | 2019 | 2020 | 2021 | 2022 |
|---|---|---|---|---|---|---|---|
| 수출 | 전체 | | 5,525 | 5,647 | 5,192 | 4,861 | 5,644 |
| | | 제조업 | 4,751 | 4,839 | 4,473 | 4,186 | 4,819 |
| | | 서비스업 | 774 | 808 | 719 | 675 | 825 |
| | | 도소매 | 661 | 677 | 586 | 550 | 692 |
| | 중소기업 | | 1,021 | 1,042 | 904 | 915 | 1,002 |
| | | 제조업 | 633 | 642 | 547 | 556 | 618 |
| | | 서비스업 | 388 | 400 | 357 | 359 | 384 |
| | | 도소매 | 357 | 364 | 322 | 325 | 344 |
| 수입 | 전체 | | 4,612 | 4,728 | 3,998 | 3,762 | 4,413 |
| | | 제조업 | 3,535 | 3,562 | 2,798 | 2,572 | 3,082 |
| | | 서비스업 | 1,077 | 1,166 | 1,200 | 1,190 | 1,331 |
| | | 도소매 | 933 | 996 | 998 | 1,005 | 1,126 |
| | 중소기업 | | 1,084 | 1,151 | 1,007 | 1,039 | 1,177 |
| | | 제조업 | 455 | 460 | 364 | 367 | 416 |
| | | 서비스업 | 629 | 691 | 643 | 672 | 761 |
| | | 도소매 | 571 | 623 | 568 | 597 | 669 |

* 무역수지는 수출액에서 수입액을 뺀 수치가 +이면 흑자, −이면 적자를 의미함.

① 중소기업의 제조업 무역수지는 매년 100억 불 이상의 흑자를 나타내고 있다.

② 전체 제조업 수출에서 중소기업의 수출이 차지하는 비중이 가장 낮은 시기는 2020년이 가장 낮다.

③ 전체 수출액 중 도소매업의 구성비는 2020년과 2021년이 모두 11.3%이다.

④ 중소기업의 전년대비 서비스업 수입액 증감률은 2020년이 −20.9%로 가장 크다.

✔ 해설 2020년 서비스업의 수입액 증감률은 −6.9%로 2022년의 13.2%, 2019년의 9.9%에 이어 세 번째로 크다.

① 연도별로 매년 178억 불, 182억 불, 183억 불, 189억 불, 202억 불로 매년 100억 불 이상의 흑자를 보이고 있다.

② 2020년이 17.4%로 가장 낮은 비중을 보이고 있다.

③ 두 해 모두 11.3%의 가장 낮은 구성 비율을 보이고 있다.

**11** 다음 자료를 통하여 알 수 있는 사실이 아닌 것은?

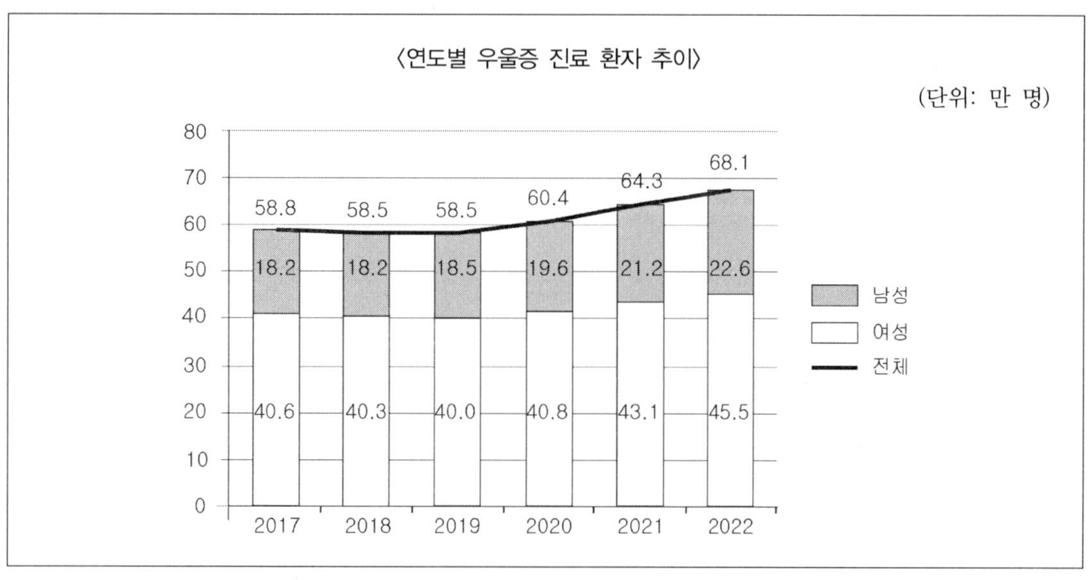


① 2019년 이후 남녀 전체의 우울증 진료 환자의 수는 매년 증가하고 있다.

② 전체 우울증 진료 환자에서 여성이 차지하는 비중은 매년 감소하고 있다.

③ 전체 우울증 진료 환자에서 남성이 차지하는 비중은 2021년이 가장 높다.

④ 전년 대비 전체 우울증 진료 환자의 증가율은 2021년이 2022년보다 더 높다.

✔ 해설 ③ 2021년은 21.2÷64.3×100=33.0%이나, 2022년은 22.6÷68.1×100=33.2%로 남성의 비중이 가장 높은 해는 2022년 이다.

① 남녀 전체의 우울증 진료 환자의 수는 2019년부터 58.5→60.4→64.3→68.1(만 명)으로 매년 증가하고 있다.

② 69.0%→68.9%→68.4%→67.5%→67.0%→66.8%로 매년 감소하였다.

③ 2021년의 증가율은 (64.3−60.4)÷60.4×100=약 6.5%이며, 2022년의 증가율은 (68.1− 64.3)÷64.3×100=약 5.9%이다.

**Answer** 10.④ 11.③

**12** 다음은 아침식사 결식률 추이를 나타낸 자료이다. 다음 자료에 대한 설명으로 옳지 않은 것은?

〈아침식사 결식률 추이〉

(단위 : 명, %)

| | 응답자수 | 아침식사 결식률 |
|---|---|---|
| 1-9세 | 812 | 8.7 |
| 10-19세 | 634 | 31.1 |
| 20-29세 | 653 | 52.0 |
| 30-39세 | 845 | 37.1 |
| 40-49세 | 1,028 | 26.7 |
| 50-59세 | 1,116 | 14.7 |
| 60-69세 | 1,036 | 9.3 |
| 70세이상 | 1,043 | 4.1 |

① 아침식사 결식률은 30대가 10대보다 높다.
② 응답자수가 가장 많은 연령대는 50대이다.
③ 아침식사를 하지 않는다고 답한 응답자수가 100명을 넘지 않는 연령대는 총 3개다.
④ 아침식사를 하지 않는다고 답한 응답자수는 40대보다 10대가 더 많다.

**해설** ④ 아침식사를 하지 않는다고 답한 응답자수는 10대가 634×31.1% = 197.174(명)으로 약 197명이고 40대가 1,028×26.7% = 274.476(명)으로 약 274명이다. 그러므로 아침식사를 하지 않는다고 답한 응답자수는 10대보다 40대가 더 많다.
① 아침식사 결식률은 30대가 37.1%, 10대가 31.1%로 30대가 더 높다.
② 응답자수가 가장 많은 연령대는 1,116명인 50대이다.
③ 아침식사를 하지 않는다고 답한 응답자수가 100명을 넘지 않는 연령대는 1-9세가 812×8.7% = 70.644(명)으로 약 71명, 60대가 1,036×9.3% = 96.348(명)으로 약 96명, 70세 이상이 1,043×4.1% = 42.763(명)으로 약 43명으로 총 3집단이 100명을 넘지 않는다.

**13** 다음은 대중교통 이용자 중 주요도시별 1주간 평균 대중교통 이용횟수를 조사한 자료이다. 이를 바르게 해석한 것은?

〈주요도시별 1주간 평균 대중교통 이용횟수〉

(단위 : %)

| | 1회~5회 | 6회~10회 | 11회~15회 | 16회~20회 | 21회 이상 |
|---|---|---|---|---|---|
| 서울 | 27.2 | 38.1 | 18.8 | 7.5 | 8.5 |
| 부산 | 33.5 | 37.7 | 17.7 | 6.3 | 4.9 |
| 인천 | 38.8 | 36.4 | 13.5 | 5.1 | 6.3 |
| 대구 | 37.5 | 37.7 | 14.7 | 5.2 | 4.9 |
| 광주 | 39.0 | 40.7 | 14.0 | 3.9 | 2.4 |
| 대전 | 43.7 | 33.4 | 14.5 | 3.5 | 4.9 |

① 모든 지역에서 1주간 평균 6~10회 이용한 사람이 가장 많다.

② 대구, 광주, 대전에서 1주간 평균 11~15회 이용하는 사람이 1,000명 이상 차이나지 않는다.

③ 1주 동안 21회 이상 대중교통을 이용하는 사람의 비중이 가장 큰 곳은 서울이다.

④ 서울에서 1주간 대중교통을 16회 이상 사용하는 사람이 11회~15회 사용하는 사람보다 많다.

**해설** ③ 1주 동안 21회 이상 대중교통을 이용하는 사람의 비중이 가장 큰 곳은 8.5%로 서울이다.

① 인천과 대전에서는 1주간 평균 1~5회 이용한 사람이 가장 많다.

② 각 지역의 조사 인원을 알 수 없으므로 해당 보기의 내용은 알 수 없다.

④ 서울에서 1주간 대중교통을 16회 이상 이용하는 사람은 16.0%이고 11회~15회 이용하는 사람은 18.8%이다.

**Answer** 12.④ 13.③

▌14~15▐ 다음은 게임 산업 수출액에 대한 자료이다. 물음에 답하시오.

〈연도별 게임 산업 수출액〉

(단위 : 천$)

| | 2020 | 2021 | 2022 |
|---|---|---|---|
| 수출액 | 3,214,627 | 3,277,346 | 5,922,998 |

〈게임 산업 지역별 수출액 비중〉

(단위 : %)

| | 2020 | 2021 | 2022 |
|---|---|---|---|
| 중화권 | – | – | 57.6 |
| 일본 | 21.5 | 18.3 | 13.9 |
| 동남아시아 | 11.2 | 11.7 | 12.7 |
| 북미 | 17.2 | 10.9 | 6.9 |
| 유럽 | 10.8 | 10.3 | 4.6 |
| 기 타 | 6.4 | 6.7 | $b$ |
| 중국 | $a$ | 42.1 | – |

**14** 다음 중 위 자료에 대한 해석으로 옳지 않은 것은?

① 2021년 북미의 수출액은 3억$를 넘는다.

② 일본의 수출액은 매년 감소하고 있다.

③ 게임 산업 수출액은 매년 상승추이를 보이며 특히 2022년 급격히 상승했다.

④ 북미는 게임 산업 수출액 비중이 매년 4위 이상에 올라있다.

 ② 일본의 수출액은 2020년 (약)691,144 → (약)599,754 → (약)823,296천$로 2022년에 가장 많다.

① 2021년 북미의 수출액은 3,277,346의 10.9%이므로 357,230천달러로 3억 달러를 넘는다.

③ 게임 산업 수출액은 3,214,627 → 3,277,346 → 5,922,998(천$)로 증가하고 있으며 특히 2022년에 급증했다.

④ 게임 산업 지역별 수출액 비중에서 북미는 2020년에는 3위, 2021년에는 4위, 2022년에는 4위로 매년 4위 이상을 차지하고 있다.

**15** 위 표에서 $\frac{a}{b}$는?(단, 소수점 둘째 자리에서 반올림한다.)

① 7.5
② 7.7
③ 8.1
④ 8.4

해설 매년 총 비중은 100%가 되므로 $a = 100 - (21.5 + 11.2 + 17.2 + 10.8 + 6.4) = 32.9$이고 $b = 100 - (57.6 + 13.9 + 12.7 + 6.9 + 4.6) = 4.3$이다. 그러므로 $\frac{a}{b} = \frac{32.9}{4.3} = 7.7$이다.

**Answer** 14.② 15.②

**16** 다음은 자동차등록대수에 관한 자료이다. 이에 대한 설명으로 옳은 것은?

〈아침식사 결식률 추이〉

(단위 : 대)

| 지표 | 2019 | 2020 | 2021 | 2022 |
|---|---|---|---|---|
| 자동차등록대수 | 20,989,885 | 21,803,351 | 22,528,295 | ㉠ |

※자동차등록대수 = 승용차 + 승합차 + 화물차 + 특수차

〈2022년 자동차등록대수 현황〉

(단위 : 대)

| | 계 | 관용 | 자가용 | 영업용 |
|---|---|---|---|---|
| 승용 | 18,676,924 | 32,819 | 17,663,188 | 980,917 |
| 승합 | 843,794 | 22,540 | 696,898 | 124,356 |
| 화물 | 3,590,939 | 31,957 | 3,152,275 | 406,707 |
| 특수 | 90,898 | 2,784 | 27,212 | 60,902 |

① 등록된 자동차중 매년 승합차의 비중이 가장 높다.

② 연도별 자동차등록대수는 2020년부터 감소 추이를 보인다.

③ 2022년에 등록된 화물차 중에서 영업용 화물차의 비율은 10% 이상이다.

④ 2022년의 자동차등록대수는 23,402,555대다.

**해설** ③ 2022년에 등록된 화물차 중에서 영업용의 비율은 $406,707 \div 3,590,939 \times 100 = 11.3\%$로 10% 이상이다.

① 등록된 자동차중 매년 승합차의 비중은 위 자료를 통해 알 수 없다.

② 2020년에서 2021년에는 21,803,351 → 22,528,295로 자동차등록대수가 증가하였다.

④ 2022년의 자동차등록대수는 $18,676,924 + 843,794 + 3,590,939 + 90,898 = 23,202,555$(대)이다.

**17** 다음은 연도별 학생 수와 학생 1인당 공교육비에 대한 자료이다. 이에 대한 해석으로 옳지 않은 것은?

〈학생 1인당 공교육비〉

(단위 : 달러)

| | | 2016 | 2017 | 2018 | 2019 | 2020 | 2021 | 2022 |
|---|---|---|---|---|---|---|---|---|
| 학생 1인당 공교육비(달러) | 초등교육 | 6,658 | 6,601 | 6,976 | 7,395 | 7,957 | 9,656 | 11,047 |
| | 중등교육 | 9,399 | 8,060 | 8,199 | 8,355 | 8,592 | 10,316 | 12,202 |
| | 고등교육 | 9,513 | 9,972 | 9,927 | 9,866 | 9,323 | 9,570 | 10,109 |

〈연도별 학생 수 현황〉

(단위 : 명)

| | 2016 | 2017 | 2018 | 2019 | 2020 | 2021 | 2022 |
|---|---|---|---|---|---|---|---|
| 초등학생 | 175,577 | 164,230 | 155,146 | 144,918 | 135,237 | 131,307 | 129,743 |
| 중등학생 | 98,685 | 97,491 | 93,999 | 91,614 | 89,128 | 85,118 | 77,581 |
| 고등학생 | 98,328 | 97,767 | 96,602 | 95,917 | 95,018 | 92,328 | 90,238 |

※학생 1인당 공교육비 = 총공교육지출액 ÷ 학생 수.

① 2022년에 초등교육의 학생 1인당 공교육비가 최고치를 달성했다.

② 고등교육의 총공교육지출액이 매년 상승하고 있다.

③ 2016년 중학교와 고등학교의 학생 수가 가장 많다.

④ 학생 1인당 공교육비는 2020년까지 고등교육이 가장 많다.

**해설** ② 총공교육지출액 = 학생 1인당 공교육비 × 학생 수이다. 2018년부터 고등교육의 총공교육지출액은 감소하고 있다.

**Answer** 16.③ 17.②

**18** 다음은 국가지정 문화재 현황을 분석한 자료이다. 주어진 자료에 대한 해석으로 옳은 것은?

〈연도별 국가지정 문화재 현황〉

(단위 : 건)

| | 2018 | 2019 | 2020 | 2021 | 2022 |
|---|---|---|---|---|---|
| 계 | 3,583 | 3,622 | 3,877 | 3,940 | 3,999 |
| 국보 | 315 | 317 | 328 | 331 | 336 |
| 보물 | 1,813 | 1,842 | 2,060 | 2,107 | 2,146 |
| 사적 | 488 | 491 | 495 | 500 | 505 |
| 명승 | 109 | 109 | 109 | 110 | 112 |
| 천연기념물 | 454 | 455 | 456 | 457 | 459 |
| 국가무형문화재 | 120 | 122 | 135 | 138 | 142 |
| 국가민속문화재 | 284 | 286 | 294 | 297 | 299 |

〈2022년 행정구역별 국가지정 문화재 현황〉

| | 서울 | 경기·인천 | 강원 | 전라 | 충청 | 경상 | 제주 | 기타 |
|---|---|---|---|---|---|---|---|---|
| 계 | 1,021 | 365 | 191 | 609 | 463 | 1,172 | 86 | 92 |
| 국보 | 163 | 12 | 11 | 31 | 42 | 77 | 0 | 0 |
| 보물 | 706 | 190 | 81 | 291 | 239 | 630 | 9 | 0 |
| 사적 | 67 | 87 | 18 | 86 | 70 | 170 | 7 | 0 |
| 명승 | 3 | 5 | 25 | 28 | 13 | 29 | 9 | 0 |
| 천연기념물 | 12 | 33 | 42 | 95 | 43 | 123 | 49 | 62 |
| 국가무형문화재 | 29 | 16 | 3 | 24 | 8 | 28 | 4 | 30 |
| 국가민속문화재 | 41 | 22 | 11 | 54 | 48 | 115 | 8 | 0 |

① 2022년 수도권에서 가장 많은 문화재를 보유하고 있다.

② 2022년 전라지역의 보물 보유량은 전국 20%를 웃돈다.

③ 국가지정 문화재 중 사적이 차지하는 비중은 매년 상승하고 있다.

④ 2018년부터 2020년까지 명승에 대한 문화재 지정이 활발하게 이루어졌다.

**해설** ① 수도권 서울, 경기 · 인천 지역은 1,386건으로 가장 많은 지정 문화재를 보유하고 있다.

② 2022년 보물 국가지정 문화재는 총 2,146건이며 전라 지역의 보물은 291건이므로 291÷2,146×100 = 13.6%이다.

③ 국가지정 문화재 중 사적이 차지하는 비중은 다음과 같다.

| 2018 | 2019 | 2020 | 2021 | 2022 |
|---|---|---|---|---|
| 13.6% | 13.6% | 12.8% | 12.7% | 12.6% |

국가지정 문화재 중 사적이 차지하는 비중은 2018년 13.6%에서 2022년 12.6%로 오히려 줄었다는 것을 알 수 있다.

④ 2018년부터 2020년까지 국가지정 문화재 중 명승의 수는 증가하지 않았으므로 추가적인 지정은 이루어지지 않았음을 알 수 있다.

**Answer** 18.①

**| 19~20 | 다음은 스마트기기를 활용한 여가활동을 조사한 자료이다. 물음에 답하시오.**

〈가구소득별 스마트기기를 활용한 여가활동〉

| 가구소득 \ 여가활동 | 인터넷 | 모바일 메신저 | SNS | 게임 | TV시청 | 쇼핑 | 음악감상 | 인터넷방송 | 드라마/영화보기 |
|---|---|---|---|---|---|---|---|---|---|
| 100만 원(미만) | 22.3 | 24.9 | 17.1 | 10.4 | 5.4 | 1.5 | 4.9 | 4.7 | 1.9 |
| 100~200만 원 | 26.3 | 28.9 | 10.7 | 10.9 | 7.4 | 1.5 | 5.5 | 1.7 | 2.2 |
| 200~300만 원 | 31.8 | 19.2 | 14.8 | 13.1 | 4.6 | 4.3 | 4.2 | 1.7 | 2.9 |
| 300~400만 원 | 33 | 18.6 | 14.7 | 16.7 | 3.4 | 2.7 | 3.6 | 1.9 | 1.9 |
| 400~500만 원 | 31.9 | 16.8 | 14.8 | 14.8 | 4.6 | 4.1 | 2.6 | 2.9 | 2.6 |
| 500~600만 원 | 34.5 | 16.4 | 14.6 | 13.4 | 3.8 | 3.8 | 4.5 | 2.5 | 2.3 |
| 600만 원 이상 | 26.2 | 14.6 | 15 | 12.3 | 4.9 | 6.3 | 4 | 4.7 | 4.7 |

〈지역규모별 스마트기기를 활용한 여가 활동〉

| 지역규모 \ 여가활동 | 인터넷 | 모바일 메신저 | SNS | 게임 | TV 시청 | 쇼핑 | 음악 감상 | 인터넷 방송 | 드라마/영화보기 |
|---|---|---|---|---|---|---|---|---|---|
| 대도시 | 29.4 | 20.6 | 15.8 | 13.3 | 4.8 | 3.5 | 3.2 | 1.9 | 3.6 |
| 중소도시 | 31 | 15.1 | 13.3 | 15 | 4.9 | 4.9 | 4.3 | 3.8 | 2.4 |
| 읍면지역 | 37 | 17.4 | 14.6 | 14.3 | 2 | 2.6 | 4 | 2.3 | 0.9 |

**19** 다음 중 제시된 자료를 잘못 해석한 것은?

① 지역규모에 상관없이 인터넷 사용률이 가장 높다.

② 가구소득이 400~500만 원 미만인 집단에서 14% 이상을 차지하는 여가활동은 4가지다.

③ 각 지역규모별 조사 인원이 동일하다면 스마트기기로 게임을 하는 사람의 수는 중소도시에 가장 많다.

④ 가구소득이 100만 원 미만인 경우와 300~400만 원 미만인 경우의 두 집단에서 스마트기기로 드라마/영화를 보는 사람의 수는 서로 같다.

✔ 해설 ④ 가구소득별 인구를 알 수 없으므로 비율이 같다는 것으로 사람 수가 같다고 할 수 없다.

① 지역규모에 상관없이 스마트 기기를 활용하여 인터넷을 하는 사람의 비중이 가장 높다.

② 가구소득이 400~500만 원 미만인 집단에서 14%이상을 차지하는 여가활동은 인터넷(31.9), 모바일 메신저(16.8), SNS(14.8), 게임(14.8) 4가지다.

③ 각 지역규모별 조사 인원이 동일할 때 스마트기기로 게임을 하는 사람은 대도시(13.3), 중소도시(15), 읍면지역(14.3)으로 중소도시가 가장 많다.

**20** 가구소득이 600만 원 이상인 집단의 조사 인원이 25,000명이면, 이 집단의 모바일 메신저 활동을 즐기는 사람의 수는?

① 2,860명

② 3,400명

③ 3,650명

④ 3,830명

✔ 해설 가구소득이 600만 원 이상인 집단의 조사 인원이 25,000명이고 모바일 메신저 활동을 즐기는 사람은 14.6%이므로 $25000 \times 14.6\% = 3{,}650$(명)이다.

**Answer** 19.④ 20.③

**21** 다음은 성별 및 연령집단별 평일과 휴일 여가시간을 나타낸 자료이다. 이에 대한 설명으로 옳지 않은 것은?

〈평일과 휴일 여가시간〉

(단위 : 시간)

| | | 요일평균 | | | | 평일 | | | | 휴일 | | | |
|---|---|---|---|---|---|---|---|---|---|---|---|---|---|
| | | 2016 | 2018 | 2020 | 2022 | 2016 | 2018 | 2020 | 2022 | 2016 | 2018 | 2020 | 2022 |
| 전체 | | 3.8 | 4.2 | 3.6 | 3.9 | 3.3 | 3.6 | 3.1 | 3.3 | 5.1 | 5.8 | 5 | 5.3 |
| 성 | 남자 | 3.7 | 4 | 3.5 | 3.7 | 3.1 | 3.3 | 2.9 | 3.1 | 5.2 | 5.8 | 5.1 | 5.3 |
| | 여자 | 3.9 | 4.3 | 3.8 | 3.9 | 3.5 | 3.8 | 3.3 | 3.4 | 5 | 5.7 | 4.9 | 5.2 |
| 연령집단 | 10대 | 3.2 | 3.8 | 3.4 | 3.5 | 2.6 | 3.1 | 2.7 | 2.8 | 4.8 | 5.6 | 5.1 | 5.1 |
| | 20대 | 3.8 | 4.1 | 3.6 | 3.9 | 3.1 | 3.3 | 2.9 | 3.2 | 5.6 | 6.1 | 5.3 | 5.7 |
| | 30대 | 3.4 | 3.8 | 3.4 | 3.4 | 2.8 | 3.1 | 2.8 | 2.8 | 4.8 | 5.5 | 4.8 | 5 |
| | 40대 | 3.5 | 3.9 | 3.3 | 3.5 | 3 | 3.2 | 2.8 | 2.9 | 4.9 | 5.6 | 4.7 | 5 |
| | 50대 | 3.5 | 4.1 | 3.4 | 3.6 | 3 | 3.5 | 2.9 | 3 | 4.8 | 5.6 | 4.8 | 5.1 |
| | 60대 | 4.4 | 4.8 | 4 | 4.1 | 4.1 | 4.3 | 3.6 | 3.6 | 5.2 | 5.9 | 5.1 | 5.4 |
| | 70대 이상 | 6.1 | 5.6 | 5 | 5.1 | 5.9 | 5.3 | 4.7 | 4.8 | 6.5 | 6.5 | 5.7 | 5.8 |

※ 요일평균 여가시간 = {(평일 여가시간 × 5일) + (휴일 여가시간 × 2일)} ÷ 7일

① 10대의 휴일 여가시간은 2016년에 가장 적었다.
② 2022년도 여자의 요일평균 여가시간은 2016년도 남자의 요일평균 여가시간보다 많다.
③ 20대의 평일 여가시간은 항상 3시간 이상이었다.
④ 2020년에 70대 이상의 평일 여가시간이 가장 많았다.

**해설** ③ 20대의 평일 여가시간은 2020년 2.9시간이었다.
① 10대의 휴일 여가시간은 4.8시간으로 2016년에 가장 적었다.
② 2022년도 여자의 요일평균 여가시간은 요일평균 여가시간 = {(3.4 × 5일) + (5.2 × 2일)} ÷ 7일 = 3.9 2016년도 남자의 요일평균 여가시간은{(3.1 × 5일) + (5.2 × 2일)} ÷ 7일=3.7로 여성의 요일평균 여가시간이 더 많다.
④ 2020년에 70대 이상의 평일 여가시간이 4.7시간으로 가장 많았다.

**22** 다음은 계절별 평균 기온 변화 현황을 나타낸 자료이다. 이에 대한 해석으로 옳은 것을 모두 고른 것은?

〈계절별 평균 기온 변화 현황〉

(단위 : ℃)

| | 2014 | 2015 | 2016 | 2017 | 2018 | 2019 | 2020 | 2021 | 2022 |
|---|---|---|---|---|---|---|---|---|---|
| 년 평균 | 12.4 | | 12.4 | 13.3 | 13.1 | 13.3 | 13.7 | 12.7 | 13.4 |
| 봄 | 10.8 | 11 | 12.2 | 11.6 | 13.1 | 12.7 | 13.2 | 13 | 13.1 |
| 여름 | 24.9 | 24 | 24.7 | 25.4 | 23.6 | 23.7 | 24.8 | 24.5 | 25.4 |
| 가을 | 14.5 | 15.3 | 13.7 | 14.6 | 14.9 | 15.2 | 15.1 | 14.2 | 13.8 |
| 겨울 | −0.7 | −0.4 | −1 | 1.5 | 0.7 | 1.4 | 1.6 | −0.8 | 1.3 |

(가) 2018년~2020년 겨울의 평균 기온이 상승추이를 보인다.
(나) 2015년의 년 평균기온은 12.475℃이다.
(다) 2016년 이후 년 평균기온이 계속 상승하고 있다.
(라) 여름 평균 기온 중 2017년과 2022년의 평균 기온이 가장 높다.

① (가), (나)
② (나), (다)
③ (가), (나), (다)
④ (가), (나), (라)

**해설** (가) 2018년~2020년 겨울의 평균 기온은 0.7→1.4→1.6으로 상승추이를 보인다.(O)

(나) 2015년의 년 평균기온은 $\frac{11+24+15.3+(-0.4)}{4}=12.475$로 12.475℃이다.(O)

(라) 여름 평균 기온 중 2017년과 2022년의 평균 기온이 25.4℃로 가장 높다.(O)

(다) 2016년 이후 년 평균기온은 12.4→13.3→13.1→13.3→13.7→12.7→13.4로 계속 상승한다고 볼 수 없다.(X)

**Answer** 21.③ 22.④

**23** 다음은 품목성질별 소비자물가지수에 관한 자료이다. 이에 대한 설명으로 옳지 않은 것은?

| 품목성질별 | 2022. 04 | 2022. 05 | 2022. 06 | 2022. 07 | 2022. 08 | 2022. 09 |
|---|---|---|---|---|---|---|
| 총지수 | 104.87 | 105.05 | 104.88 | 104.56 | 104.81 | 105.20 |
| 상품 | 102.40 | 102.75 | 102.40 | 101.41 | 101.66 | 103.26 |
| 농축수산물 | 112.93 | 111.54 | 109.36 | 107.82 | 109.54 | 114.74 |
| 공업제품 | 101.80 | 102.57 | 102.57 | 102.23 | 102.20 | 102.41 |
| 전기 · 수도 · 가스 | 88.62 | 88.62 | 88.62 | 83.41 | 83.54 | 89.97 |
| 서비스 | 106.90 | 106.94 | 106.91 | 107.16 | 107.40 | 106.77 |
| 집세 | 104.10 | 104.07 | 104.00 | 103.98 | 103.95 | 103.95 |
| 공공서비스 | 102.47 | 102.54 | 102.50 | 102.54 | 102.59 | 101.25 |
| 개인서비스 | 109.79 | 109.85 | 109.84 | 110.26 | 110.66 | 110.18 |

① 상품의 소비자물가지수는 꾸준히 증가했다.

② 총지수가 가장 높았던 때는 2022년 9월이다.

③ 2022년 8월에 개인서비스의 소비자물가지수가 가장 높았다.

④ 소비자물가지수가 가장 낮은 시기는 상품의 경우 2022년 7월이고 서비스의 경우 2022년 9월이다.

✔ 해설 ① 상품의 소비자물가지수는 2022년 6월, 7월에는 이전 달 대비 감소했다.

② 2022년 9월은 총지수가 105.20으로 가장 높다.

③ 2022년 8월에 개인서비스의 소비자물가지수가 110.66으로 가장 높다.

④ 소비자물가지수가 가장 낮은 시기는 상품의 경우 2022년 7월(101.41)이고 서비스의 경우 2022년 9월(106.77)이다.

**｜24~25｜ 다음은 종목별 자격시험 현황에 관한 자료이다. 물음에 답하시오.**

〈종목별 자격시험 현황〉

(단위 : 명, %)

| | 필기접수 | 필기응시 | 필기합격 | 필기 합격률 | 실기접수 | 실기응시 | 실기합격 |
|---|---|---|---|---|---|---|---|
| 계 | 2,487,769 | 1,993,273 | 875,145 | 43.9 | 1,694,058 | 1,493,474 | 665,900 |
| 기술사 | 23,450 | 19,327 | 2,056 | 10.6 | 3,184 | 3,173 | 1,919 |
| 기능장 | 24,533 | 21,651 | 9,903 | 45.7 | 17,661 | 16,390 | 4,862 |
| 기사 | 476,572 | 345,833 | 135,170 | 39.1 | 247,097 | 210,000 | 89,380 |
| 산업기사 | 274,220 | 210,814 | 78,209 | 37.1 | 119,178 | 101,949 | 49,993 |
| 기능사 | 1,091,646 | 916,224 | 423,269 | 46.2 | 828,704 | 752,202 | 380,198 |

**24** 주어진 자료에 대한 설명으로 옳지 않은 것은?

① 기능사 필기응시 인원이 전체 필기응시 인원의 50%에 못 미친다.
② 필기 접수자 중 기사 자격시험의 접수자가 가장 많다.
③ 필기시험 접수자 중에서 필기 미응시 인원은 기능사가 가장 많다.
④ 필기응시 인원이 가장 적은 시험이 실기 미응시 인원도 가장 적다.

**해설** ② 필기 접수자 중 기능사 자격시험의 접수자가 1,091,646명으로 가장 많다.
① 전체 필기 응시인원 대비 기능사 필기응시 인원은 916,224÷1,993,273×100=약 46%로 50%에 못 미친다.
③ 필기시험 접수자 중에서 필기 미응시 인원은 175,422명으로 기능사 자격시험이 가장 많다.
④ 필기응시 인원이 가장 적은 시험은 기술사 시험이며, 기술사 실기 시험의 미응시 인원은 11명으로 가장 적다.

**Answer** 23.① 24.②

**25** 다음 중 실기 합격률이 가장 높은 시험과 두 번째로 높은 시험을 순서대로 나열한 것은?(단 계산은 소수점 둘째자리에서 반올림한다)

① 기술사, 기능사

② 기능사, 산업기사

③ 기술사, 기사

④ 기능사, 기능장

✔ 해설 실기합격률을 계산하면 다음과 같다.

기술사 : 1,919÷3,173×100=60.5%

기능장 : 4,862÷16,390×100=29.7%

기사 : 89,380÷210,000×100=42.6%

산업기사 : 49,993÷101,949×100=49.0%

기능사 : 380,198÷752,202×100=50.5%

따라서, 기술사와 기능사의 실기합격률이 1, 2위이다.

**26** 다음은 2008~2010년 정보통신 기술분야 예산 신청금액과 확정금액에 대한 자료이다. 이를 바탕으로 작성한 그래프 중 옳지 않은 것은?

(단위 : 억 원)

| 연도 | 2008 | | 2009 | | 2010 | |
|---|---|---|---|---|---|---|
| 기술분야 \ 구분 | 신청 | 확정 | 신청 | 확정 | 신청 | 확정 |
| 네트워크 | 1,179 | 1,112 | 1,098 | 1,082 | 1,524 | 950 |
| 이동통신 | 1,769 | 1,629 | 1,627 | 1,227 | 1,493 | 805 |
| 메모리반도체 | 652 | 478 | 723 | 409 | 746 | 371 |
| 방송장비 | 892 | 720 | 1,052 | 740 | 967 | 983 |
| 디스플레이 | 443 | 294 | 548 | 324 | 691 | 288 |
| LED | 602 | 217 | 602 | 356 | 584 | 256 |
| 차세대컴퓨팅 | 207 | 199 | 206 | 195 | 295 | 188 |
| 시스템반도체 | 233 | 146 | 319 | 185 | 463 | 183 |
| RFID | 226 | 125 | 276 | 145 | 348 | 133 |
| 3D 장비 | 115 | 54 | 113 | 62 | 136 | 149 |
| 전체 | 6,318 | 5,024 | 6,564 | 4,725 | 7,247 | 4,300 |

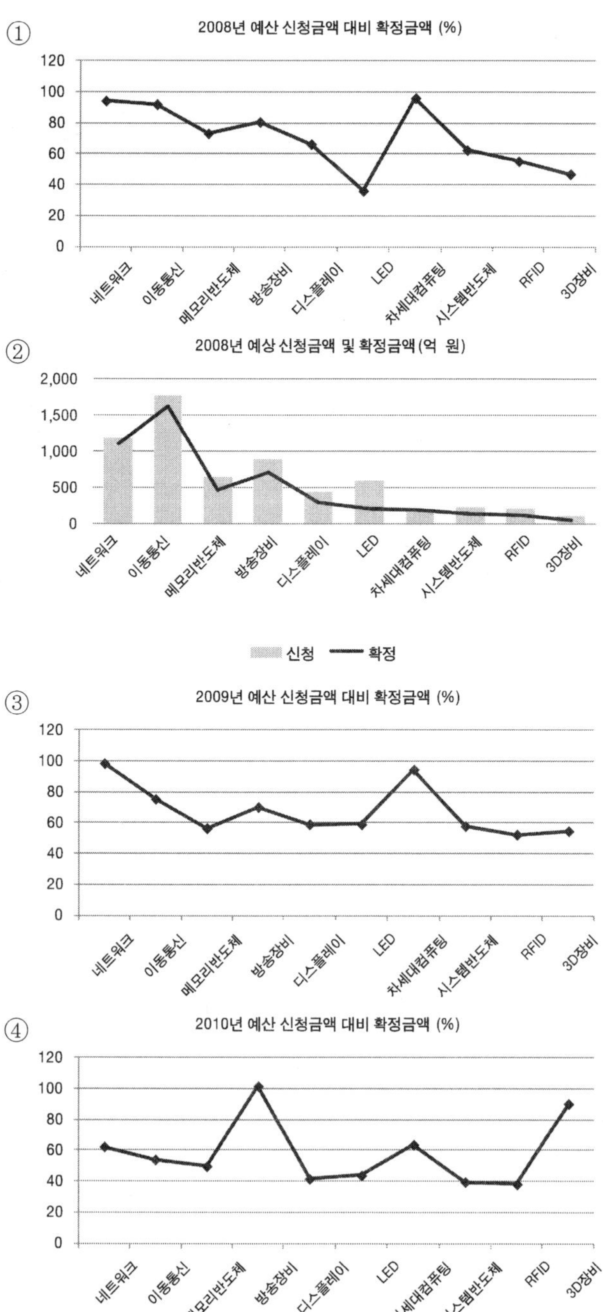


**해설** ④ 2010년 3D 장비 부문에서 확정금액이 신청금액보다 많으므로 100% 이상이어야 한다.

**Answer** 25.① 26.④

**27** 다음은 1921~1930년 우리나라의 대일무역 현황을 나타낸 자료이다. 이를 바탕으로 작성한 그래프 중 옳지 않은 것은?

| 연도 | 대일 수출액(천엔) | 대일 수입액(천엔) | 대일 무역총액(천엔) | 대일 무역총액지수 | 국내총생산 (천엔) |
|---|---|---|---|---|---|
| 1921 | 197 | 156 | 353 | 100 | 1,299 |
| 1922 | 197 | 160 | 357 | 101 | 1,432 |
| 1923 | 241 | 167 | 408 | 116 | 1,435 |
| 1924 | 306 | 221 | 527 | 149 | 1,573 |
| 1925 | 317 | 234 | 551 | 156 | 1,632 |
| 1926 | 338 | 248 | 586 | 166 | 1,601 |
| 1927 | 330 | 269 | 599 | 170 | 1,606 |
| 1928 | 333 | 295 | 628 | 178 | 1,529 |
| 1929 | 309 | 315 | 624 | 177 | 1,483 |
| 1930 | 240 | 278 | 518 | 147 | 1,158 |

※ 대일무역총액지수 $= \frac{\text{당해년도 대일무역총액}}{\text{1921년 대일무역총액}} \times 100$

①

②

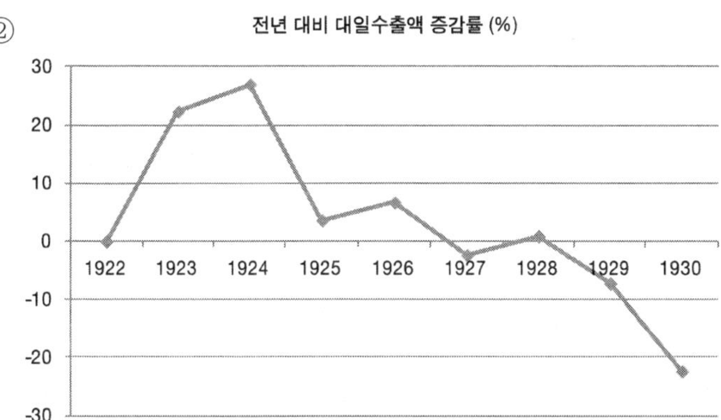


③

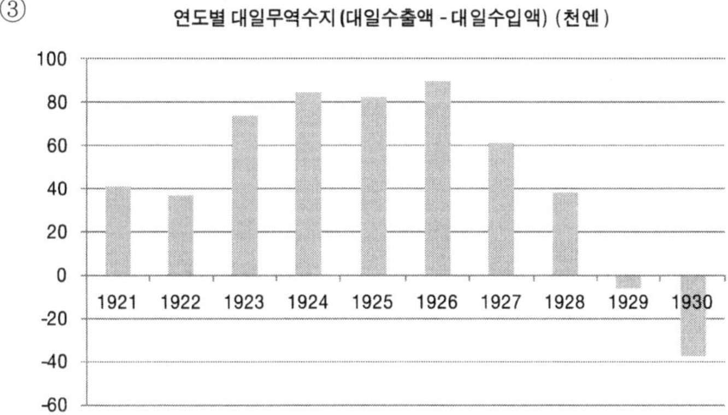


④

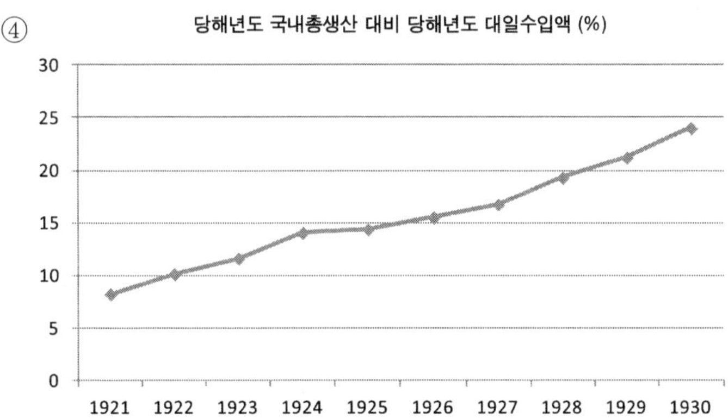


**해설** ④ 국내총생산 대비 당해년도 대일수입액

1921년 : $\frac{156}{1299} \times 100 \fallingdotseq 12.00(\%)$, 1922년 : $\frac{160}{1432} \times 100 \fallingdotseq 11.17(\%)$, …

**Answer** 27.④

**▌28~29▐** 다음 자료는 2월 공항별 운항 및 수송현황에 관한 자료이다. 물음에 답하시오.

| 공항＼구분 | 운항편수(편) | 여객수(천명) | 화물량(톤) |
|---|---|---|---|
| 인천 | 20,818 | 3,076 | 249,076 |
| 김포 | 11,924 | 1,836 | 21,512 |
| 김해 | 6,406 | ( ㉠ ) | 10,279 |
| 제주 | 11,204 | 1,820 | 21,137 |
| 청주 | ( ㉡ ) | 108 | 1,582 |
| 광주 | 944 | 129 | 1,290 |
| 대구 | 771 | 121 | 1,413 |
| 전체 | 52,822 | 7,924 | 306,289 |

**28** 위의 자료에 대한 설명으로 옳지 않은 것은?

① 김포공항의 여객수와 제주항공의 여객수의 합은 인천공항의 여객수보다 많다.

② 김포공항의 화물량은 김해공항의 화물량의 2배 이상이다.

③ 인천공항의 화물량은 전체 화물량의 80% 이상을 차지한다.

④ ㉡에 들어갈 수는 655이다.

✔ 해설 52,822－20,818－11,924－6,406－11,204－944－771＝755

**29** 위의 자료에서 ㉠에 알맞은 수는?

① 830　　② 834

③ 838　　④ 842

✔ 해설 7,924－3,076－1,836－1,820－108－129－121＝834

**30** 다음은 지하가 없는 동일한 바닥면적을 가진 건물들에 관한 사항이다. 이 중 층수가 가장 높은 건물은?

| 건물 | 대지면적 | 연면적 | 건폐율 |
|---|---|---|---|
| A | $400m^2$ | $1,200m^2$ | 50% |
| B | $300m^2$ | $840m^2$ | 70% |
| C | $300m^2$ | $1,260m^2$ | 60% |
| D | $400m^2$ | $1,440m^2$ | 60% |

※ 건축면적 $= \frac{\text{건폐율} \times \text{대지면적}}{100(\%)}$, 층수 $= \frac{\text{연면적}}{\text{건축면적}}$

① A　　② B

③ C　　④ D

해설 층수 $= \frac{\text{연면적}}{\text{건축면적}} = \frac{\text{연면적} \times 100(\%)}{\text{건폐율} \times \text{대지면적}}$

㉠ A의 층수 : $\frac{1,200m^2 \times 100\%}{50\% \times 400m^2} = 6$층

㉡ B의 층수 : $\frac{840m^2 \times 100\%}{70\% \times 300m^2} = 4$층

㉢ C의 층수 : $\frac{1,260m^2 \times 100\%}{60\% \times 300m^2} = 7$층

㉣ D의 층수 : $\frac{1,440m^2 \times 100\%}{60\% \times 400m^2} = 6$층

**Answer** 28.④ 29.② 30.③

**31** 다음 표는 A고교의 교내 동아리별 학생 수를 나타낸 것이다. 도서반의 전년대비 증가율이 2021년과 2022년이 같을 때, 2022년의 도서반 학생 수를 고르면? (단, 각 동아리는 고1, 고2만으로 구성되어 있으며, 증가율은 소수 둘째 자리, 학생 수는 소수 첫째 자리에서 반올림한다)

| 동아리 명 | 2019년 | 2020년 | 2021년 | 2022년 |
|---|---|---|---|---|
| 방송반 | 17 | 17 | 16 | 18 |
| 화학반 | 21 | 22 | 20 | 19 |
| RCY | 32 | 35 | 36 | 38 |
| 도서반 | 29 | 20 | 30 | |

① 45명　② 46명
③ 47명　④ 48명

**해설**　㉠ 전년대비 2021년 도서반 학생 수의 증가율은, $\frac{30-20}{20}\times100=50\%$

㉡ 2022년 도서반 학생 수를 $x$라 하면, $\frac{x-30}{30}\times100=50\%$

$\therefore x=45$명

**32** 다음은 어떤 학교 학생의 학교에서 집까지의 거리를 조사한 결과이다. ㉠과 ㉡에 들어갈 수로 옳은 것은? (조사결과는 학교에서 집까지의 거리가 1km 미만인 사람과 1km 이상인 사람으로 나눠서 표시함)

| 성별 | 1km 미만 | 1km 이상 | 합계 |
|---|---|---|---|
| 남성 | 〔　〕(　%) | 168 (㉠%) | 240(100%) |
| 여성 | 〔㉡〕(36%) | 〔　〕(64%) | 200(100%) |

| | ㉠ | ㉡ |
|---|---|---|
| ① | 60 | 70 |
| ② | 60 | 72 |
| ③ | 70 | 70 |
| ④ | 70 | 72 |

**해설**　㉠ $\frac{168}{240}\times100=70(\%)$

㉡ $200\times0.36=72$(명)

**▎33~34▎ 다음 자료는 2018~2022년 커피 수입 현황에 대한 자료이다. 물음에 답하시오.**

(단위 : 톤, 천달러)

| 구분 \ 연도 | | 2018 | 2019 | 2020 | 2021 | 2022 |
|---|---|---|---|---|---|---|
| 생두 | 중량 | 97.8 | 96.9 | 107.2 | 116.4 | 100.2 |
| | 금액 | 252.1 | 234.0 | 316.1 | 528.1 | 365.4 |
| 원두 | 중량 | 3.1 | 3.5 | 4.5 | 5.4 | 5.4 |
| | 금액 | 37.1 | 42.2 | 55.5 | 90.5 | 109.8 |
| 커피 조제품 | 중량 | 6.3 | 5.0 | 5.5 | 8.5 | 8.9 |
| | 금액 | 42.1 | 34.6 | 44.4 | 98.8 | 122.4 |

**33** 위 표에 대한 설명으로 옳지 않은 것은?

① 원두의 수입금액은 매년 증가하고 있다.
② 생두의 수입금액은 매년 증가하다가 2022년에 감소하였다.
③ 2022년 생두의 수입금액은 원두의 수입금액의 3배 이상이다.
④ 2021년의 커피조제품 수입금액은 전년도의 두 배 이상이다.

✔해설 ② 생두의 수입금액은 2019년에 감소하였다.

**34** 위 표의 2018~2021년 중에서 원두의 수입단가가 가장 높은 해는? (수입단가 $= \frac{\text{금액}}{\text{중량}}$)

① 2018년 ② 2019년
③ 2020년 ④ 2021년

✔해설
① 2018년 : $\frac{37.1}{3.1} = 11.96$ ② 2019년 : $\frac{42.2}{3.5} = 12.05$
③ 2020년 : $\frac{55.5}{4.5} = 12.33$ ④ 2021년 : $\frac{90.5}{5.4} = 16.75$

**Answer** 31.① 32.④ 33.② 34.④

**35** 다음 자료는 동일한 산업에 속한 각 기업의 경영현황에 관한 것이다. A~D 기업 중에서 자기자본 대비 자산비율이 가장 큰 기업은?

(단위 : 억 원)

| 기업 | 자기자본 | 자산 | 매출액 | 순이익 |
|---|---|---|---|---|
| A | 500 | 1,200 | 1,200 | 48 |
| B | 400 | 600 | 800 | 80 |
| C | 1,200 | 2,400 | 1,800 | 72 |
| D | 600 | 1,200 | 1,000 | 36 |
| E | 200 | 800 | 1,400 | 28 |
| 산업평균 | 650 | 1,500 | 1,100 | 60 |

① A　　② B
③ C　　④ D

✔ 해설

① $A=\frac{1,200}{500}=2.4$　　② $B=\frac{600}{400}=1.5$

③ $C=\frac{2,400}{1,200}=2$　　④ $D=\frac{1,200}{600}=2$

**▎36~37 ▎ 다음은 ㈜서원각의 신입사원 300명을 대상으로 어떤 스포츠 종목에 관심이 있는지 조사한 표이다. 물음에 답하시오.**

| 스포츠 종목 | 비율 | 스포츠 종목 | 비율 |
|---|---|---|---|
| 야구 | 30% | 축구와 농구 | 7% |
| 농구 | 20% | 야구와 축구 | 9% |
| 축구 | 25% | 농구와 야구 | 6% |
| – | – | 야구, 농구, 축구 | 3% |

**36** 두 종목 이상에 관심이 있는 사원수는?

① 25명　　② 50명
③ 75명　　④ 100명

✔ 해설 (7%+9%+6%+3%)×300 = 75(명)

**37** 세 종목 이상에 관심이 있는 사원수는?

① 9명 ② 19명
③ 21명 ④ 30명

✔ 해설 0.03×300 = 9(명)

**| 38~39 | 다음은 A, B, C 세 제품의 가격, 월 전기료 및 관리비용을 나타낸 표이다. 물음에 답하시오.**

| 분류 | 가격 | 월 전기료 | 월 관리비 |
|---|---|---|---|
| A 제품 | 300만 원 | 3만 원 | 1만 원 |
| B 제품 | 270만 원 | 4만 원 | 1만 원 |
| C 제품 | 240만 원 | 3만 원 | 2만 원 |

**38** 제품 구입 후 1년을 사용했다고 가정했을 경우 총 지불액이 가장 높은 제품은? (단, 총 지불금액은 제품의 가격을 포함한다)

① A ② B
③ C ④ 모두 같음

✔ 해설 A = 3,000,000+(30,000+10,000)×12 = 3,480,000(원)
B = 2,700,000+(40,000+10,000)×12 = 3,300,000(원)
C = 2,400,000+(30,000+20,000)×12 = 3,000,000(원)

**Answer** 35.① 36.③ 37.① 38.①

**39** A제품을 구입할 경우, 3년 동안 B나 C 제품에 비해 얼마를 절약할 수 있는가? (단, 제품가격은 고려하지 않는다.)

① 36만 원
② 25만 원
③ 34만 원
④ 33만 원

✔ 해설 3년 간 들어가는 전기료와 관리비를 계산하면
A = (30,000+10,000)×36 = 1,440,000(원)
B = (40,000+10,000)×36 = 1,800,000(원)
C = (30,000+20,000)×36 = 1,800,000(원)
따라서 B에 비해 360,000, C에 비해 360,000원을 절약할 수 있다.

**┃40~41┃ 다음은 영희네 반 영어시험의 점수분포도이다. 물음에 답하시오.**

| 점수(점) | 0~20 | 20~40 | 40~60 | 60~80 | 80~90 | 90~100 | 합계 |
|---|---|---|---|---|---|---|---|
| 인원수(명) | 3 | ㉠ | 15 | 24 | ㉡ | 3 | 60 |
| 상대도수 | 0.050 | 0.15 | 0.250 | 0.400 | – | 0.050 | 1 |

**40** 다음 중 ㉠에 알맞은 수는?

① 6명
② 9명
③ 15명
④ 20명

✔ 해설 0.15×60 = 9(명)

**41** 다음 중 ㉡에 알맞은 수는?

① 3명 ② 4명

③ 5명 ④ 6명

✔해설 60 − (3 + 9 + 15 + 24 + 3) = 6(명)

**42** 서울시 유료 도로에 대한 자료이다. 산업용 도로 3km의 건설비는 얼마가 되는가?

| 분류 | 도로수 | 총길이 | 건설비 |
|---|---|---|---|
| 관광용 도로 | 5 | 30km | 30억 원 |
| 산업용 도로 | 7 | 55km | 300억 원 |
| 산업관광용 도로 | 9 | 198km | 400억 원 |
| 합계 | 21 | 283km | 730억 원 |

① 약 5.5억 원 ② 약 11억 원

③ 약 16.5억 원 ④ 약 22억 원

✔해설 300 ÷ 55 = 5.45≒5.5(억 원)이고 3km이므로 5.5×3 = 약 16.5(억 원)

Answer 39.① 40.② 41.④ 42.③

**| 43~44 | 다음 표는 국제결혼 건수에 관한 표이다. 물음에 답하시오.**

(단위 : 명)

| 구분<br>연도 | 총 결혼건수 | 국제 결혼건수 | 외국인 아내건수 | 외국인 남편건수 |
|---|---|---|---|---|
| 2006 | 399,312 | 4,710 | 619 | 4,091 |
| 2010 | 393,121 | 6,616 | 3,072 | 3,544 |
| 2014 | 375,616 | 12,188 | 8,054 | 4,134 |
| 2018 | 306,573 | 15,193 | 11,017 | 4,896 |
| 2022 | 332,752 | 39,690 | 30,208 | 9,482 |

**43** 다음 중 표에 관한 설명으로 가장 적절한 것은?

① 외국인과의 결혼 비율이 점점 감소하고 있다.

② 2018년 이전에는 총 결혼건수가 증가 추세에 있었다.

③ 총 결혼건수 중 국제 결혼건수가 차지하는 비율이 증가 추세에 있다.

④ 한국 남자와 외국인 여자의 결혼건수 증가율과 한국 여자와 외국인 남자의 결혼건수 증가율이 비슷하다.

**해설** ① 외국인과의 결혼 비율은 점점 증가하고 있다.

② 2006년부터 2014년까지는 총 결혼건수가 감소하고 있었다.

④ 한국 남자와 외국인 여자의 결혼건수 증가율이 한국 여자와 외국인 남자의 결혼건수 증가율보다 훨씬 높다.

**44** 다음 중 총 결혼건수 중 국제 결혼건수의 비율이 가장 높았던 해는 언제인가?

① 2006년 ② 2010년

③ 2014년 ④ 2018년

**해설**

① 2006년 : $\frac{4,710}{399,312} \times 100 \fallingdotseq 1.18(\%)$

② 2010년 : $\frac{6,616}{399,121} \times 100 \fallingdotseq 1.68(\%)$

③ 2014년 : $\frac{12,188}{375,616} \times 100 \fallingdotseq 3.24(\%)$

④ 2018년 : $\frac{15,193}{306,573} \times 100 \fallingdotseq 4.96(\%)$

**Ⅰ45~46Ⅰ 다음 표는 북한산 둘레길 코스에 관한 자료이다. 다음 질문에 답하시오.**

| 구분 | 편도 거리(올라갈 때) | 걸린 시간 | 평균 속도 |
|---|---|---|---|
| A코스 | 5km | 1시간 15분 | 4km/h |
| B코스 | 4km | (　　) | $\frac{8}{3}$km/h |
| C코스 | 5km | 1시간 45분 | $\frac{20}{7}$km/h |
| D코스 | 6km | 1시간 30분 | 4km/h |

* 내려올 때는 올라간 속도의 1.5배 속력으로 내려온다.

**45** 다음 중 괄호 안에 들어갈 수로 알맞은 것을 고르면?

① 1시간　　② 1시간 15분
③ 1시간 30분　　④ 1시간 45분

$\frac{4}{x}=\frac{8}{3}$

$8x=12$

$\therefore x=1.5$

**46** 모든 코스는 정상과 연결되어 있다고 할 때, 다음 왕복 코스 중 가장 빨리 도착하는 코스를 고르면?

① A − B코스　　② B − A코스
③ C − D코스　　④ D − C코스

| 구분 | 편도 거리 (올라갈 때) | 걸린 시간 (올라갈 때) | 평균 속도 (올라갈 때) | 평균 속도 (내려갈 때) | 걸린 시간 (내려갈 때) |
|---|---|---|---|---|---|
| A코스 | 5km | 75분 | 4km/h | 6km/h | 50분 |
| B코스 | 4km | 90분 | $\frac{8}{3}$km/h | 4km/h | 60분 |
| C코스 | 5km | 105분 | $\frac{20}{7}$km/h | 4.3km/h | 70분 |
| D코스 | 6km | 90분 | 4km/h | 6km/h | 60분 |

① A − B코스 : $75+60=135$(분)

② B − A코스 : $90+50=140$(분)

③ C − D코스 : $105+60=165$(분)

④ D − C코스 : $90+70=160$(분)

**Answer** 43.③ 44.④ 45.③ 46.①

**47** 아래의 도표에 대한 올바른 분석을 다음 〈보기〉에서 모두 고른 것은 어느 것인가?

〈연도별 교통사고 발생건수 현황〉

(단위 : 건)

| 연도 | 구분 | 교통사고 발생건수 | | |
|---|---|---|---|---|
| | | 합계 | 서울 | 경기 |
| 2018 | 계 | 3,937 | 1,663 | 2,274 |
| | 시내버스 | 3,390 | 1,451 | 1,939 |
| | 시외버스 | 547 | 212 | 335 |
| 2019 | 계 | 4,139 | 1,630 | 2,509 |
| | 시내버스 | 3,578 | 1,413 | 2,165 |
| | 시외버스 | 561 | 217 | 344 |
| 2020 | 계 | 4,173 | 1,727 | 2,446 |
| | 시내버스 | 3,670 | 1,507 | 2,163 |
| | 시외버스 | 503 | 220 | 283 |
| 2021 | 계 | 4,234 | 1,681 | 2,553 |
| | 시내버스 | 3,723 | 1,451 | 2,272 |
| | 시외버스 | 511 | 230 | 281 |
| 2022 | 계 | 4,401 | 1,615 | 2,786 |
| | 시내버스 | 3,859 | 1,412 | 2,447 |
| | 시외버스 | 542 | 203 | 339 |

〈보기〉

㉠ 2018~2022년 동안 전체 교통사고 발생 건수는 지속적으로 증가하였다.

㉡ 경기 지역의 2018~2022년의 연간 평균 시외버스 교통사고 발생건수는 300건이 넘는다.

㉢ 2022년의 시외버스 사고건수 1건당 시내버스 사고건수는 서울지역이 더 많다.

㉣ 전체 사고건수 중 시외버스가 차지하는 비율은 2018~2022년 동안 모두 2%p 이내의 차이를 보인다.

① ㉡, ㉢, ㉣　　② ㉠, ㉡, ㉢

③ ㉠, ㉢, ㉣　　④ ㉠, ㉡, ㉣

**해설** ㉠ 3,937 → 4,139 → 4,173 → 4,234 → 4,401건으로 지속적으로 증가하였다.
㉡ (335+344+283+281+339)÷5=316.4건이다.
㉢ 서울은 1,412÷203=약 6.96건이며, 경기는 2,447÷339=약 7.22건으로 경기가 더 많다.
㉣ 연도별 비율은 각각 547÷3,937×100=약 13.9%, 561÷4,139×100=약 13.6%, 503÷ 4,73×100=약 12.1%, 511÷4,234×100=약 12.1%, 542÷4,401×100=약 12.3%로 모두 12.1~13.9% 이내이므로 비율의 차이는 2%p 이내이다.

**▌48~49▌ 아래 두 표는 A, B 두 목격자의 도주자 성별에 대한 판정의 정확성을 정리한 것이다. 다음 물음에 답하시오.**

A 목격자

| 실제성별 \ A의 결정 | 여자 | 남자 | 합 |
|---|---|---|---|
| 여자 | 35 | 15 | 50 |
| 남자 | 25 | 25 | 50 |
| 합 | 60 | 40 | 100 |

B 목격자

| 실제성별 \ B의 결정 | 여자 | 남자 | 합 |
|---|---|---|---|
| 여자 | 20 | 30 | 50 |
| 남자 | 5 | 45 | 50 |
| 합 | 25 | 75 | 100 |

**48** B 목격자의 여성 도주자에 대한 판정 성공률은?

① 20%
② 30%
③ 40%
④ 80%

**해설** B의 여성 도주자에 대한 결정 중에서 20%만이 정확했으므로

$\therefore \frac{20}{50} \times 100 = 40(\%)$

**Answer** 47.④ 48.③

**49** 다음 기술 중 옳은 것을 모두 고르면?

> ㉠ 전체 판정성공률은 B가 A보다 높다.
> ㉡ 실제 도주자가 여성일 때 판정성공률은 B가 A보다 높다.
> ㉢ 실제 도주자가 남성일 때 판정성공률은 B가 A보다 높다.
> ㉣ A, B 모두 여성 도주자에 대한 판정성공률이 남성 도주자에 대한 판정성공률보다 높다.

① ㉠
② ㉠㉢
③ ㉠㉡㉢
④ ㉡㉢㉣

**✔ 해설** ㉠ 전체 판정성공률

- A : $\frac{35+25}{100}=60(\%)$
- B : $\frac{20+45}{100}=65(\%)$

∴ $A < B$

㉡ 실제 도주자가 여성일 때 판정성공률

- A : $\frac{35}{50}\times 100=70(\%)$
- B : $\frac{20}{50}\times 100=40(\%)$

∴ $A > B$

㉢ 실제 도주자가 남성일 때 판정성공률

- A : $\frac{25}{50}\times 100=50(\%)$
- B : $\frac{45}{50}\times 100=90(\%)$

∴ $A < B$

㉣ ㉡㉢에서 보면 A는 여성 도주자에 대한 판정성공률이 높고, B는 남성 도주자에 대한 판정성공률이 높다는 것을 알 수 있다.

**▌50~51▐** 다음은 60대 인구의 여가활동 목적추이를 나타낸 표(단위 : %)이고, 그래프는 60대 인구의 여가활동 특성(단위 : %)에 관한 것이다. 자료를 보고 물음에 답하시오.

| 여가활동 목적 | 2020 | 2021 | 2022 |
|---|---|---|---|
| 개인의 즐거움 | 21 | 22 | 19 |
| 건강 | 26 | 31 | 31 |
| 스트레스 해소 | 11 | 7 | 8 |
| 마음의 안정과 휴식 | 15 | 15 | 13 |
| 시간 때우기 | 6 | 6 | 7 |
| 자기발전 자기계발 | 6 | 4 | 4 |
| 대인관계 교제 | 14 | 12 | 12 |
| 자아실현 자아만족 | 2 | 2 | 4 |
| 가족친목 | 0 | 0 | 1 |
| 정보습득 | 0 | 0 | 0 |

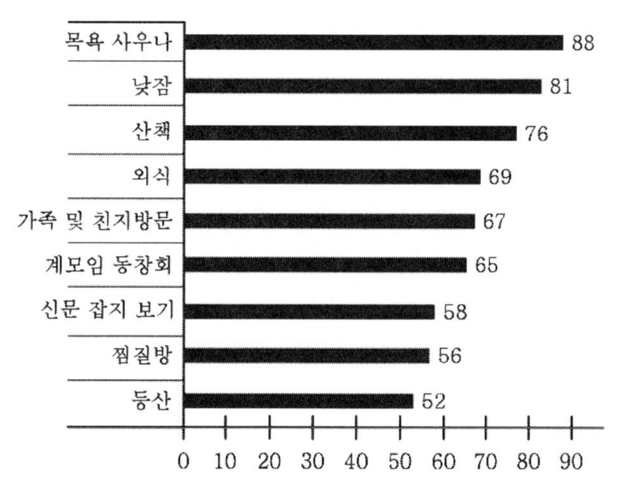


**Answer** 49.②

**50** 앞의 자료에 대한 설명으로 올바른 것은?

① 60대 인구 대부분은 스트레스 해소를 위해 목욕 · 사우나를 한다.
② 60대 인구가 가족 친목을 위해 여가시간을 보내는 비중은 정보습득을 위해 여가시간을 보내는 비중만큼이나 작다.
③ 60대 인구가 여가활동을 건강을 위해 보내는 추이가 점차 감소하고 있다.
④ 여가활동을 낮잠으로 보내는 비율이 60대 인구의 여가활동 가운데 가장 높다.

✔ 해설 ① 제시된 자료로는 60대 인구가 스트레스 해소로 목욕 · 사우나를 하는지 알 수 없다.
③ 60대 인구가 여가활동을 건강을 위해 보내는 비중이 2021년에 증가하였고 2022년은 전년과 동일한 비중을 차지하였다.
④ 여가활동을 목욕 · 사우나로 보내는 비율이 60대 인구의 여가활동 가운데 가장 높다.

**51** 60대 인구가 25만 명이라면 여가활동으로 등산을 하는 인구는 몇 명인가?

① 13만 명
② 15만 명
③ 16만 명
④ 17만 명

✔ 해설 $\frac{x}{25\text{만}} \times 100 = 52\%$

$x = 13\text{만 명}$

**Ⅰ52~54Ⅰ** 〈표 1〉은 대재이상 학력자의 3개월간 일반도서 구입량에 대한 표이고 〈표 2〉는 20대 이하 인구의 3개월간 일반도서 구입량에 대한 표이다. 물음에 답하시오.

〈표 1〉 대재이상 학력자의 3개월간 일반도서 구입량

| | 2019년 | 2020년 | 2021년 | 2022년 |
|---|---|---|---|---|
| 사례 수 | 255 | 255 | 244 | 244 |
| 없음 | 41% | 48% | 44% | 45% |
| 1권 | 16% | 10% | 17% | 18% |
| 2권 | 12% | 14% | 13% | 16% |
| 3권 | 10% | 6% | 10% | 8% |
| 4~6권 | 13% | 13% | 13% | 8% |
| 7권 이상 | 8% | 8% | 3% | 5% |

〈표 2〉 20대 이하 인구의 3개월간 일반도서 구입량

| | 2019년 | 2020년 | 2021년 | 2022년 |
|---|---|---|---|---|
| 사례 수 | 491 | 545 | 494 | 481 |
| 없음 | 31% | 43% | 39% | 46% |
| 1권 | 15% | 10% | 19% | 16% |
| 2권 | 13% | 16% | 15% | 17% |
| 3권 | 14% | 10% | 10% | 7% |
| 4~6권 | 17% | 12% | 13% | 9% |
| 7권 이상 | 10% | 8% | 4% | 5% |

**52** 2020년 20대 이하 인구의 3개월간 일반도서 구입량이 1권 이하인 사례는 몇 건인가? (소수 첫째자리에서 반올림할 것)

① 268건　　② 278건
③ 289건　　④ 정답 없음

**해설** 545×(0.43 + 0.1) = 288.85 → 289건

**Answer** 50.② 51.① 52.③

**53** 2021년 대제이상 학력자의 3개월간 일반도서 구입량이 7권 이상인 경우의 사례는 몇 건인가? (소수 둘째자리에서 반올림할 것)

① 7.3건 ② 7.4건

③ 7.5건 ④ 7.6건

해설 244 × 0.03 = 7.32건

**54** 위 표에 대한 설명으로 옳지 않은 것은?

① 20대 이하 인구가 3개월간 1권 이상 구입한 일반도서량은 해마다 증가하고 있다.

② 20대 이하 인구가 3개월간 일반도서 7권 이상 읽은 비중이 가장 낮다.

③ 20대 이하 인구가 3권 이상 6권 이하로 일반도서 구입하는 량은 해마다 감소하고 있다.

④ 대재이상 학력자가 3개월간 일반도서 1권 구입하는 것보다 한 번도 구입한 적이 없는 경우가 더 많다.

해설 ① 20대 이하 인구가 3개월간 1권 이상 구입한 일반도서량은 2020년과 2022년은 전년에 비해 감소했다.

※ 자료 해석에 있어 구별해야 할 용어

㉠ 대체로/일반적으로 증가(감소)한다

㉡ 해마다/지속적으로/꾸준히 증가(감소)한다

㉢ 증감이 반복된다/경향성을 예측할 수 없다

㉣ 자료를 통하여 판단하기 어렵다/알 수 없다

**| 55~56 |** 다음 두 자료는 일제강점기 중 1930~1936년 소작쟁의 현황에 관한 자료이다. 두 표를 보고 물음에 답하시오.

〈표1〉 소작쟁의 참여인원

(단위 : 명)

| 구분 \ 연도 | 1930 | 1931 | 1932 | 1933 | 1934 | 1935 | 1936 |
|---|---|---|---|---|---|---|---|
| 지주 | 860 | 1,045 | 359 | 1,693 | 6,090 | 22,842 | 29,673 |
| 마름 | 0 | 0 | 0 | 586 | 1,767 | 3,958 | 3,262 |
| 소작인 | 12,151 | 9,237 | 4,327 | 8,058 | 14,597 | 32,219 | 39,518 |
| 전체 | 13,011 | 10,282 | 4,686 | 10,337 | 22,454 | 59,019 | 72,453 |

〈표2〉 지역별 소작쟁의 발생건수

(단위 : 건)

| 지역 \ 연도 | 1930 | 1931 | 1932 | 1933 | 1934 | 1935 | 1936 |
|---|---|---|---|---|---|---|---|
| 강원도 | 4 | 1 | 6 | 4 | 92 | 734 | 2,677 |
| 경기도 | 95 | 54 | 24 | 119 | 321 | 1,873 | 1,299 |
| 경상도 | 230 | 92 | 59 | 300 | 1,182 | 5,633 | 7,040 |
| 전라도 | 240 | 224 | 110 | 1,263 | 5,022 | 11,065 | 7,712 |
| 충청도 | 139 | 315 | 92 | 232 | 678 | 3,714 | 8,136 |
| 평안도 | 5 | 1 | 0 | 16 | 68 | 1,311 | 1,733 |
| 함경도 | 0 | 0 | 0 | 2 | 3 | 263 | 404 |
| 황해도 | 13 | 10 | 14 | 41 | 178 | 1,241 | 947 |
| 전국 | 726 | 697 | 305 | 1,977 | 7,544 | 25,834 | 29,948 |

**Answer** 53.① 54.①

**55** 위의 두 표에 관한 설명으로 옳지 않은 것은?

① 1932년부터 지주의 소작쟁의 참여인원은 매년 증가하고 있다.

② 전국 소작쟁의 발생건수에서 강원도 소작쟁의 발생건수가 차지하는 비중은 1933년보다 1934년에 증가했다.

③ 충청도의 1936년 소작쟁의 발생건수는 전년도의 두 배 이상이다.

④ 1930년에 비해 1931년에 소작쟁의 발생건수가 증가한 지역은 없다.

✔ 해설 ④ 1930년에 비해 1931년에 소작쟁의 발생건수가 증가한 지역은 충청도 한 곳 뿐이다.

**56** 위의 두 표에서 전국 소작쟁의 발생 건당 참여인원이 가장 많은 해는?

① 1930년 ② 1933년

③ 1934년 ④ 1936년

✔ 해설

① 1930년 $=\frac{13,011}{726}=17.92$

② 1933년 $=\frac{10,337}{1,977}=5.22$

③ 1934년 $=\frac{22,454}{7,544}=2.98$

④ 1936년 $=\frac{72,453}{29,948}=2.42$

**57** 다음은 어느 해 8, 9월 '가'세대 관리비의 상세 부과내역이다. '가'와 같은 세대가 아파트에 56세대가 살고 있다면 그 아파트의 9월 총 전체 관리비는 얼마인가?

(단위 : 원)

| 항목 | 8월 | 9월 |
|---|---|---|
| 전기료 | 93,618 | 52,409 |
| 수도료 | 17,595 | 27,866 |
| 일반관리비 | 33,831 | 36,187 |
| 경비비 | 30,760 | 33,467 |
| 장기수선충당금 | 20,502 | 20,502 |
| 급탕비 | 15,816 | 50,337 |
| 청소비 | 11,485 | 12,220 |
| 기타 | 18,413 | 17,472 |
| 합계 | 242,020 | 250,460 |

① 12,523,000원
② 14,025,760원
③ 14,276,220원
④ 15,027,600원

✔ 해설 250,460×56=14,025,760

**58** 다음은 어느 음식점의 메뉴별 판매비율을 나타낸 자료이다. 다음 중 옳지 않은 것은?

| 메뉴 | 2019년(%) | 2020년(%) | 2021년(%) | 2022년(%) |
|---|---|---|---|---|
| A | 17.0 | 26.5 | 31.5 | 36.0 |
| B | 24.0 | 28.0 | 27.0 | 29.5 |
| C | 38.5 | 30.5 | 23.5 | 15.5 |
| D | 14.0 | 7.0 | 12.0 | 11.5 |
| E | 6.5 | 8.0 | 6.0 | 7.5 |

① A 메뉴의 판매비율은 꾸준히 증가하고 있다.
② C 메뉴의 판매비율은 4년 동안 50% 이상 감소하였다.
③ 2019년과 비교할 때 E 메뉴의 2022년 판매비율은 3%p 증가하였다.
④ 2019년 C 메뉴의 판매비율이 2022년 A 메뉴 판매비율보다 높다.

✔ 해설 ③ 2019년 E 메뉴 판매비율 6.5%, 2022년 E 메뉴 판매비율 7.5%이므로 1%p 증가하였다.

**Answer** 55.④ 56.① 57.② 58.③

**┃59~60┃ 가사분담 실태에 대한 통계표(단위 : %)이다. 표를 보고 물음에 답하시오.**

| | 부인 주도 | 부인 전적 | 부인 주로 | 공평 분담 | 남편 주도 | 남편 주로 | 남편 전적 |
|---|---|---|---|---|---|---|---|
| 15~29세 | 40.2 | 12.6 | 27.6 | 17.1 | 1.3 | 0.9 | 0.3 |
| 30~39세 | 49.1 | 11.8 | 27.3 | 9.4 | 1.2 | 1.1 | 0.1 |
| 40~49세 | 48.8 | 15.2 | 23.5 | 9.1 | 1.9 | 1.6 | 0.3 |
| 50~59세 | 47.0 | 17.6 | 20.4 | 10.6 | 2.0 | 2.2 | 0.2 |
| 60세 이상 | 47.2 | 18.2 | 18.3 | 9.3 | 3.5 | 2.3 | 1.2 |
| 65세 이상 | 47.2 | 11.2 | 25.2 | 9.2 | 3.6 | 2.2 | 1.4 |

| | 부인 주도 | 부인 전적 | 부인 주로 | 공평 분담 | 남편 주도 | 남편 주로 | 남편 전적 |
|---|---|---|---|---|---|---|---|
| 맞벌이 | 55.9 | 14.3 | 21.5 | 5.2 | 1.9 | 1.0 | 0.2 |
| 비맞벌이 | 59.1 | 12.2 | 20.9 | 4.8 | 2.1 | 0.6 | 0.3 |

**59** 위 표에 대한 설명으로 옳은 것은?

① 맞벌이 부부가 공평하게 가사 분담하는 비율이 부인이 주로 가사 담당하는 비율보다 높다.
② 비맞벌이 부부는 가사를 부인이 주도하는 경우가 가장 높은 비율을 차지하고 있다.
③ 60세 이상은 비맞벌이 부부가 대부분이기 때문에 부인이 가사를 주도하는 경우가 많다.
④ 대체로 부인이 가사를 전적으로 담당하는 경우가 가장 높은 비율을 차지하고 있다.

✔해설 ① 맞벌이 부부가 공평하게 가사 분담하는 비율이 부인이 주로 가사 담당하는 비율보다 낮다.
③ 60세 이상이 비맞벌이 부부가 대부분인지는 알 수 없다.
④ 대체로 부인이 가사를 주도하는 경우가 가장 높은 비율을 차지하고 있다.

**60** 50세에서 59세의 부부의 가장 높은 비율을 차지하는 가사분담 형태는 가장 낮은 비율을 차지하는 형태의 몇 배인가?

① 235배　　② 215배
③ 195배　　④ 185배

✔해설 부인 주도 ÷ 남편 전적 = 47 ÷ 0.2 = 235(배)

# 출제예상문제

**1~20** 다음에서 각 문제의 왼쪽에 표시된 기호, 문자, 숫자를 오른쪽에서 모두 찾아 개수를 세어보시오.

**1**

| e | They're all posing in a picture frame Whilst my world's crashing down |
|---|---|

① 2　　② 3
③ 4　　④ 5

✔ 해설 They're all posing in a picture frame Whilst my world's crashing down

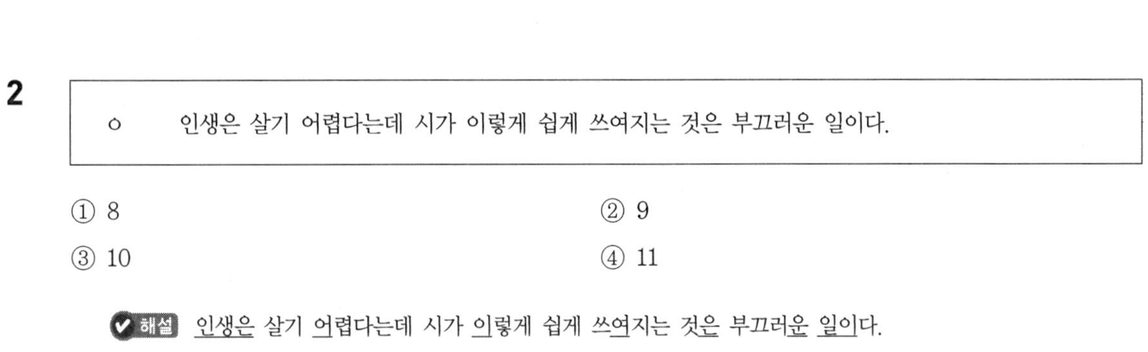

**2**

| ㅇ | 인생은 살기 어렵다는데 시가 이렇게 쉽게 쓰여지는 것은 부끄러운 일이다. |
|---|---|

① 8　　② 9
③ 10　　④ 11

✔ 해설 인생은 살기 어렵다는데 시가 이렇게 쉽게 쓰여지는 것은 부끄러운 일이다.

**3**

| 6 | 76451321489187653121798465132179865431 |
|---|---|

① 1　　② 2
③ 3　　④ 4

✔ 해설 76451321489187653121798465132179865431

**Answer** 59.② 60.① / 1.③ 2.③ 3.④

**4**

| ⍃ | ⍁⍂+⍃⍇⫯⍄⍃+⌶⍓⍄⍃⍌⍗⍇+⍈⍂ |
|---|---|

① 1　　② 2
③ 3　　④ 4

해설 ⍁⍂+<u>⍃</u>⍇⫯⍄<u>⍃</u>+⌶⍓⍄<u>⍃</u>⍌⍗⍇+⍈⍂

**5**

| N | ℁℃℆Nℒℳ™℔%℆℃ℂ℔№℘℉℈%℃ |
|---|---|

① 1　　② 2
③ 3　　④ 4

해설 ℁℃℆<u>N</u>ℒℳ™℔%℆℃ℂ℔№℘℉℈%℃

**6**

| ㅏ | ㅏㅒㅑㅏㅓㅡㅏㅜㅡㅠㅒㅛㅡㅓㅓㅏ |
|---|---|

① 1　　② 2
③ 3　　④ 4

해설 <u>ㅏ</u>ㅒㅑ<u>ㅏ</u>ㅓㅡ<u>ㅏ</u>ㅜㅡㅠㅒㅛㅡㅓㅓ<u>ㅏ</u>

**7**

| 6 | 871657861214945 |
|---|---|

① 1　　② 2
③ 3　　④ 4

**해설** 871<u>6</u>5786<u>1</u>214945

**8**

| ≇ | ≁≃≆≅≇≆≃≉≊≋≌≉≈≃≂ |
|---|---|

① 1　　② 2
③ 3　　④ 4

**해설** ≁≃≆≅<u>≇</u>≆≃≉≊≋≌≉≈≃≂

**9**

| Ω | ΧΨΩŸθΘΣΤΔΆΌΧΙΩηϒ |
|---|---|

① 1　　② 2
③ 3　　④ 4

**해설** ΧΨ<u>Ω</u>ŸθΣΤΔΆΌΧΙ<u>Ω</u>ηϒ

**Answer** 4.③ 5.① 6.④ 7.② 8.① 9.②

**10**

| ♬　　♬♪♬♪♬♪♩♫♬♩.♬♬♩♪♪ |
|---|

① 1　　② 2

③ 3　　④ 4

**해설** ♬♪♬♪♬♪♩♫♬♩.♬♬♩♪♪

**11**

| Ⅱ　　Ⅵ Ⅱ Ⅲ Ⅳ Ⅵ Ⅱ Ⅰ Ⅲ Ⅵ Ⅲ Ⅱ Ⅵ Ⅴ Ⅳ Ⅱ |
|---|

① 1　　② 2

③ 3　　④ 4

**해설** Ⅵ Ⅱ Ⅲ Ⅳ Ⅵ Ⅱ Ⅰ Ⅲ Ⅵ Ⅲ Ⅱ Ⅵ Ⅴ Ⅳ Ⅱ

**12**

| ⑧　　③⑦③⑤④①⑧⑦③②⑤⑥⑦ |
|---|

① 1　　② 2

③ 3　　④ 4

**해설** ③⑦③⑤④①⑧⑦③②⑤⑥⑦

**13**

| ラ | ウカヲラグウムヒラゼスウフコカ |
|---|---|

① 1　　② 2

③ 3　　④ 4

해설 ウカヲラグウムヒラゼスウフコカ

**14**

| *Θ* | *ΓΥΘΞΡΘΖΩΞΨΒΘΓΟΦ* |
|---|---|

① 1　　② 2

③ 3　　④ 4

해설 *ΓΥΘΞΡΘΖΩΞΨΒΘΓΟΦ*

**15**

| (ㅁ) | (ㅁ)(ㅈ)(ㅁ)(ㅅ)(ㅍ)(ㄷ)(ㄹ)(ㅇ)(ㅁ)(ㅈ)(ㅊ)(ㄴ)(ㅁ)(ㄴ)(ㄹ) |
|---|---|

① 1　　② 2

③ 3　　④ 4

해설 (ㅁ)(ㅈ)(ㅁ)(ㅅ)(ㅍ)(ㄷ)(ㄹ)(ㅇ)(ㅁ)(ㅈ)(ㅊ)(ㄴ)(ㅁ)(ㄴ)(ㄹ)

**Answer** 10.③ 11.④ 12.① 13.② 14.③ 15.④

**16**

| æ | œ đ æ ĸ ŀ ø ß ŧ ŋ ø œ ĳ n ə đ |
|---|---|

① 1　　　　② 2

③ 3　　　　④ 4

✔ 해설 œ đ <u>æ</u> ĸ ŀ ø ß ŧ ŋ ø œ ĳ n ə đ

**17**

| ㎛ | ㎣nmmmm㎝㎛㎢㎟㎤㎥fm㎞㎠㎚㎛㎜ |
|---|---|

① 1　　　　② 2

③ 3　　　　④ 4

✔ 해설 ㎣nmmmm㎝<u>㎛</u>㎢㎟㎤㎥fm㎞㎠㎚<u>㎛</u>㎜

**18**

| ʄ | ʆəʄɱʓɠɰɓʄɲʓʆɠɓʄ |
|---|---|

① 1　　　　② 2

③ 3　　　　④ 4

✔ 해설 ʆə<u>ʄ</u>ɱʓɠɰɓ<u>ʄ</u>ɲʓʆɠɓ<u>ʄ</u>

**19**

| ↥ | ↖↑↘↣↕↚↘↦↑→↣↧↚↘↥ |
|---|---|

① 1　　　　② 2

③ 3　　　　④ 4

✔ 해설 ↖↑↘↣↕↚↘↦↑→↣↧↚↘<u>↥</u>

**20**

| ☊ ☇☊☈☋☌☍☇☊☋☈☌☉☊☍☊ |
|---|

① 1
② 2
③ 3
④ 4

✔ 해설 ☇<u>☊</u>☈☋☌☍☇<u>☊</u>☋☈☌☉<u>☊</u>☍<u>☊</u>

**❙ 21~45 ❙ 다음 제시된 규칙에 따라 배열된 것으로 옳지 않은 것을 고르시오.**

**21**

| ㅗㅡㅏ - RGB |
|---|

① ㅗㅏㅡ - RBG
② ㅏㅗㅡ - BRG
③ ㅏㅡㅗ - GBR
④ ㅡㅗㅏ - GRB

✔ 해설 ㅏㅡㅗ - BGR

**22**

| ☆♧♤ - ♥♠◆ |
|---|

① ☆♤♧ - ♥◆♠
② ☆♧☆ - ♥♠♥
③ ♧♤♤ - ♠◆◆
④ ♤☆♧ - ◆♠♥

✔ 해설 ♤☆♧ - ◆♥♠

**Answer** 16.① 17.② 18.③ 19.① 20.④ 21.③ 22.④

**23**

| HEBX – △▼▲▽ |
|---|

① HEEX – △▼▼▽　② BXEH – ▲▽△▼

③ EXBX – ▼▽▲▽　④ XBEH – ▽▲▼△

해설 BXEH – ▲▽▼△

**24**

| 녜폐볘 – ≒÷≡ |
|---|

① 볘녜폐 – ≡÷≒　② 볘폐녜 – ≡÷≒

③ 폐녜볘 – ÷≒≡　④ 녜볘볘 – ≒≡≡

해설 볘녜폐 – ≡≒÷

**25**

| ⊇⊃∋ – (바)(나)(다) |
|---|

① ⊃⊇∋ – (나)(바)(다)　② ∋⊇⊃ – (다)(바)(나)

③ ⊃∋⊇ – (나)(다)(바)　④ ⊇∋⊃ – (다)(바)(나)

해설 ⊇∋⊃ – (바)(다)(나)

**26**

| 챠채츼쵸츄 – ЖЁЏФЗ |
|---|

① 츼쵸챠츄채 – ЏФЖЗЁ　② 챠츄채츼쵸 – ЖЗЁЏФ

③ 쵸챠채츄츼 – ФЁЖЗЏ　④ 츄채챠쵸츼 – ЗЁЖФЏ

해설 쵸챠채츄츼 – ФЖЁЗЏ

**27**

| 92438 – ∴∶∵∷∺ |
|---|

① 43982 – ∵∷∴∺∶　　② 83249 – ∺∵∶∷∴

③ 29384 – ∶∴∷∺∵　　④ 94283 – ∴∵∶∺∷

 83249 – ∺∷∶∵∴

**28**

| @#$%& – ㅋㅌㅊㅍㅎ |
|---|

① $%@#& – ㅊㅍㅋㅌㅎ　　② &&$#% – ㅎㅎㅊㅍㅌ

③ %#%&@ – ㅍㅌㅍㅎㅋ　　④ #%$$& – ㅌㅍㅊㅊㅎ

해설 &&$#% – ㅎㅎㅊㅌㅍ

**29**

| qwertyu – 1234567 |
|---|

① uqywter – 7162534　　② qertwyu – 1345267

③ uytqwer – 7654123　　④ qrwteyu – 1425367

해설 uytqwer – 7651234

**Answer** 23.② 24.① 25.④ 26.③ 27.② 28.② 29.③

**30**

♩♬♫♪ – HJKL

① ♫♫♬♩ – KKHJ
② ♩♫♬♪ – HKJL
③ ♩♫♬♩ – HKJH
④ ♪♫♬♬ – LKJJ

해설 ♫♫♬♩ – KKJH

**31**

ㅂㅈㄷㄱㅅ – ㅁㄴㅇㄹㅎ

① ㅅㅈㄷㅈㄱ – ㅎㄴㅇㄴㄹ
② ㄷㅅㄱㅈㅂ – ㅇㅎㄹㄴㅁ
③ ㅂㄷㅈㄱㅅ – ㅁㅇㄴㄹㅎ
④ ㄱㄷㅈㅅㅂ – ㄹㄴㅇㅎㅁ

해설 ㄱㄷㅈㅅㅂ – ㄹㅇㄴㅎㅁ

**32**

12345 – ◁▷♤♡♧

① 13245 – ◁♤▷♡♧
② 54521 – ♧♡♧◁▷
③ 12355 – ◁▷♤♧♧
④ 34512 – ♤♡♧◁▷

해설 54521 – ♧♡♧▷◁

**33**

| 가나다라마 – 너러더거머 |
|---|

① 가다라마나 – 너더거러머
② 나라가다마 – 러거너더머
③ 다가라마나 – 더너거머러
④ 라마가다나 – 거머너더러

✔ 해설 가다라마나 – 너더거머러

**34**

| ○●◇◆□■ – RTYUIO |
|---|

① ○◇□●◆■ – RYITUO
② ■□●○◆◇ – OITRUY
③ ●□○■◆◇ – TIROUY
④ ●◇◆□○■ – YTIURO

✔ 해설 ●◇◆□○■ – TYUIRO

**35**

| 가갸거겨 – 1234 |
|---|

① 갸거겨가 – 2341
② 거겨가갸 – 3412
③ 가겨갸거 – 1423
④ 가거갸겨 – 1432

✔ 해설 가거갸겨 – 1324

**Answer** 30.① 31.④ 32.② 33.① 34.④ 35.④

**36**

| 아야어여우유 – ABCDEF |
|---|

① 아야어여유우 – ABCDEF
② 아야야야야어 – ABBBBC
③ 우유우여어야 – EFEDCB
④ 유우여어야아 – FEDCBA

해설 아야어여유우 – ABCDFE

**37**

| 인적성검사 – 24680 |
|---|

① 인성적검사 – 26480
② 사검성적적 – 08644
③ 성검사적인 – 68024
④ 적성인검사 – 46280

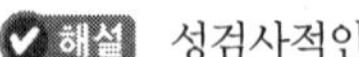
성검사적인 – 68042

**38**

| 가나다라마바사 – 아자차카타파하 |
|---|

① 가사바마라다나 – 아하파타카차자
② 가다마바사나라 – 아차타파하자카
③ 가라마바사나다 – 아카타파하자차
④ 사바마라다나가 – 하파타카차아자

해설 사바마라다나가 – 하파타카차자아

39

★☆●○▽ – ㄱㄴㄷㄹㅁ

① ★●▽☆○ – ㄱㄷㅁㄴㄹ
② ○▽●☆★ – ㄹㅁㄷㄴㄱ
③ ☆★○▽● – ㄴㄱㅁㄹㄷ
④ ★☆○▽● – ㄱㄴㄹㅁㄷ

해설 ☆★○▽● – ㄴㄱㄹㅁㄷ

40

♡♥♠♤▶◀ – abcdef

① ♥♠♤▶♡◀ – bcdeaf
② ♠♤♠♤♠♤ – cdcdcd
③ ♤▶◀♡♥♠ – defabc
④ ▶◀♡♥♡♥ – feabab

해설 ▶◀♡♥♡♥ – efabab

41

*&^%$ – rksje

① $^&%* – eskrj
② &^&*% – kskrj
③ ^^&%$ – sskje
④ *&%%^ – rkjjs

해설 $^&%* – eskjr

**Answer** 36.① 37.③ 38.④ 39.③ 40.④ 41.①

**42**

ㄱㄴㄷㄹㅁㅂ – zxcvbn

① ㄴㅁㄱㄷㅂㄹ – xbzcnv
② ㅂㄹㅂㄱㄴㅁ – nvnzxb
③ ㅁㅂㄱㄴㄷㄹ – bnzxcv
④ ㄹㅁㅂㅂㄱㄷ – vbvvzc

✔ 해설 ㄹㅁㅂㅂㄱㄷ – vbnnzc

**43**

☜☞◁▷≪≫ – 123456

① 345112 – ◁▷≪☜☜☞
② 156425 – ☜≪≫▷☞≪
③ 645122 – ≪▷≫☜☞☞
④ 542116 – ≪▷☞☜☜≫

✔ 해설 645122 – ≫▷≪☜☞☞

**44**

ABCDEF – ghijkl

① CDBAFE – ijghlk
② ABFEDC – ghlkji
③ FDACBE – ljgihk
④ BFAECD – hlgkij

✔ 해설 CDBAFE – ijhglk

**45**

EFGH – 1234

① EGFH – 1324
② HGEF – 4321
③ GFHE – 3241
④ FEHG – 2143

해설 HGEF – 4312

**▌46~50 ▌ 다음 제시된 표를 보고 주어진 숫자 또는 문자를 옳게 바꾼 것을 고르시오.**

| ㄱ | ㄴ | ㄷ | ㄹ | ㅁ | ㅂ | ㅅ | ㅇ | ㅈ | ㅊ | ㅋ | ㅌ | ㅍ | ㅎ |
|---|---|---|---|---|---|---|---|---|---|---|---|---|---|
| A | B | C | D | E | F | G | H | I | J | K | L | M | N |
| ㅏ | ㅑ | ㅓ | ㅕ | ㅗ | ㅛ | ㅜ | ㅠ | ㅡ | ㅣ | ㅔ | ㅐ | ㅖ | ㅒ |
| a | b | c | d | e | f | g | h | i | j | k | l | m | n |

**46**

대한민국

① ClNaBEjBAgA
② CiNaBEjBaga
③ ClnaBEjBaGa
④ CiNabejBAgA

해설 ㄷ→C, ㅐ→l, ㅎ→N, ㅏ→a, ㄴ→b, ㅁ→E, ㅣ→j, ㄴ→B, ㄱ→A, ㅜ→g, ㄱ→A

**Answer** 42.④ 43.③ 44.① 45.② 46.①

**47**

| 엘리트주의 |
|---|

① HkDDjLiIgHij

② HkDDjLiIgHjj

③ HkDDjLjIgHij

④ HkDDiLiIgHij

✔ 해설 ㅇ→H, ㅔ→k, ㄹ→D, ㄹ→D, ㅣ→j, ㅌ→L, ㅡ→i, ㅈ→I, ㅜ→g, ㅇ→H, ㅡ→i, ㅣ→j

**48**

| 순발력강화 |
|---|

① GgBFaDdDAAaHNea

② GgBFaDDdAaAHNea

③ GgBFaDDdAAaHNea

④ GgBFaDDdAAaHNae

✔ 해설 ㅅ→G, ㅜ→g, ㄴ→B, ㅂ→F, ㅏ→a, ㄹ→D, ㄹ→D, ㅕ→d, ㄱ→A, ㄱ→A, ㅏ→a, ㅇ→H, ㅎ→N, ㅗ→e, ㅏ→a

**49**

| FcGiIcHDhIaH |
|---|

① 버스정류장 ② 택시승강장

③ 버스정거장 ④ 택시정거장

✔ 해설 F→ㅂ, c→ㅓ, G→ㅅ, i→ㅡ, I→ㅈ, c→ㅓ, H→ㅇ, D→ㄹ, h→ㅠ, I→ㅈ, a→ㅏ, H→ㅇ

**50**

NaBDaGaBCiHFaB

① 한라산악회
② 한라산등산
③ 한라산등반
④ 한라산정상

해설 N→ㅎ, a→ㅏ, B→ㄴ, D→ㄹ, a→ㅏ, G→ㅅ, a→ㅏ, B→ㄴ, C→ㄷ, i→ㅡ, H→ㅇ, F→ㅂ, a→ㅏ, B→ㄴ

**┃51~55┃ 다음 제시된 표를 보고 주어진 숫자를 문자로 바꾼 것으로 옳지 않은 것을 고르시오.**

| A | B | C | D | E | F | G | H | I | J | K | L | M | N | O | P | Q | R | S | T | U | V | W | X | Y | Z |
|---|---|---|---|---|---|---|---|---|---|---|---|---|---|---|---|---|---|---|---|---|---|---|---|---|---|
| 1 | 2 | 3 | 4 | 5 | 6 | 7 | 8 | 9 | 10 | 11 | 12 | 13 | 14 | 15 | 16 | 17 | 18 | 19 | 20 | 21 | 22 | 23 | 24 | 25 | 26 |

| a | b | c | d | e | f | g | h | i | j | k | l | m | n | o | p | q | r | s | t | u | v | w | x | y | z |
|---|---|---|---|---|---|---|---|---|---|---|---|---|---|---|---|---|---|---|---|---|---|---|---|---|---|
| 27 | 28 | 29 | 30 | 31 | 32 | 33 | 34 | 35 | 36 | 37 | 38 | 39 | 40 | 41 | 42 | 43 | 44 | 45 | 46 | 47 | 48 | 49 | 50 | 51 | 52 |

**51**

89245

① HIBDE
② HIXE
③ HIBs
④ HIYD

 ④ 89254

**Answer** 47.① 48.③ 49.① 50.③ 51.④

**52**

| 72551 |
|---|

① GBEEA ② GBEy
③ GXEA ④ GYy

해설 ③ 72451

**53**

| 19234 |
|---|

① AIWD ② SXC
③ AIBh ④ SBh

해설 ② 19243

**54**

| 393720 |
|---|

① CICHT ② CIkT
③ mCGT ④ mkT

해설 ① 393820

**55**

1279

① ABGI ② AaI

③ LGI ④ ABz

✔ 해설 ④ 1252

**┃56~60┃ 다음 제시된 표를 보고 문자를 숫자로 바꾸시오.**

| A | B | C | D | E | F | G | H | I | J | K | L | M | N | O | P | Q | R | S | T | U | V | W | X | Y | Z |
|---|---|---|---|---|---|---|---|---|---|---|---|---|---|---|---|---|---|---|---|---|---|---|---|---|---|
| 1 | 2 | 3 | 4 | 5 | 6 | 7 | 8 | 9 | 10 | 11 | 12 | 13 | 14 | 15 | 16 | 17 | 18 | 19 | 20 | 21 | 22 | 23 | 24 | 25 | 26 |

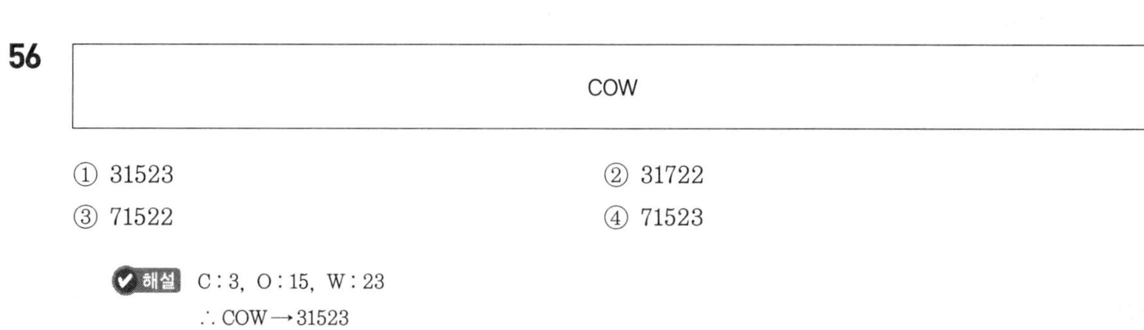

**56**

COW

① 31523 ② 31722

③ 71522 ④ 71523

✔ 해설 C : 3, O : 15, W : 23

∴ COW → 31523

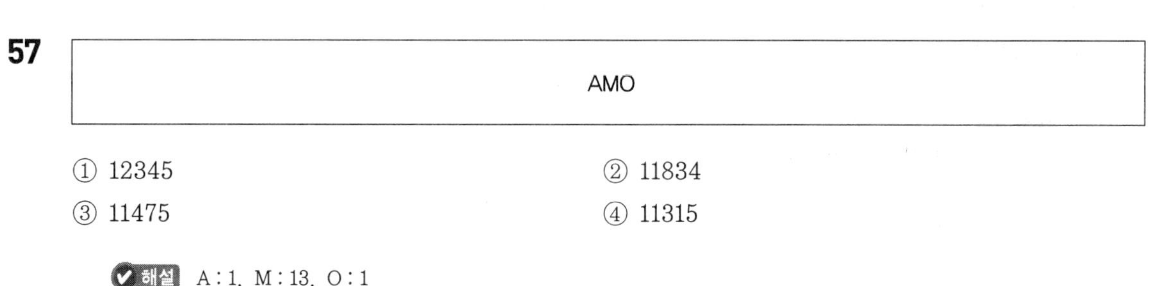

**57**

AMO

① 12345 ② 11834

③ 11475 ④ 11315

✔ 해설 A : 1, M : 13, O : 1

∴ AMO → 11315

**Answer** 52.③ 53.② 54.① 55.④ 56.① 57.④

## 58

DIEP

① 39515
② 49516
③ 41061
④ 36589

해설 D : 4, I : 9, E : 5, P : 16
∴ DIEP → 49516

## 59

ZRTO

① 26182015
② 16232014
③ 24312561
④ 15887244

해설 Z : 26, R : 18, T : 20, O : 15
∴ ZRTO → 26182015

## 60

GSTY

① 481326
② 2481535
③ 231412
④ 7192025

해설 G : 7, S : 19, T : 20, Y : 25
∴ GSTY → 7192025

# 출제예상문제

**1** 다음 명제들을 통해 추론한 설명으로 올바른 것은 어느 것인가?

- 전주를 가 본 사람은 부산도 가보았다.
- 부산을 가 본 사람은 대구도 가보았다.
- 대구를 가 본 사람은 제주도를 가보지 않았다.
- 제주도를 가 본 사람은 강릉을 가보지 않았다.
- 강릉을 가 본 사람은 전주를 가보지 않았다.

① 대구를 가보지 않은 사람은 전주를 가보았다.
② 제주도를 가 본 사람은 전주를 가보지 않았다.
③ 강릉을 가보지 않은 사람은 대구를 가보았다.
④ 부산을 가 본 사람은 강릉을 가 보았다.

✔해설 대우 명제를 이용하여 해결하는 문제이다. 대우 명제를 생각하기 전에 주어진 명제들의 삼단논법에 의한 연결 형태를 먼저 찾아보아야 한다. 주어진 다섯 개의 명제들 중 첫 번째, 두 번째, 세 번째 명제는 단순 삼단논법으로 연결되어 전주→부산→대구→~제주의 관계가 성립됨을 쉽게 알 수 있다.
따라서 이것의 대우 명제인 제주→~전주(제주도를 가본 사람은 전주를 가보지 않았다)도 옳은 명제가 된다.

**Answer** 58.② 59.① 60.④ / 1.②

**2** 다음 글을 통해서 볼 때, 그림을 그린 사람(들)은 누구인가?

> 송화, 진수, 경주, 상민, 정란은 대학교 회화학과에 입학하기 위해 △△미술학원에서 그림을 그린다. 이들은 특이한 버릇을 가지고 있다. 송화, 경주, 정란은 항상 그림이 마무리되면 자신의 작품 밑에 거짓을 쓰고, 진수와 상민은 자신의 그림에 언제나 참말을 써넣는다. 우연히 다음과 같은 글귀가 적힌 그림이 발견되었다.
> "이 그림은 진수가 그린 것이 아님"

① 진수 ② 상민
③ 송화, 경주 ④ 경주, 정란

✔해설 작품 밑에 참인 글귀를 적는 진수와 상민이 그렸다면, 진수일 경우 진수가 그리지 않았으므로 진수는 그림을 그린 것이 아니고 상민일 경우 문제의 조건에 맞으므로 상민이 그린 것이 된다.

**3** 홍보팀에서는 신입사원 6명(A, B, C, D, E, F)을 선배직원 3명(갑, 을, 병)이 각각 2명씩 맡아 문서작성 및 결재 요령에 대하여 1주일 간 교육을 실시하고 있다. 다음 조건을 만족할 때, 신입사원과 교육을 담당한 선배직원의 연결에 대한 설명이 올바른 것은 어느 것인가?

> • B와 F는 같은 조이다.
> • 갑은 A에게 문서작성 요령을 가르쳐 주었다.
> • 을은 C와 F에게 문서작성 및 결재 요령에 대하여 가르쳐 주지 않았다.

① 병은 A를 교육한다.
② D는 을에게 교육을 받지 않는다.
③ C는 갑에게 교육을 받는다.
④ 을은 C를 교육한다.

✔해설 주어진 조건에서 확정 조건은 다음과 같다.

| B, F | A, ( ) | C, D, E 중 2명 |
|---|---|---|
| ( ) | 갑 | ( ) |

그런데 세 번째 조건에서 을은 C와 F에게 교육을 하지 않았다고 하였으므로 F가 있는 조와 이미 갑이 교육을 하는 조를 맡지 않은 것이 된다. 따라서 맨 오른쪽은 을이 되어야 하고 남는 한 조인 B, F조는 병이 될 수밖에 없다.
또한 이 경우, 을이 C를 교육하지 않았다고 하였으므로 을의 조는 D와 E가 남게 되며, C는 A와 한 조

가 되어 결국 다음과 같이 정리될 수 있다.

| B, F | A, C | D, E |
|---|---|---|
| 병 | 갑 | 을 |

따라서 선택지 ③에서 설명된 'C는 갑에게 교육을 받는다.'가 정답이 된다.

**4** 19명의 T사 직원들은 야유회 자리에서 게임을 하게 되었다. 본부장은 다음과 같은 규칙에 의해 탈락되지 않고 남는 직원들에게 특별히 준비한 선물을 주기로 하였다. 다음 중 본부장의 선물을 받게 되는 직원들이 가진 번호가 아닌 것은 어느 것인가?

- 1단계 : 19명의 직원이 2부터 20번까지의 숫자가 적힌 종이를 무작위로 한 장씩 나누어 갖는다.
- 2단계 : 첫 번째 수인 2를 '시작 수'로 한다.
- 3단계 : '시작 수' 보다 큰 수 중 '시작 수'의 배수에 해당하는 숫자를 가진 직원들을 모두 탈락된다.
- 4단계 : '시작 수' 보다 큰 숫자를 가진 직원들이 있으면 그 직원들이 가진 수 중 가장 작은 수를 '시작 수'로 하고 3단계로 간다. '시작 수' 보다 큰 수를 가진 직원이 없으면 종료한다.

① 2 ② 5

③ 1 ④ 18

✔해설 2부터 20까지의 수에서 3단계에 해당하는 2의 배수를 지우면 다음과 같다.

2, 3, ~~4~~, 5, ~~6~~, 7, ~~8~~, 9, ~~10~~, 11, ~~12~~, 13, ~~14~~, 15, ~~16~~, 17, ~~18~~, 19, ~~20~~

다음에는 3이 '시작 수'가 되므로 이에 해당하는 3의 배수인 9와 15를 지운다.

2, 3, 5, 7, ~~9~~, 11, 13, ~~15~~, 17, 19

다음에는 5가 '시작 수'가 되므로 이에 해당하는 5의 배수를 지워야 하는데 더 이상 해당하는 수가 없다. '시작 수'는 7, 11, 13, 17, 19로 변경되지만 이들 수의 배수에 해당하는 수가 없으므로 종료한다.

따라서 2, 3, 5, 7, 11, 13, 17, 19를 가진 직원들이 선물을 받게 된다.

**Answer** 2.② 3.③ 4.④

**5** 다음에 제시된 정보를 종합할 때, 물음에 알맞은 개수는 몇 개인가?

- 홍보팀에서는 테이블, 의자, 서류장을 다음과 같은 수량으로 구입하였다.
- 테이블 5개와 의자 10개의 가격은 의자 5개와 서류장 10개의 가격과 같다.
- 의자 5개와 서류장 15개의 가격은 의자 5개와 테이블 10개의 가격과 같다.
- 서류장 10개와 의자 10개의 가격은 테이블 몇 개의 가격과 같은가?

① 8개 ② 9개
③ 10개 ④ 11개

✔ 해설 두 번째 정보를 통해 테이블 1개+의자 1개=서류장 2개임을 알 수 있다.
세 번째 정보를 통해 서류장 3개=테이블 2개임을 알 수 있다. 여기에 두 번째 정보를 테이블 1개=서류장 2개-의자 1개로 변형하여 대입하면, 서류장 1개=의자 2개가 된다. 이를 두 번째 정보에 대입하면, 테이블 1개=의자 3개 즉, 서류장 1개+의자 1개가 된다. 따라서 서류장 10개와 의자 10개는 테이블 10개의 가격과 같다.

**▌6~10▐ 다음의 조건이 전부 참일 때 항상 참인 것을 고르시오.**

**6**

- A는 나의 어머니이다.
- B는 C의 딸이다.
- C의 남편은 D이다.
- A와 C는 자매이다.

① 나와 B는 사촌 관계이다.
② D는 나의 이모이다.
③ B는 A를 고모라고 부른다.
④ A와 D는 가족관계가 아니다.

✔ 해설 ② '나'의 어머니와 자매인 C는 '나'의 이모이고 D는 '나'의 이모부이다.
③ B의 어머니인 C는 A와 자매이므로 B는 A를 이모라고 불러야 한다.
④ D는 A의 동생과 결혼 한 사이이므로 가족이라고 할 수 있다.

**7**

- 진아는 두통이 있을 때 A약을 먹는다.
- A약은 두통을 해소하고 위장 운동을 촉진하는 데에 효과적이다.
- A약은 B약과 함께 먹으면 위장 장애를 일으킨다.

① 진아가 B약을 먹을 때는 소화가 안 되는 것이다.

② 진아가 A약을 먹지 않으면 두통이 없는 것이다.

③ A약은 B약과 함께 처방하지 않는다.

④ A약을 먹고 위장 장애가 일어나면 B약을 함께 먹은 것이다.

✔ 해설 주어진 말이 모두 참이라고 했으므로 첫 번째 '진아는 머리가 아플 때 A약을 먹는다'의 대우인 'A약을 먹지 않으면 두통이 없는 것이다'라는 문장 역시 항상 참이다.

**8**

- 클래식을 좋아하는 사람은 독서를 좋아한다.
- 독서를 좋아하는 사람은 서점에 자주 간다.
- 내성적인 사람은 독서를 좋아한다.

① 내성적인 사람은 클래식을 좋아한다.

② 클래식을 좋아하는 사람은 서점에 자주 간다.

③ 독서를 좋아하지 않는 사람은 서점에 자주 가지 않는다.

④ 내성적인 사람은 주로 서점에 모인다.

✔ 해설 ② '클래식을 좋아함→독서를 좋아함→서점에 자주감'이 성립하므로 '클래식을 좋아함→서점에 자주감'이 항상 참이다.

① 세 번째 문장의 역인 '독서를 좋아하는 사람은 내성적이다'는 항상 참이 되지 않으므로 ①번 문장 역시 항상 참이 될 수 없다.

③ 두 번째 문장의 이의 관계인 문장이므로 항상 참이 될 수 없다.

④ 주어진 문장만으로는 알 수 없다.

**Answer** 5.③ 6.① 7.② 8.②

**9**

- 4마리 고양이 중 범이가 가장 까맣고 무겁다.
- 설기는 가장 어리고 가장 마른 고양이다.
- 둘째 고양이 율무는 애교가 많고 노는 걸 좋아한다.
- 도롱이는 나이는 제일 늙었지만 달리기를 제일 잘한다.

① 도롱이는 하얀 털을 가진 고양이다.
② 범이는 4마리 중 셋째 고양이다.
③ 설기는 태어난 지 두 달이 되지 않은 고양이다.
④ 율무는 4마리 중 유일한 수컷이다.

✔해설 주어진 명제에 따르면 고양이의 나이는 도롱이〉율무〉범이〉설기 순이다.

**10**

㉠ 6명의 팀원은 원탁에 앉아있다.
㉡ 원탁은 6명까지 앉을 수 있다.
㉢ 준서는 미영이의 바로 왼쪽에 앉아있다.
㉣ 명수는 진영이 바로 오른쪽에 앉아있다.
㉤ 정희는 성우의 맞은편에 앉아있다.

① 미영이는 진영이와 마주보고 있다.
② 진영이는 준서와 마주보고 있다.
③ 정희의 바로 옆에는 명수가 올 수 없다.
④ 성우의 바로 옆에는 준서가 올 수 없다.

✔해설 ㉤에 의해 정희와 정수를 맞은편으로 고정시켜놓고 나머지 자리를 배치하면, ㉢㉣에 의해 준서와 진영이는 마주보고 있고, 명수와 미영이도 마주보게 된다.
① 미영이는 명수와 마주보고 있다.
② 진영이는 준서와 마주보고 있다.
③ 정희의 바로 옆에는 명수가 올 수 있다.
④ 성우의 바로 옆에는 준서가 올 수 있다.

**11** M사 직원 갑, 을, 병, 정, 무는 창립 기념식에서 단체 사진을 찍었다. 각자가 입은 옷의 색깔이 다음과 같을 때, 사진 속의 직원과 직원의 옷 색깔에 대한 올바른 설명은 어느 것인가?

- 분홍색 옷을 입은 사람은 2명이고, 나머지 3명은 초록색, 베이지 색, 흰 색 옷을 입고 있다.
- 을은 분홍색 옷을 입지 않았다.
- 병은 분홍색과 초록색 옷을 입지 않았다.
- 무는 초록색과 베이지 색 옷을 입지 않았다.
- 갑은 분홍색 옷을 입고 있으며, 무와 같은 색 옷을 입고 있지 않았다.

① 갑은 병과 같은 색 옷을 입고 있다.
② 을은 베이지 색과 흰 색 옷을 입지 않았다.
③ 병은 흰 색 옷을 입고 있다.
④ 무는 분홍색 옷을 입고 있다.

**해설** 무의 옷 색깔에 주목하면, 초록색과 베이지 색 옷을 입지 않았으며, 갑과 같은 색인 분홍색 옷도 입지 않았으므로 흰 색 옷을 입은 것이 된다. 또한, 을과 병이 분홍색 옷을 입지 않았으므로 분홍색 옷을 입은 사람은 갑과 정이 되는 것을 알 수 있다. 을과 병 중, 병이 초록색 옷을 입지 않았으므로 을이 초록색, 병이 베이지 색 옷을 입은 것이 된다.
따라서 이를 종합하면, 갑은 분홍색, 을은 초록색, 병은 베이지 색, 정은 분홍색, 무는 흰 색 옷을 입은 것이 되어, '을은 베이지 색과 흰 색 옷을 입지 않았다.'가 올바른 설명이 된다.

**Answer** 9.② 10.② 11.②

**12** 법안 X에 대하여 사무관 A~H 8명은 찬성이나 반대 중 한 의견을 제시하였다. 이들의 찬반 의견이 다음 〈조건〉과 같다고 할 때, 반대 의견을 제시한 최소 인원 수는?

〈조건〉

- A나 B가 반대하면, C와 D는 찬성하고 E는 반대한다.
- B나 C가 찬성하면, F 또는 G 중 적어도 한 명이 찬성한다.
- D와 H 중 한 명만이 찬성한다.
- B나 D 중 적어도 한 명이 반대하면, E가 반대하거나 H가 찬성한다.
- E가 반대하면, H는 찬성한다.
- D는 찬성한다.

① 1명
② 2명
③ 3명
④ 4명

✔ 해설 D는 찬성, D와 H 중 한 명만이 찬성이므로, H는 반대이다. E가 반대하면 H는 찬성, H가 반대하면 E가 찬성이므로 E는 찬성이다.

B나 D중 적어도 한 명이 반대하면, E가 반대하거나 H가 찬성한다. E가 찬성하고 H가 반대하면 B와 D 모두가 반대하지 않으므로 B는 찬성이다.

B나 C가 찬성하면 F또는 G 중 적어도 한 명이 찬성하며, 이는 F, G모두 찬성도 가능하다는 뜻도 된다. A나 B가 반대하면 C와 D가 찬성하고 E는 반대한다는 C 또는 D가 반대하거나 E가 찬성하면 A와 B가 찬성하고 C도 찬성 가능하다. 따라서 반대의 최소 인원은 H 1명이다.

**13** R사는 공작기계를 생산하는 업체이다. 이번 주 R사에서 월요일~토요일까지 생산한 공작기계가 다음과 같을 때, 월요일에 생산한 공작기계의 수량이 될 수 있는 수를 모두 합한 수치는 몇인가? (1대도 생산하지 않는 날은 없었다.)

- 화요일에 생산된 공작기계는 금요일에 생산된 수량의 절반이다.
- 이 공장의 최대 하루 생산 대수는 9대이고, 이번 주에는 요일별로 생산한 공작기계의 대수가 모두 달랐다.
- 목요일부터 토요일까지 생산한 공작기계는 모두 15대이다.
- 수요일에는 9대의 공작기계가 생산되었고, 목요일에는 이보다 1대가 적은 공작기계가 생산되었다.
- 월요일과 토요일에 생산된 공작기계를 합하면 10대가 넘는다.

① 10　　② 11

③ 12　　④ 13

**해설** 수요일에 9대가 생산되었으므로 목요일에 생산된 공작기계는 8대가 된다.

| 월요일 | 화요일 | 수요일 | 목요일 | 금요일 | 토요일 |
|---|---|---|---|---|---|
| | | 9대 | 8대 | | |

금요일에는 화요일 생산량의 두 배가 되므로 금요일의 생산 대수가 될 수 있는 수는 6, 4, 2 세 가지가 된다. 그런데 금요일의 생산 대수가 6대일 경우 목~토요일의 합계 수량이 15대가 되어야 하므로 토요일은 1대를 생산한 것이 된다. 토요일에 1대를 생산하였다면, 최대 생산 수량 조건과 생산 대수가 요일별로 모두 달랐다는 조건에 따라 월요일과의 합이 10을 넘을 수 없게 된다. 금요일에 4대를 생산하였을 경우에도 토요일이 3대가 되므로 월요일은 7대보다 많은 수량을 생산한 것이 되어야 하므로 이 역시 모순이 된다.

따라서 금요일에는 2대를 생산한 것이 되며, 이에 따라 화요일에는 1대를 생산한 것이 된다.

| 월요일 | 화요일 | 수요일 | 목요일 | 금요일 | 토요일 |
|---|---|---|---|---|---|
| | 1대 | 9대 | 8대 | 2대 | 5대 |

따라서 토요일에는 5대를 생산한 것이 되며, 월요일에 가능한 생산 대수는 6대 또는 7대가 됨을 알 수 있다. 따라서 월요일에 생산한 공작기계의 수량이 될 수 있는 수인 6과 7을 합한 수치는 13이 된다.

**Answer** 12.① 13.④

**14** 홍 부장은 이번 출장에 계약 실무를 담당케 하기 위해 팀 내 직원 서 과장, 이 대리, 최 사원, 엄 대리, 조 사원 5명 중 2명을 선정하려고 한다. 다음 조건을 만족할 때 홍 부장이 선정하게 될 직원 2명으로 알맞게 짝지어진 것은 어느 것인가?

> • 서 과장이 선정되면 반드시 이 대리도 선정된다.
> • 이 대리가 선정되지 않아야만 엄 대리가 선정된다.
> • 최 사원이 선정되면 서 과장은 반드시 선정된다.
> • 조 사원이 선정되지 않으면 엄 대리도 선정되지 않는다.

① 서 과장, 최 사원

② 엄 대리, 조 사원

③ 서 과장, 조 사원

④ 이 대리, 엄 대리

**해설** 첫 번째 조건에서 서 과장 선정 시 이 대리는 반드시 선정되어야 한다. 또한 두 번째 조건에서 이 대리가 선정되면 엄 대리는 선정되지 않으므로 결국 이 대리와 엄 대리, 서 과장과 엄 대리는 함께 선정될 수 없다.

세 번째 조건에서 최 사원 선정 시 서 과장은 반드시 참여해야 한다. 네 번째 조건의 대우 명제를 살펴보면, 엄 대리가 선정될 때 조 사원도 선정된다는 것을 알 수 있다.

따라서 서 과장과 이 대리, 최 사원과 서 과장은 반드시 함께 선정되어야 하므로 서 과장+이 대리+최 사원 세 명이 반드시 함께 선정되어야만 하며, 엄 대리와 조 사원 역시 함께 선정된다는 사실을 알 수 있다.

따라서 2명을 선정할 경우, 항상 함께 선정되어야만 하는 인원과 제한 인원 2명과의 모순 관계가 없는 엄 대리와 조 사원이 선정되어야 하는 것을 알 수 있다.

**15** A, B, C, D, E는 4시에 만나서 영화를 보기로 약속했다. 이들이 도착한 것이 다음과 같다면 옳은 것은?

> • A 다음으로 바로 B가 도착했다.
> • B는 D보다 늦게 도착했다.
> • B보다 늦게 온 사람은 한 명뿐이다.
> • D는 가장 먼저 도착하지 못했다.
> • 동시에 도착한 사람은 없다.
> • E는 C보다 일찍 도착했다.

① D는 두 번째로 약속장소에 도착했다.
② C는 약속시간에 늦었다.
③ A는 가장 먼저 약속장소에 도착했다.
④ E는 제일 먼저 도착하지 못했다.

**해설** 약속장소에 도착한 순서는 E－D－A－B－C 순이고, 제시된 사실에 따르면 C가 가장 늦게 도착하긴 했지만 약속시간에 늦었는지는 알 수 없다.

**16** 다음의 조건이 전부 참일 때 빈칸에 들어갈 말로 가장 적절한 것은?

> 조깅을 좋아하는 사람은 음악을 좋아한다.
> 음악을 좋아하는 사람은 무선 이어폰을 사용한다.
> 한결이는 조깅을 좋아한다.
> • 그러므로 ________________________

① 한결이는 아침에 일찍 일어나는 편이다.
② 한결이는 주로 클래식을 듣는다.
③ 한결이는 무선 이어폰을 사용한다.
④ 한결이는 무선 이어폰을 사용할 줄 모른다.

**해설** 조깅을 좋아하는 사람은 음악을 좋아하고 음악을 좋아하는 사람은 무선 이어폰을 사용한다고 했으므로 조깅을 좋아하는 한결이는 무선 이어폰을 사용한다.

**Answer** 14.② 15.① 16.③

**17** 같은 학교를 다니는 네 사람 중 성적 순으로 3등인 사람은?

- 설이는 반에서 항상 1등이다.
- 유정이는 하루 다음으로 성적이 좋다.
- 민서는 설이와 같은 반이다.
- 하루는 전교에서 1등이다.

① 설이　　② 유정
③ 민서　　④ 하루

✔ 해설 하루의 성적이 전교에서 1등이므로 네 사람 중 1위이다. 유정이가 하루 다음이므로 2위이며, 설이와 민서가 같은 반인데 설이가 1등이므로 민서보다는 설이가 성적이 좋고 설이는 반에서 1등이지만 하루와 유정이보다는 순위가 낮으므로 네 사람을 성적순으로 나열하면 하루→유정→설이→민서 순이 된다.

**18** 다음의 조건이 전부 참일 때 중 항상 참인 것은?

- 오븐을 구매한 사람은 전자레인지를 구매하지 않는다.
- TV를 구매한 사람은 냉장고도 구매한다.
- 전자레인지를 구매한 사람은 믹서도 구매한다.
- 냉장고를 구매한 사람은 오븐을 구매한다.

① 전자레인지를 구매한 사람은 냉장고도 구매한다.
② TV를 구매한 사람은 전자레인지를 구매하지 않는다.
③ 오븐을 구매한 사람은 믹서도 구매한다.
④ 믹서를 구매한 사람은 TV 구매한다.

✔ 해설 TV를 구매한 사람은 냉장고를 구매하며, 냉장고를 구매한 사람은 오븐을 구매한다. 오븐을 구매한 사람은 전자레인지를 구매하지 않으므로 ②는 항상 옳다.

**19** 갑, 을, 병, 정, 무, 기 6명의 달리기 대회 결과가 다음과 같다면 이 결과로부터 확실하게 알 수 있는 것은 어느 것인가?

> ㈎ 갑은 3위이고 기는 갑보다 하위였다.
> ㈏ 을과 기의 사이에는 세 사람이 있다.
> ㈐ 정과 무의 사이에는 세 사람이 있고, 그 중 한 사람은 을이었다.
> ㈑ 같은 순위의 사람은 없다.

① 을은 1위이다.

② 병은 4위이다.

③ 정은 5위이다.

④ 병은 을보다 상위이다.

✔ 해설 확정 조건은 갑이 3위라는 것이다. 또한 사이에 세 사람이 있는 경우는 1위와 5위, 2위와 6위의 경우밖에 없다. 그런데 ㈐에서 을은 정과 무 사이에 있다고 했으므로 을은 1위가 될 수 없다. 따라서 '정, 무-( )-( )-( )-정, 무'가 1위~5위를 나타내고 '을-( )-( )-( )-기'가 2위~6위의 순위 관계를 나타내는 것임을 알 수 있다. 이것을 ㈎와 함께 다시 정리하면 '정, 무-을-갑-( )-정, 무-기'가 되므로 4위는 병이 된다.

**Answer** 17.① 18.② 19.②

## 20 다음 글의 내용이 참일 때, 반드시 참인 것은?

> 이번에 K부서에서는 자기 부서의 정책을 홍보하기 위해 책자를 제작해 배포하였다. 이 홍보 사업에 참여한 K부서의 팀은 A와 B 두 팀이다. 두 팀은 각각 500권의 정책홍보 책자를 제작하였다. 그러나 책자를 어떤 방식으로 배포할 것인지에 대해 두 팀 간에 차이가 있었다. A팀은 자신들이 제작한 K부서의 모든 정책홍보책자를 서울이나 부산에 배포한다는 지침에 따라 배포하였다. 한편, B팀은 자신들이 제작한 K부서 정책홍보책자를 서울에 모두 배포하거나 부산에 모두 배포한다는 지침에 따라 배포하였다. 사업이 진행된 이후 배포된 결과를 살펴보기 위해서 서울과 부산을 조사하였다. 조사를 담당한 한 직원은 A팀이 제작·배포한 K부서 정책홍보책자 중 일부를 서울에서 발견하였다. 한편, 또 다른 직원은 B팀이 제작·배포한 K부서 정책홍보 책자 중 일부를 부산에서 발견하였다. 그리고 배포 과정을 검토해 본 결과, 이번에 A팀과 B팀이 제작한 K부서 정책홍보책자는 모두 배포되었다는 것과, 책자가 배포된 곳과 발견된 곳이 일치한다는 것이 확인되었다.

① 부산에는 K부서 정책홍보책자가 500권이 넘게 배포되었다.

② A팀이 제작한 K부서 정책홍보책자가 부산에서도 발견되었다면, 부산에 배포된 K부서 정책홍보책자의 수가 서울에 배포된 수보다 많다.

③ 서울에 배포된 K부서 정책홍보책자의 수는 부산에 배포된 K부서 정책홍보책자의 수보다 적다.

④ 서울에서도 500권의 K부서 정책홍보책자가 배포되었다.

✔해설 주어진 글에 따르면 A팀은 정책홍보책자를 서울이나 부산에 배포하였고 B팀은 서울과 부산 중 한 곳에만 배포하였다. B팀이 배포한 정책홍보책자가 부산에서 발견되었으므로 B팀의 정책홍보책자는 부산에만 배포되었음을 알 수 있다. 한편 A팀의 정책홍보책자의 일부가 서울에서도 발견되었다고 했으므로 전부를 서울에 배포했을 수도, 일부만 서울에 배포했을 수도 있다. 따라서 A팀의 정책홍보책자가 부산에서도 발견되었다면 부산에는 B팀의 정책홍보책자 500권과 A팀의 정책홍보책자 일부가 배포되고 서울에는 A팀의 나머지 정책홍보책자가 배포 된 것으로 부산이 서울보다 많은 양의 정책홍보책자가 배포되었음을 알 수 있다.

**21** A는 ##서점에서 구매할 책을 선택하려 한다. A가 구매할 책에 대해 갑~무가 다음과 같이 진술하였는데 이 중 한 사람의 진술은 거짓이고 나머지 사람들의 진술은 모두 참인 것으로 밝혀졌다. A가 반드시 구매할 책만을 모두 고르면?

> 갑 : 소설책을 구매할 경우, 자기개발서도 구매한다.
> 을 : 소설책을 구매하지 않을 경우, 시집도 구매하지 않는다.
> 병 : 소설책과 자기개발서 중 적어도 하나를 구매한다.
> 정 : 시집을 구매할 경우에만 자기개발서를 구매한다.
> 무 : 시집을 구매하지만 소설책은 구매하지 않는다.

① 시집
② 소설책
③ 시집, 자기개발서
④ 시집, 소설책

**해설** 갑~무의 진술을 보면 을과 무의 진술이 양립할 수 없음을 알 수 있다. 을의 진술이 참인 경우(무의 진술이 거짓인 경우) A는 소설책, 시집, 자기개발서를 구매하게 된다. 무의 진술이 참인 경우(을의 진술이 거짓인 경우) A는 시집, 자기개발서를 구매하게 된다. 따라서 반드시 하게 될 책은 두 경우에 모두 포함된 시집과 자기개발서이다.

**Answer** 20.② 21.③

**22** 다음 글의 내용이 참일 때, 반드시 참인 것은?

> '다다'는 두 동물들 사이에서 맺는 신비스런 관계이다. x와 y가 다다라는 것은, y와 x가 다다라는 것도 의미한다. 깊은 숲속에 동물들인 A, B, C, D는 외부와의 접촉을 완전히 차단한 채, 험준한 산악 마을인 바람숲에 살고 있다. 바람숲에 있는 동물은 이 네 명 외에는 없다. 이들 사이에 다음과 같은 관계가 성립한다.
>
> ㉠ A와 D가 다다라면, A와 B가 다다일 뿐 아니라 A와 C도 다다이다.
> ㉡ C와 D가 다다라면, C와 B도 다다이다.
> ㉢ D와 A가 다다가 아니고 D와 C도 다다가 아니라면, 바람숲의 그 누구도 D와 다다가 아니다.
> ㉣ B와 D가 다다이거나, C와 D가 다다이다.
> ㉤ A와 다다가 아닌 동물이 B, C, D 중에 적어도 한 명은 있다.

① 바람숲에는 D와 다다가 아닌 동물이 있다.

② A는 D와 다다이다.

③ C는 B와 다다일 수 없다.

④ C는 D와 다다인지 알 수 없다.

**해설** ㉤에 따르면 A는 바람숲의 모든 동물과 다다는 아니므로 A와 D가 다다일 경우 ㉠에 따라 B와 C와도 다다 관계이므로 A와 D는 다다가 아니다. 따라서 ①은 옳고 ②는 옳지 않다.

④ ㉢의 대우에 따르면 D가 바람숲의 누군가와 다다이면 D와 A가 다다이거나 D와 C가 다다인데, D와 A는 다다가 아니므로 D와 C는 다다이다.

③ ④와 ㉡에 따라 C와 B도 다다이다.

**23** 다음에 제시된 명제가 모두 참일 때, 반드시 참이라고 할 수 있는 것은 어느 것인가?

- 배가 아픈 사람은 식욕이 좋지 않다.
- 배가 아프지 않은 사람은 홍차를 좋아하지 않는다.
- 웃음이 많은 사람은 식욕이 좋다.

① 식욕이 좋지 않은 사람은 배가 아프다.

② 배가 아프지 않은 사람은 웃음이 많다.

③ 배가 아픈 사람은 홍차를 좋아한다.

④ 홍차를 좋아하는 사람은 웃음이 많지 않다.

✔ 해설 참인 명제의 대우 명제는 항상 참이며, 역과 이 명제는 참일 수도, 참이 아닐 수도 있다는 근거를 통해 해결할 수 있다.

따라서 주어진 명제들의 대우 명제를 이용하여 삼단논법에 의한 새로운 참인 명제를 다음과 같이 도출할 수 있다.

- 두 번째 명제의 대우 명제 : 홍차를 좋아하는 사람은 배가 아프다. → A
- 세 번째 명제의 대우 명제 : 식욕이 좋지 않은 사람은 웃음이 많지 않다. → B

A+첫 번째 명제+B → 홍차를 좋아하는 사람은 웃음이 많지 않다.

① 첫 번째 명제의 역 명제이므로 반드시 참이라고 할 수 없다.

② '세 번째 명제+첫 번째 명제의 대우 명제'의 역 명제이므로 반드시 참이라고 할 수 없다.

③ 두 번째 명제의 이 명제이므로 반드시 참이라고 할 수 없다.

**Answer** 22.① 23.④

**24** 다음에 제시되는 명제들을 통해 추론할 수 있는 명제로 올바른 것은 어느 것인가?

> • 어떤 야구선수는 회식을 좋아한다.
> • 모든 안경을 낀 사람은 여행을 좋아한다.
> • 어떤 야구선수는 여행을 좋아하지 않는다.

① 안경을 끼지 않은 야구선수는 모두 여행을 좋아한다.

② 여행을 좋아하지 않지만 안경을 끼고 있는 야구선수도 있다.

③ 안경을 낀 야구선수는 모두 여행을 좋아한다.

④ 여행을 좋아하는 사람은 모두 야구선수이다.

✔해설 야구선수 중 일부는 안경을 끼고 있으며, 그들은 모두 여행을 좋아하므로 '안경을 낀 야구선수는 모두 여행을 좋아한다.'는 참인 명제가 된다.

① 안경을 끼지 않은 야구선수는 여행을 좋아할 수도, 좋아하지 않을 수도 있으므로 항상 참이 되는 명제가 될 수 없다.

② 안경을 낀 사람은 모두 여행을 좋아하므로 여행을 좋아하지 않는 안경 낀 사람은 있을 수 없게 되어 주어진 명제는 참이 아닌 명제가 된다.

④ 여행을 좋아하는 사람은 야구선수일 수도, 아닐 수도 있으므로 항상 참이 되는 명제는 아니다.

**25** 다음에 제시된 명제를 통해 내린 결론 (가)~(다)에 대한 설명으로 올바른 것은 어느 것인가?

> 허리가 좋지 않은 사람은 걷기 운동을 열심히 한다.

> (가) 걷기 운동을 열심히 하면 허리가 좋지 않은 사람이다.
> (나) 걷기 운동을 열심히 하지 않으면 허리가 좋은 사람이다.
> (다) 허리가 좋은 사람은 걷기 운동을 열심히 하지 않는다.

① 반드시 참인 명제는 (가)뿐이다.　　② 반드시 참인 명제는 (나)뿐이다.

③ 반드시 참인 명제는 (다)뿐이다.　　④ 반드시 참인 명제는 (나)와 (다)뿐이다.

✔해설 '허리가 좋지 않은 사람'을 A로, '걷기 운동을 열심히 한다'를 B로 바꾸어 생각하면,
A→B가 참일 때, 대우 명제인 ~B→~A도 참이 된다.
또한 역 명제인 B→A와 이 명제인 ~A→~B는 참일 수도, 참이 아닐 수도 있게 된다.
따라서 주어진 명제의 대우 명제인 (나)의 명제는 반드시 참이 되며, 역 명제인 (가)와 이 명제인 (다)는 반드시 참이라고 말할 수 없다.

**26** 다음 대화 중 밑줄 친 부장의 진술로부터 추론할 수 있는 것으로 가장 적절한 것은?

> 사원 : 저는 우리 부서에서 업무실적이 가장 높았는데 왜 이번 팀장 승진대상자에서 제외된 거죠? 저는 납득할 수 없습니다.
>
> 부장 : 자네는 저번 달에 업무 중에 큰 실수를 한 적이 있었지 않았는가. 실수 자체가 큰 문제는 아니지만 그 문제에 대처하는 자네의 태도가 문제였어. <u>팀장이라면 어떤 상황에서도 불안해하거나 당황해서는 안 되네.</u>

① 팀장 승진대상자들은 모두 업무실적이 높다.

② 어떤 상황에서 불안해하거나 당황하는 사람은 팀장이 될 수 없다.

③ 팀장이 아니라면 특정 상황에서 불안해하거나 당황해도 된다.

④ 업무 중에 큰 실수를 했었던 사람은 팀장이 될 수 없다.

✔ 해설 밑줄 친 부분을 통해 모든 팀장은 어떤 상황에서도 불안해하거나 당황해서는 안된다고 했으므로 ②가 가장 적절하다.

**Answer** 24.③ 25.② 26.②

**27** 다음은 이른바 '담배 소송'에서 인과관계에 대한 원고의 입증책임을 완화할 것인지에 관한 글이다. (가)에는 이른바 '공해 소송'에서 인과관계에 대한 원고의 입증책임을 완화하는 이유라고 '법원'이 인정한 것들이 제시되어 있다. (가)에 포함되기에 적절한 것을 〈보기〉에서 고른 것은?

> 손해배상 사건에서는 원칙적으로 원고가 가해행위와 손해발생 사이의 인과관계를 전부 입증해야 한다. 하지만 환경오염과 관련한 이른바 공해 소송에서는, 다음과 같은 몇 가지 이유로 원고의 입증책임을 완화하는 것이 일반적이다.
>
> | (가) |
> |---|
>
> 최근 흡연과 폐암 발병 사이의 인과관계를 전제로 하여, 폐암에 걸린 사람들이 담배 제조·판매 회사를 상대로 손해배상을 청구하였다. 이 사건에서 원고들은 흡연으로 인한 폐암발병은 원인 물질이 오랜 기간 인체에 축적됨에 따라 질병이 점진적으로 발현된다는 점에서 공해와 유사하다고 주장하며, 공해 소송에서처럼 입증책임을 완화해 줄 것을 요청하였다. 그러나 법원은 다음과 같이 말하며, 이를 받아들이지 아니하였다. "원고들이 흡연자의 흡연과 폐암 발병 사이의 인과관계의 고리를 자연과학적으로 모두 증명하는 것이 곤란하거나 불가능 하기는 하지만, 담배 제조·판매 회사가 흡연자의 폐암 발병에 대한 원인 조사를 더 쉽게 할 수 있는 것도 아니고, 담배 제조·판매 회사에게 흡연과 폐암 발병 사이에 인과관계가 없음을 입증할 사회적 의무가 있음을 인정할 증거도 없으므로, 공해 소송에서의 인과관계 입증책임 완화를 이 사건에 직접 적용할 수는 없다"

〈보기〉

㉠ 오염 물질의 배출은 가해자인 기업의 배타적 지배 아래 있는 시설에서 발생한 것이다.
㉡ 기업은 자신이 배출하는 물질이 유해하지 않다는 것을 입증할 사회적 의무를 부담한다.
㉢ 오염 물질은 고도의 기술집약적 대량생산 과정에서 배출되므로 기업만이 그 생산 과정을 알 수 있다.
㉣ 오염 물질의 배출과 손해 발생 사이의 인과관계의 모든 고리를 자연과학적으로 증명하는 것이 곤란하거나 불가능한 경우가 대부분이다.

① ㉠, ㉡ ② ㉠, ㉢
③ ㉡, ㉢ ④ ㉡, ㉣

**해설** 담배 소송의 판결문에서 〈사회적 의무성〉과 〈원인조사의 용이성〉을 부정하면서 인과관계의 입증을 완화하지 않고 있으므로, 공해 소송에서는 〈사회적 의무성〉과 〈원인조사의 용이성〉을 긍정하고 있음을 알 수 있다. 따라서 〈사회적 의무성〉을 긍정한 ㉡은 옳다. 담배소송의 판결문에서 〈흡연자의 흡연과 폐암 발병 사이의 인과관계의 고리를 자연과학적으로 모두 증명하는 것이 곤란하거나 불가능 하기는 하지만〉이라고 함으로서의 앞의 공해 소송의 판결과 동일한 견해를 표시하였음을 알 수 있다. 따라서 ㉣은 옳다.

**28** 다음 중 착한 거북이와 시내로 가는 길을 올바르게 짝지은 것은?

> 어떤 거북이 마을에 착한 거북이 두 마리와 나쁜 거북이 세 마리가 산다. 착한 거북이는 참말만 하고, 나쁜 거북이는 거짓말만 한다. 거북이 마을을 지나가는 길은 나무길, 꽃길, 구름길이 있는데 이 중 시내로 나가는 길은 한 곳뿐이다. 거북이B가 착한 거북이인걸 아는 나그네 토끼가 거북이 마을을 지나 시내로 나가기 위해 다섯 마리의 거북이(A~E)에게 어느 길로 가면 되는지 물어보았더니 거북이들이 다음과 같이 대답했다.
> A : 시내로 나가는 길은 꽃길이야.
> B : 시내로 나가는 길을 아는 사람은 이 마을에 나 밖에 없어.
> C : A는 나쁜 거북이야.
> D : 나는 시내로 나가는 길이 어딘지 알아.
> E : 나무길로 가면 시내로 갈 수 있어.

① A – 나무길　② A – 꽃길
③ C – 나무길　④ C – 구름길

✔해설 거북이B가 착한 거북이인데 '시내로 나가는 길을 아는 사람은 이 마을에 나 밖에 없어.'라고 했으므로 시내로 나가는 길을 알려준 거북이A와 거북이D, 거북이E는 나쁜 거북이이고, 그 둘이 알려준 길이 아닌 구름길이 시내로 나가는 길이다. 거북이A를 나쁜 거북이라고 참말을 한 거북이C도 착한 거북이이다.

**29** 한글을 전혀 본 적이 없는 외국인에게 주어진 한글 자음을 A형과 B형 두 종류로 구분해보라고 하였다. 그 외국인이 분류한 결과가 다음과 같을 때, A형에 해당하는 것은?

> 〈한글 자음〉
> ㄱ, ㄷ, ㅁ, ㅅ, ㅇ, ㅊ, ㅋ, ㅍ, ㅎ, ㄲ, ㅃ
> 〈외국인의 분류〉
> • A형 : ㄱ, ㄷ, ㅁ, ㅇ
> • B형 : ㅅ, ㅊ, ㅋ, ㅍ, ㅎ, ㄲ, ㅃ

① ㄹ　② ㅂ
③ ㅈ　④ ㅌ

✔해설 한글을 전혀 본 적이 없는 외국인이 주어진 자음을 구분할 수 있는 방법은 눈으로 보고 나누는 것뿐이다. 나누어진 분류를 볼 때 A형은 한 붓 쓰기가 가능한 것이고, B형은 그렇지 않다. 따라서 보기 중 한 붓 쓰기가 가능한 것은 'ㄹ'이다.

**Answer** 27.④ 28.④ 29.①

**30** 6권의 책을 책장에 크기가 큰 것부터 차례대로 책을 배열하려고 한다. 책의 크기가 동일할 때 알파벳 순서대로 책을 넣는다면 다음 조건에 맞는 진술은 어느 것인가?

> • Demian은 책장의 책들 중 두 번째로 큰 하드커버 북이다.
> • One Piece와 Death Note의 책 크기는 같다.
> • Bleach는 가장 작은 포켓북이다.
> • Death Note는 Slam Dunk보다 작다.
> • The Moon and Sixpence는 One Piece보다 크다.

① Demian은 Bleach 다음 순서에 온다.
② 책의 크기는 Slam Dunk가 The Moon and Sixpence 보다 크다.
③ One Piece는 Bleach의 바로 앞에 온다.
④ Slam Dunk 다음 순서로 Demian이 온다.

**해설** ① Bleach는 가장 작은 포켓북이므로 마지막 순서에 온다.
② Slam Dunk와 The Moon and Sixpence 둘 중 어떤 책이 더 큰지는 알 수 없다.
④ Demian이 더 큰지 Slam Dunk가 더 큰지 알 수 없다.

**31** 다음의 논증이 타당하려면 반드시 보충되어야 할 전제는?

> M방송국이 월드컵 중계방송을 하지 않는다면 K방송국이 월드컵 중계방송을 한다. K방송국과 S방송국이 동시에 월드컵 중계방송을 하는 일은 있을 수 없다. 그러므로 M방송국은 월드컵 중계방송을 한다.

① S방송국이 월드컵 중계방송을 한다.
② K방송국이 월드컵 중계방송을 한다.
③ K방송국이나 S방송국이 월드컵 중계방송을 한다.
④ S방송국이 월드컵 중계방송을 하지 않으면 K방송국이 월드컵 중계방송을 한다.

**해설** 각 방송국별로 중계방송을 하는 경우는 K, M, S라 표기하고 중계방송을 하지 않는 경우를 ~로 나타내면 위의 논증은 다음과 같다.
~M → K, ~(K and S) → M
~M → K의 대우인 ~K → M이 성립하면서 ~(K and S) = ~K or ~S가 성립해야 하므로, M이 성립하기 위해서는 ~(~S) = S가 추가적으로 필요하다.

## 32 다음에서 ㉠㉡㉢㉣에 알맞은 숫자는?

> 가영이는 2개의 초콜릿을 먹을 때 반드시 1잔의 커피를 마신다. 단, 가영이는 커피나 초콜릿만을 따로 먹지는 않는다. 초콜릿은 1개에 500원이고, 커피는 1잔에 800원이다. 슈퍼에 간 가영이는 지갑에 2,800원이 있다는 것을 알고 ( ㉠ )개의 초콜릿과 ( ㉡ )잔의 커피를 사 먹었다. 일주일 후 이 슈퍼는 초콜릿의 가격을 1개에 250원으로 내렸다. 그 날 3,100원을 가지고 간 가영이는 ( ㉢ )개의 초콜릿과 ( ㉣ )잔의 커피를 사 먹었다. 단, 가영이는 지갑에 있는 돈으로 최대한 사먹는다고 가정한다.

① ㉠ : 4, ㉡ : 1, ㉢ : 6, ㉣ : 2
② ㉠ : 2, ㉡ : 1, ㉢ : 4, ㉣ : 2
③ ㉠ : 4, ㉡ : 2, ㉢ : 4, ㉣ : 2
④ ㉠ : 2, ㉡ : 1, ㉢ : 6, ㉣ : 3

**해설** 초콜릿과 커피는 가영에게 2개의 초콜릿과 1잔의 커피가 한 묶음으로 소비되며 초콜릿과 커피의 가격이 각각 500원, 800원이므로 묶음의 가격은 1,800원이 된다. 따라서 2,800원이 있으면 한 묶음만을 소비할 수 있다. 하지만 초콜릿가격이 250원이 되면 묶음의 가격은 1,300원이 되므로 3,100원으로는 2묶음까지 살 수 있게 된다.

## 33 다음 이야기에서 추론할 수 있는 내용으로 가장 적절한 것은?

> 선량한 부부가 이혼을 했다. 남자는 곧 재혼을 했는데, 불행하게도 악한 여자를 만났다. 그는 새 아내와 마찬가지로 악한 남자가 되었다. 이혼한 아내 역시 공교롭게도 악한 남자와 결혼했다. 그 악한 남자는 선한 사람이 되었다.

① 선량한 부부만 이혼을 한다.
② 남녀가 결혼을 하면 악하게 된다.
③ 여자는 남자를 잘 만나야 한다.
④ 남자는 여자에 의해 변화된다.

**해설** 남자는 이혼 후 악한 여자를 만나 악하게 변했으며 여자는 이혼 후 악한 남자를 만나 악한 남자를 선하게 변하게 하였으므로 '남자는 여자에 의해 변화된다.'는 추론이 가장 적절하다.

**Answer** 30.③ 31.① 32.② 33.④

**34** 다음 내용으로 추론할 수 있는 것은 무엇인가?

> A전자회사는 오늘 국내에서 두 번째로 가정용 에어컨에 태양전지를 결합한 신개념 에어컨을 선보였다. 이는 태양전지에서 생산되는 전력만으로 에어컨의 공기청정기능을 사용할 수 있는 수준이다.

① 국내 최초의 태양전지를 결합한 가정용 에어컨은 A전자회사 제품이다.
② 신개념 에어컨에는 공기청정기능이 없다.
③ 오늘 선보인 A회사 에어컨의 공기청정기능은 태양전지의 전력만으로도 사용 가능하다.
④ 기존의 태양전지를 이용한 에어컨은 모두 가정용이 아니었다.

✔해설 ① 국내 최초의 태양전지를 결합한 가정용 에어컨이 어디 제품인지는 알 수 없다.
② 신개념 에어컨에는 태양전지의 전력으로 사용할 수 있는 공기청정기능이 있다.
④ '국내에서 두 번쌔로…'라고 하였으므로 가정용 태양전지 에어컨이 기존에 존재했다.

**35** 다음 논증의 결론에 필요한 숨은 전제에 해당하지 않는 것은?

> 우리 엄마, 아빠는 나를 좋아하지 않는 게 분명해. 어제 엄마가 나에게 선물로 준 메이커 운동화가 사실은 시장에서 사온 싸구려 운동화였거든. 똑같은 신발을 시장을 지나가다 봤어. 아빠는 어제가 내 생일인지도 몰랐데.

① 내 생일이 언제인지 모르는 사람은 나를 좋아하지 않는다.
② 내가 시장에서 본 운동화와 선물 받은 운동화는 같은 운동화이다.
③ 나는 엄마가 선물로 준 운동화가 메이커인 줄 알았다.
④ 엄마, 아빠가 나를 좋아한다면 생일에 선물을 줄 것이다.

✔해설 ④ 엄마는 운동화를 선물로 사주었지만 메이커가 아니기 때문에 화자는 엄마가 나를 좋아하지 않는다고 결론지었다.

**36** 다음 상황에 대한 설명으로 옳지 않은 것은?

> 기원이가 사는 ㅛ마을에는 기원이를 포함해 총 6명이 살고 있다. 기원이는 수박밭을 가꾸는데 수박을 수확하던 도중에 너무 힘들어 두 개만 남겨두고 집에 들어가 잠이 들었다. 다음날 남겨둔 수박을 수확하러 밭에 간 기원이는 아무것도 남아있지 않은 밭을 보게 되었고 누가 수박을 훔쳐갔는지 알아내기 위해 마을 주민들에게 수박을 가져갔느냐고 물어봤다. 수박은 너무 무거워서 한 사람이 하나밖에 들고 갈 수 없고, 기원이를 제외한 마을 주민들의 집은 수박밭에서 너무 멀어 밤새 수박을 들고 두 번 왔다 갔다 할 거리가 못된다. 마을에는 세 명의 거짓말쟁이와 세 명의 참말쟁이가 살고 있고, 기원이는 참말쟁이다.
>
> 마을 사람들은 다음과 같이 진술했다.
>
> 갑동 : 난 범인이 아니야. 나는 어제 저녁에 집에서 한 발짝도 움직이지 않았어. 병순이가 너의 밭에서 수박을 가져가는 걸 무식이가 봤데. 병순이가 수박을 가져간 게 분명해.
>
> 을녀 : 누가 그런 짓을 했지? 나? 난 아냐! 난 어제 너무 피곤해서 굉장히 일찍 잠들었어.
>
> 병순 : 을녀는 거짓말을 하고 있어. 을녀는 거짓말쟁이잖아.
>
> 정미 : 그래! 내가 훔쳤어. 수박하나에 이렇게 사람들을 의심하다니 너 정말 너무하는구나.
>
> 무식 : 나는 아무것도 못 봤어. 갑동이가 나랑 병순이 사이를 이간질하고 있는 거야.

① 참말쟁이도 수박을 훔친 범인일 수 있다.

② 병순이가 거짓말쟁이라면, 병순이는 범인이다.

③ 을녀가 참말쟁이라면, 무식이는 범인이다.

④ 정미는 수박을 훔치지 않았다.

✔ 해설 마을 주민들의 집은 수박밭에서 너무 멀어 밤새 수박을 들고 두 번 왔다 갔다 할 거리가 못된다.'는 것으로 보아 수박을 훔쳐간 범인은 두 명이고, 다섯 사람 중 두 사람은 참말쟁이이고, 세 사람은 거짓말쟁이이다. 다섯 사람의 진술을 토대로 거짓말·참말과 범인여부를 표로 나타내면 다음과 같은 네 가지 경우가 생긴다.

| | 거짓/참 | 범인 |
|---|---|---|
| 갑동 | 참말 | |
| 을녀 | 참말 | |
| 병순 | 거짓말 | ○ |
| 정미 | 거짓말 | |
| 무식 | 거짓말 | ○ |

| | 거짓/참 | 범인 |
|---|---|---|
| 갑동 | 참말 | |
| 을녀 | 거짓말 | ○ |
| 병순 | 참말 | ○ |
| 정미 | 거짓말 | |
| 무식 | 거짓말 | |

| | 거짓/참 | 범인 |
|---|---|---|
| 갑동 | 거짓말 | ○ |
| 을녀 | 참말 | |
| 병순 | 거짓말 | |
| 정미 | 거짓말 | |
| 무식 | 참말 | ○ |

| | 거짓/참 | 범인 |
|---|---|---|
| 갑동 | 거짓말 | ○ |
| 을녀 | 거짓말 | ○ |
| 병순 | 참말 | |
| 정미 | 거짓말 | |
| 무식 | 참말 | |

② 세 번째 표의 경우 병순이는 거짓말쟁이이지만 범인은 아니다.

**Answer** 34.③ 35.④ 36.②

**37** 다음의 대화에서 숨은 전제가 아닌 것은?

> 민지 : 엄마! 저 아저씨들이 포비를 어디로 데려가는 거야??
> 엄마 : 분명히 강아지를 제대로 돌봐주지 않으면 다른 사람에게 줘버린다고 했지? 너는 포비를 매일 산책시키는 것도, 화장실을 청소하는 것도 하지 않았잖아. 약속을 지켜야 돼. 포비는 다른 사람에게 줄 거야.

① 민지는 포비를 제대로 돌봐주지 않았다.
② 포비는 강아지이다.
③ 민지는 엄마와 포비를 제대로 돌봐주지 않으면 다른 사람에게 주기로 약속했다.
④ 민지는 포비를 산책시킨 적이 하루도 없다.

✔ 해설 민지는 포비를 매일 산책시켜주는 것을 하지 않았지만 한 번도 하지 않았는지는 알 수 없다.

**38** 다음의 대화에서 수지가 전제하고 있는 것으로 올바른 것은?

> 수지 : 엄마! 저 아저씨 좀 봐.
> 엄마 : 누구를 말하는 거니?
> 수지 : 저기 형광조끼입고 서있는 아저씨! 총을 가지고 있는 걸 보니 경찰아저씨인가 봐.

① 경찰은 모두 총을 가지고 있다.
② 형광조끼를 입고 있는 사람은 경찰이다.
③ 저 아저씨는 군인이 아니다.
④ 경찰만이 총을 가지고 있다.

✔ 해설 "총을 가지고 있는 걸 보니 경찰아저씨인가 봐."라는 수지의 말은 경찰이 아닌 사람은 총을 가지고 있지 않다는 것을 전제하고 있다.

**39** 다음의 상황에서 교장이 정확하게 선생님인지 학생인지 알 수 있는 사람은 누구인가?

> 어느 노인대학에 진실만을 말하는 선생님과 짓궂은 학생들이 모여 있다. 짓궂은 학생들은 거짓말만 한다. 누가 선생님인지 누가 학생인지 모르는 교장이 자기 앞에 서있는 다섯 사람에게 자신 또는 다른 사람에 대해 이야기해보라고 했다.
> A : 저는 선생님입니다.
> B : D는 학생입니다.
> C : 저 빼고 다 학생입니다.
> D : 저는 선생님이고, B는 거짓말을 하고 있습니다.
> E : A는 거짓말을 하고 있습니다.

① A ② B
③ C ④ D

**해설** A~E의 주장을 살펴보면 A와 E의 주장 중 단 하나만이 참이 될 수 있고, B와 D의 주장도 둘 중 하나만이 참이다. 참을 말하는 사람은 선생님이라고 했으므로 A와 E 중 한 명이 선생님, B와 D 중 한 명이 선생님이 되고 이에 따라 C의 말은 항상 거짓이므로 C는 반드시 학생이다.

**40** 다음의 공익 광고에 보충되어야 할 전제는 무엇인가?

> "지나친 음주는 당신의 건강을 위협할 수 있습니다. 그러므로 지나친 음주는 절대로 해서는 안 됩니다."

① 건강을 위협하는 행위는 절대로 해서는 안 된다.
② 건강을 위협하지 않는 정도의 적당한 음주는 괜찮다.
③ 건강을 위협하지 않더라도 음주는 해로운 일이다.
④ 음주 외에도 건강을 위협할 수 있는 행동은 많다.

**해설** 주어진 공익광고를 정리하면 다음과 같다.
전제1. 지나친 음주는 당신의 건강을 위협할 수 있다.
전제2. 건강을 위협하는 행위는 절대로 해서는 안 된다.
결론. 그러므로 지나친 음주는 절대로 해서는 안 된다.

**Answer** 37.④ 38.④ 39.③ 40.①

**41** 다음의 대화에서 미경이가 숨겨둔 전제와 결론을 바르게 연결한 것은?

> 미경 : 마당이 참 예쁘네.
> 주희 : 그러게. 지수가 직접 가꿨나봐. 부지런하다.
> 미경 : 뭐? 그럴 리가 없어. 지수가 이 꽃밭을 직접 가꾸었다면, 내가 지수 딸이다.

> ㉠ 나는 지수의 딸이 아니다.
> ㉡ 지수는 부지런한 사람이 아니다.
> ㉢ 지수는 이 꽃밭을 직접 가꾸지 않았다.
> ㉣ 꽃밭을 직접 가꾸는 사람은 부지런한 사람이다.

① ㉠ - ㉢
② ㉠ - ㉣
③ ㉡ - ㉣
④ ㉢ - ㉡

**해설** 미경이의 논증을 정리하면 다음과 같다.
전제1. 지수가 이 꽃밭을 직접 가꾸었다면, 내가 지수 딸이다.
전제2. 나는 지수의 딸이 아니다.
결론. 지수는 이 꽃밭을 직접 가꾸지 않았다.

**42** 네 명의 볼링 선수 성덕, 도영, 재석, 선희가 토너먼트 경기를 하였다. 경기를 관람한 세 사람 $A$, $B$, $C$에게 경기 결과를 물어 보았더니 다음과 같이 대답하였다.

> $A$. 선희가 1등, 재석이가 3등을 했습니다.
> $B$. 도영이가 2등, 선희가 3등을 했습니다.
> $C$. 성덕이가 1등, 도영이가 4등을 했습니다.

이들 모두 두 사람의 순위를 대답했지만, 그 두 사람의 순위 중 하나는 옳고 하나는 틀리다고 한다. 실제 선수들의 순위는?

① 1등 : 도영, 2등 : 성덕, 3등 : 선희, 4등 : 재석
② 1등 : 재석, 2등 : 선희, 3등 : 성덕, 4등 : 도영
③ 1등 : 선희, 2등 : 재석, 3등 : 도영, 4등 : 성덕
④ 1등 : 성덕, 2등 : 도영, 3등 : 재석, 4등 : 선희

✔ 해설 A에서 선희가 1등을 했다는 게 참이고, 재석이가 3등을 했다는 게 거짓이라면, B에서 도영이가 2등 했다는 것은 참이고, 선희가 3등 했다는 것은 거짓이 된다. 또한 C에서 성덕이가 1등이 된다는 것은 참이 되고, 도영이가 4등이 된다는 것은 거짓이 된다. 하지만 1등이 선희와 성덕이가 되므로 모순이 된다.
따라서 A에서 선희가 1등을 했다는 게 거짓이고, 재석이가 3등을 했다는 게 참이 된다. B에서 도영이가 2등 했다는 게 참이 되고, 선희가 3등이라는 게 거짓, C에서 도영이가 4등이라는 게 거짓, 성덕이가 1등이라는 게 참이 되므로 1등 성덕, 2등 도영, 3등 재석, 4등 선희 순이다.

**43** 다음 진술이 참이 되기 위해서 꼭 필요한 전제를 보기에서 고른 것은?

> 세훈이는 약속을 잘 지키는 사람이 아니다.

〈보기〉

㉠ 세훈이는 약속을 잘 지키려고 노력한다.
㉡ 세훈이는 때때로 약속 시간보다 일찍 도착한다.
㉢ 약속을 잘 지키는 사람이라면 약속 시간에는 절대 늦지 않는다.
㉣ 약속 시간에 늦는 사람도 약속을 잘 지키는 사람일 수 있다.
㉤ 세훈이는 약속 시간에 자주 늦는다.
㉥ 세훈이는 약속 시간에 절대 늦지 않는다.

① ㉠㉡
② ㉠㉣
③ ㉡㉤
④ ㉢㉤

✔ 해설 보기는 약속을 잘 지키는 것과 약속 시간에 늦지 않는 것의 관계를 나타내는 진술로 이루어져 있다. '세훈이는 약속을 잘 지키는 사람이 아니다'라는 진술이 참이 되기 위해서는 약속을 잘 지키는 사람은 약속 시간에 절대 늦지 않는다는 전제와 세훈이가 약속 시간을 지키지 않는다는 전제가 필요하다. 따라서 ㉢과 ㉤이 전제가 되면 주어진 진술이 반드시 참이 된다.

**Answer** 41.① 42.④ 43.④

**44** 다음 논증에서 생략된 전제는?

> 일인(一人) 독재는 때로는 정당화된다. 소수 엘리트 독재는 일인 독재에 비하면 훨씬 덜 심각한 자유권 침해이다. 그러므로 소수 엘리트 독재는 일인 독재에 비해 정당화되는 경우가 많다.

① 자유권 침해의 정도가 덜 심각한 체제는 더 쉽게 정당화된다.
② 정당한 일인 독재뿐 아니라 정당한 소수 엘리트 독재도 가끔 발생한다.
③ 가장 큰 악을 피할 수 있는 유일한 방법이 일인 독재라면, 일인 독재는 정당화될 수도 있다.
④ 일인 독재는 돌이킬 수 없는 자유권 침해이지만 소수 엘리트 독재의 상처는 치유될 수 있다.

✔ 해설 제시된 논증에 따르면 일인 독재는 소수 엘리트 독재에 비해 훨씬 더 심각한 자유권 침해임에도 불구하고 때로는 정당화된다는 것을 추론할 수 있다. 소수 엘리트 독재가 일인 독재에 비해 정당화되는 경우가 많다고 언급하고 있으므로 '자유권 침해의 정도가 덜 심각한 체제는 더 쉽게 정당화된다'는 전제가 생략되었음을 알 수 있다.

**45** 다음의 상황에서 옳은 것은?

> 다음은 자동차 외판원 A, B, C, D, E, F의 판매실적에 대한 진술이다.
> - A는 B에게 실적에서 앞서 있다.
> - C는 D에게 실적에서 뒤졌다.
> - E는 F에게 실적에서 뒤졌지만, A에게는 실적에서 앞서 있다.
> - B는 D에게 실적에서 앞서 있지만, E에게는 실적에서 뒤졌다.

① 외판원 C의 실적은 꼴지가 아니다.
② B의 실적보다 안 좋은 외판원은 3명이다.
③ 두 번째로 실적이 좋은 외판원은 B이다.
④ 실적이 가장 좋은 외판원은 F이다.

✔ 해설 제시된 조건을 통해 외판원들의 판매실적을 유추하면 A>B, D>C이다. 또한 F>E>A, E>B>D임을 알 수 있다. 결과적으로 F>E>A>B>D>C가 된다.
① 외판원 C의 실적은 꼴지이다.
② B의 실적보다 안 좋은 외판원은 2명이다.
③ 두 번째로 실적이 좋은 외판원은 E이다.

**46** 다음 대화의 밑줄 친 부분으로부터 추론할 수 있는 것으로 가장 적절한 것은?

> 학생 : 선생님! 이 문제는 왜 틀렸다고 하신 거죠? 정답이 맞았잖아요!
> 교사 : 그래, 넌 이 문제의 정답은 맞았지만 풀이과정이 전부 잘못되었어. 모든 수학 문제는 정답을 도출해 내는 풀이과정이 더 중요하단다.

① 어떤 수학 문제는 정답보다 풀이과정이 더 중요하다.
② 풀이과정보다 정답이 더 중요한 수학 문제도 있다.
③ 정답을 도출해 내는 풀이과정이 더 중요하지 않은 수학 문제는 없다.
④ 풀이과정이 맞은 문제는 언제나 정답이 맞은 문제이다.

✔해설 교사는 밑줄 친 부분을 통해 모든 수학 문제는 정답을 맞히는 것보다 정답을 도출해 내는 풀이과정이 중요하다고 밝히고 있다. 따라서 어떤 수학 문제도 정답을 도출해 내는 풀이과정이 덜 중요하지 않음을 알 수 있다.

**47** 다음 상황에서 옳은 것은?

> 다섯 개의 다른 색깔의 정육면체의 상자가 있다. 파란 상자를 노란 상자 안에 넣고, 녹색 상자는 분홍 상자 안에 넣었다. 주황 상자는 노란 상자에 들어간다. 파란 상자는 분홍 상자에 넣었더니 들어가지 않았고, 반대의 경우에도 역시 들어가지 않았다.

① 주황 상자는 파란 상자에 들어간다.
② 분홍 상자는 주황 상자에 들어간다.
③ 노란 상자는 분홍 상자에 들어가지 않는다.
④ 녹색 상자는 파란 상자에 들어가지 않는다.

✔해설 상자의 크기를 부등호로 나타내면, 파란 상자<노란 상자, 녹색 상자<분홍 상자, 주황 상자<노란 상자이며 파란 상자=분홍 상자이다.
③ 노란 상자는 파란 상자보다 크고 파란 상자는 분홍 상자와 크기가 같으므로 노란 상자는 분홍 상자에 들어가지 않는다.
① 주황 상자와 파란 상자는 어느 쪽이 크고 작은지 알 수 없다.
② 분홍 상자와 주황 상자는 어느 쪽이 크고 작은지 알 수 없다.
④ 녹색 상자는 분홍 상자보다 작은데 분홍 상자와 파란 상자의 크기가 같으므로 녹색 상자는 파란 상자에 들어간다.

**Answer** 44.① 45.④ 46.③ 47.③

**48** 다음 실험에 대해 옳게 판단한 사람을 모두 고르면?

> 한 대학병원의 암 연구소에서는 스트레스가 생체에 미치는 영향을 연구하는 과정에서 실험용 쥐를 대상으로 전기충격 실험을 진행하였다. 그 실험에서 연구진들은 쥐를 두 집단으로 나누어서 투명한 유리 상자에 넣은 다음, 한 집단에는 정해진 시간마다 전기충격을 주고 또 한 집단은 단순히 다른 집단의 쥐를 관찰하도록 하였다. 관찰조건의 쥐들이 들어가 있는 실험상자의 구조는 기본적으로 전기충격 조건의 쥐들이 들어가 있는 상자와 동일했지만 바닥에 고무판을 깔아 주어 전기충격을 받지 않도록 한 점만 달랐다. 전기충격은 50볼트의 강도로 매 2분마다 10초씩 주어졌다. 총 16시간 동안 실험을 진행한 결과, 먼저 탈진을 한 것은 전기충격 조건의 쥐들이 아니라 관찰조건의 쥐들이었다. 전기충격을 받는 쥐들은 충격이 주어질 때마다 고통스러워하면서도 조금이라도 충격을 더 적게 받기 위해 계속해서 펄쩍펄쩍 뛰어 올랐다. 반면에 관찰조건의 쥐들은 처음에는 고통스러워하는 쥐들을 보지 않기 위해서 고개를 돌리기도 하는 등 안간힘을 썼으나 시간이 지남에 따라 구석으로 가서 무기력하게 웅크리고 앉아서 벌벌 떨기만 하였다. 실험결과, 전기충격 조건의 쥐보다 관찰조건의 쥐가 암과 같은 스트레스성 질환에 더 많이 걸리는 것으로 나타났다.

> ㉠ 아라 : 두 조건의 쥐들 모두 초반에 스트레스를 덜 받기 위한 노력을 하는걸 알 수 있어.
> ㉡ 기호 : 신체적인 고통은 스트레스에 아무런 영향도 주지 않는구나.
> ㉢ 민주 : 전기충격 조건의 쥐들은 일정 시간이 지나면 스트레스 호르몬의 분비가 줄어들 거야.
> ㉣ 영기 : 전기충격 조건의 쥐들이 관찰조건의 쥐들보다 더 금방 지치는구나.

① 아라　② 민주
③ 아라, 기호　④ 기호, 민주

✔해설 지문의 실험은 정신적 스트레스가 신체적 스트레스보다 더 심하다는 결론을 낼 수 있는 실험이다.
㉠ 충격을 덜 받기위해 전기충격 조건의 쥐들은 뛰어오르고, 관찰조건의 쥐들은 고통스러워하는 쥐들을 보지 않기 위해 고개를 돌리는 노력을 한다.
㉡ 신체적 스트레스가 정신적 스트레스보다 덜하긴 하지만 아무런 영향을 주지 않는 건 아니다.
㉢ 스트레스 호르몬의 분비에 대한 내용은 주어진 내용만으로는 알 수 없다.
㉣ 관찰조건의 쥐들이 전기충격 조건의 쥐들보다 더 금방 지친다.

**49** 무게가 서로 다른 ㉠~㉥의 6개의 돌이 다음과 같은 조건을 가질 때 추론할 수 없는 것은?

> • ㉡은 ㉠과 ㉥보다 무겁다.
> • ㉢은 ㉡보다 무겁고, ㉣보다 가볍다.
> • ㉤은 ㉢보다 가볍다.

① ㉠은 ㉥보다 무겁다.
② ㉢은 두 번째로 무겁다.
③ ㉤은 ㉣보다 가볍다.
④ ㉡보다 무거운 돌은 ㉢과 ㉣이다.

**해설** 주어진 각각의 조건에 따라 ㉠~㉥의 무게를 비교하면 다음과 같다.
• ㉡>㉠, ㉡>㉥
• ㉣>㉢>㉡
• ㉢>㉤
따라서 ㉣이 가장 무겁고 ㉢이 그 다음이며, ㉤과 ㉡, ㉠, ㉥의 관계나 ㉠, ㉥의 관계는 알 수 없다.

**50** 다음 보기의 두 명제가 항상 참일 때, 명제 "농구를 잘하면 배구를 잘한다."가 성립하기 위해 필요한 참인 명제는?

> [보기]
> (가) 축구를 잘하면 농구를 잘하지 못한다.
> (나) 배구를 잘하지 못하면 당구를 잘하지 못한다.

① 당구를 잘하면 축구를 잘하지 못한다.
② 농구를 잘하면 당구를 잘하지 못한다.
③ 축구를 잘하지 못하면 당구를 잘한다.
④ 배구를 잘하지 못하면 농구를 잘한다.

**해설** 주어진 조건을 $p$, $q$, $r$, $s$로 놓으면
$p$ : 농구를 잘한다. $q$ : 축구를 잘한다.
$r$ : 배구를 잘한다. $s$ : 당구를 잘한다.
이므로 조건을 이용하야 나타내면
$q \rightarrow \sim p, \sim r \rightarrow \sim s$
이때, 대우명제도 참이므로 $p \rightarrow \sim q$, $s \rightarrow r$이다.
그런데 "농구를 잘하면 배구도 잘한다." 즉 $p \rightarrow r$가 참이 되게 해야 하므로 $p \rightarrow \sim q$와 $s \rightarrow r$을 연결해 주는 문장이 필요하다. 따라서, $\sim q \rightarrow s$ 또는 $\sim s \rightarrow q$가 필요하므로
③ 축구를 잘하지 못하면 당구를 잘한다.

**Answer** 48.① 49.① 50.③

**51** 다음 글을 근거로 판단할 때, ㉠에 해당하는 값은? (단, 소수점 이하 반올림함)

> 한 남자가 도심 거리에서 강도를 당했다. 그는 그 강도가 흑인이라고 주장했다. 그러나 사건을 담당한 재판부가 당시와 유사한 조건을 갖추고 현장을 재연했을 때, 피해자가 강도의 인종을 정확하게 인식한 비율이 80% 정도밖에 되지 않았다. 강도가 정말로 흑인일 확률은 얼마일까?
>
> 물론 많은 사람들이 그 확률은 80%라고 말할 것이다. 그러나 실제 확률은 이보다 상당히 낮을 수 있다. 인구가 1,000명인 도시를 예로 들어 생각해보자. 이 도시 인구의 90%는 백인이고 10%만이 흑인이다. 또한 강도짓을 할 가능성은 두 인종 모두 10%로 동일하며, 피해자가 백인을 흑인으로 잘못 보거나 흑인을 백인으로 잘못 볼 가능성은 20%로 똑같다고 가정한다. 이 같은 전제가 주어졌을 때, 실제 흑인강도 10명 가운데 ( )명만 정확히 흑인으로 인식될 수 있으며, 실제 백인강도 90명 중 ( )명은 흑인으로 오인된다. 따라서 흑인으로 인식된 ( )명 가운데 ( )명만이 흑인이므로, 피해자가 범인이 흑인이라는 진술을 했을 때 그가 실제로 흑인에게 강도를 당했을 확률은 겨우 ( )분의 ( ), 즉 약 ㉠%에 불과하다.

① 18 ② 21

③ 26 ④ 31

**해설** 각 괄호에 들어갈 수를 순서대로 채워보면, '실제 흑인강도 10명 가운데 8명만 정확히 흑인으로 인식될 수 있으며, 실제 백인강도 90명 중 18명은 흑인으로 오인된다. 따라서 흑인으로 인식된 26명 가운데 8명만이 흑인이므로, 피해자가 범인이 흑인이라는 진술을 했을 때 그가 실제로 흑인에게 강도를 당했을 확률은 겨우 26분의 8, 즉 약 31%에 불과하다.'이므로 따라서 ㉠에 들어갈 값은 31이다.

**52** 다음 〈쓰레기 분리배출 규정〉을 준수한 것은?

> • 배출 시간 : 수거 전날 저녁 7시~수거 당일 새벽 3시까지(월요일~토요일에만 수거함)
> • 배출 장소 : 내 집 앞, 내 점포 앞
> • 쓰레기별 분리배출 방법
> – 일반 쓰레기 : 쓰레기 종량제 봉투에 담아 배출
> – 음식물 쓰레기 : 단독주택의 경우 수분 제거 후 음식물 쓰레기 종량제 봉투에 담아서, 공동주택의 경우 음식물 전용용기에 담아서 배출
> – 재활용 쓰레기 : 종류별로 분리하여 투명 비닐봉투에 담아 묶어서 배출
> ① 1종(병류)
> ② 2종(캔, 플라스틱, 페트병 등)
> ③ 3종(폐비닐류, 과자 봉지, 1회용 봉투 등)
> ※ 1종과 2종의 경우 뚜껑을 제거하고 내용물을 비운 후 배출
> ※ 종이류 / 박스 / 스티로폼은 각각 별도로 묶어서 배출
> – 폐가전 · 폐가구 : 폐기물 스티커를 부착하여 배출
> • 종량제 봉투 및 폐기물 스티커 구입: 봉투판매소

① 甲은 토요일 저녁 8시에 일반 쓰레기를 쓰레기 종량제 봉투에 담아 자신의 집 앞에 배출하였다.
② 공동주택에 사는 乙은 먹다 남은 찌개를 그대로 음식물 쓰레기 종량제 봉투에 담아 주택 앞에 배출하였다.
③ 丙은 투명 비닐봉투에 캔과 스티로폼을 함께 담아 자신의 집 앞에 배출하였다.
④ 戊는 집에서 쓰던 냉장고를 버리기 위해 폐기물 스티커를 구입 후 부착하여 월요일 저녁 9시에 자신의 집 앞에 배출하였다.

✔ 해설 ① 배출 시간은 수거 전날 저녁 7시부터 수거 당일 새벽 3시까지인데 일요일은 수거하지 않으므로 토요일 저녁 8시에 쓰레기를 내놓은 甲은 규정을 준수했다고 볼 수 없다.
② 공동주택에서 음식물 쓰레기를 배출할 경우 음식물 전용용기에 담아서 배출해야 한다.
③ 스티로폼은 별도로 묶어서 배출해야 하는 품목이다.

**Answer** 51.④ 52.④

**53** 다음 글과 〈조건〉을 근거로 판단할 때, 처리공정 1회 가동 후 바로 생산된 물에는 A균과 B균이 리터(L)당 각각 몇 마리인가? (단, 다른 조건은 고려하지 않는다)

> 보란이와 예슬이는 주스를 제조하는 공장을 운영하고 있으며, 甲회사의 물과 乙회사의 물을 정화한 후 섞어서 사용한다. 甲회사의 물에는 A균이, 乙회사의 물에는 B균이 리터(L)당 1,000마리씩 균일하게 존재한다. A균은 70℃ 이상에서 10분간 가열하면 90%가 죽지만, B균은 40℃ 이상이 되면 즉시 10% 증식한다. 필터를 이용해 10분간 거르면 A균은 30%, B균은 80%가 걸러진다. 또한 자외선을 이용해 물을 10분간 살균하면 A균은 90%, B균은 80%가 죽는다.
>
> 〈물 처리공정〉
>
> 공정 1 : 甲회사의 물과 乙회사의 물을 각각 자외선을 이용하여 10분간 살균한다.
>
> 공정 2-1 : 甲회사의 물을 100℃이상에서 10분간 가열한다.
>
> 공정 2-2 : 乙회사의 물을 10분간 필터로 거른다.
>
> 공정 3 : 甲회사의 물과 乙회사의 물을 1 : 1의 비율로 배합한다.

> 〈조건〉
>
> • 각각의 공정은 독립적이며, 서로 영향을 미치지 않는다.
> • 공정 2-1과 공정 2-2는 동시에 이루어진다.
> • 공정 3을 거친 물의 온도는 60° C이다.
> • 모든 공정에서 물의 양은 줄어들지 않는다.
> • 모든 공정에 소요되는 시간은 물의 양과는 상관관계가 없다.

① A균 : 10, B균 : 44

② A균 : 10, B균 : 40

③ A균 : 5, B균 : 44

④ A균 : 5, B균 : 22

해설 • 공정 1 처리 결과 : A균 100마리, B균 200마리
• 공정 2-1 처리 결과 : A균 10마리
• 공정 2-2 처리 결과 : B균 40마리
• 공정 3 처리 결과 : 물에 A균 10마리, B균 44마리

**54** 다음 〈조건〉을 근거로 판단할 때, 가장 많은 품삯을 받은 일꾼은? (단, 1전은 10푼이다)

〈조건〉

- 일꾼 다섯 명의 이름은 좀쇠, 작은놈, 어인놈, 상득, 정월쇠이다.
- 다섯 일꾼 중 김씨가 2명, 이씨가 1명, 박씨가 1명, 윤씨가 1명이다.
- 이들의 직업은 각각 목수, 단청공, 벽돌공, 대장장이, 미장공이다.
- 일당으로 목수와 미장공은 4전 2푼을 받고, 단청공과 벽돌공, 대장장이는 2전 5푼을 받는다.
- 윤씨는 4일, 박씨는 6일, 김씨 두 명은 각각 4일, 이씨는 3일 동안 동원되었다. 동원되었지만 일을 하지 못한 날에는 보통의 일당 대신 1전을 받는다.
- 박씨와 윤씨는 동원된 날 중 각각 하루씩은 배가 아파 일을 하지 못했다.
- 목수는 이씨이다.
- 좀쇠는 박씨도 이씨도 아니다.
- 어인놈은 단청공이다.
- 대장장이와 미장공은 김씨가 아니다.
- 정월쇠의 일당은 2전 5푼이다.
- 상득은 김씨이다.
- 윤씨는 대장장이가 아니다.

① 좀쇠　　② 작은놈

③ 어인놈　　④ 상득

 해설

- 목수는 이씨이고, 대장장이와 미장공은 김씨가 아니라는 조건에 의해 대장장이와 미장공은 박씨와 윤씨임을 알 수 있다. 그런데 마지막 조건에 따라 윤씨는 대장장이가 아니므로 대장장이는 박씨이고 미장공은 윤씨임을 알 수 있다. 따라서 2명의 김씨의 직업은 단청공과 벽돌공이다.
- 어인놈은 단청공이며, 상득은 김씨라는 조건에 따라 어인놈은 김씨이며 단청공이고, 상득은 김씨이며 벽돌공임을 알 수 있다.
- 어인놈이 단청공이고 상득이 벽돌공인 상황에서 2전 5푼의 일당을 받는 정월쇠는 대장장이이며 박씨이다.
- 좀쇠는 박씨도 이씨도 아니라는 조건에 의해 윤씨이며 직업은 미장공이다.
- 마지막으로 남은 작은놈이 이씨이며 목수이다.

이름을 기준으로 일당을 정리하면,

- 좀쇠(윤씨, 미장공) : 동원된 4일 중 3일을 일하고 1일을 쉬었으므로 4 × 4전 2푼 + 1전 = 17전 8푼을 받는다.
- 작은놈(이씨, 목수) : 동원된 3일을 일하였으므로 3 × 4전 2푼 = 12전 6푼을 받는다.
- 어인놈(김씨, 단청공) : 동원된 4일을 일하였으므로 4 × 2전 5푼 = 10전을 받는다.
- 상득(김씨, 벽돌공) : 동원된 4일을 일하였으므로 4 × 2전 5푼 = 10전을 받는다.
- 정월쇠(박씨, 대장장이) : 동원된 6일 중 5일을 일하고 1일을 쉬었으므로 5 × 2전 5푼 + 1전 = 13전 5푼을 받는다.

**Answer** 53.① 54.①

**55** 서원초등학교 운동회에 각 반의 대표가 나와 계주를 한다. 다음 조건을 보고 알 수 있는 내용으로 옳은 것은?

〈조건〉

- 민수, 철민, 지운, 백서, 우진, 성우는 각 반의 대표 주자이다.
- 민수는 철민이보다 빠르다.
- 지운이는 백서보다 느리다.
- 우진이는 성우보다 느리지만 민수보다 빠르다.
- 철민이는 백서보다 빠르지만 우진이보다 느리다.

① 성우는 가장 느리다.
② 지운이는 가장 빠르다.
③ 민수는 두 번째로 빠르다.
④ 철민이는 네 번째로 빠르다.

**해설** ㉠ 조건을 도식화하면,
민수 > 철민
백서 > 지운
성우 > 우진 > 민수
우진 > 철민 > 백서
㉡ 조건을 종합해보면,
성우 > 우진 > 민수 > 철민 > 백서 > 지운 순으로 빠르다.
① 성우는 가장 빠르다.
② 지운이는 가장 느리다.
③ 민수는 세 번째로 빠르다.

**56** 다음 글을 근거로 판단할 때, 김과장이 단식을 시작한 첫 주 월요일부터 일요일까지 한 끼만 먹은 요일(끼니때)은?

> 김과장은 건강상의 이유로 간헐적 단식을 시작하기로 했다. 김과장이 선택한 간헐적 단식 방법은 월요일부터 일요일까지 일주일 중에 2일을 선택하여 아침 혹은 저녁 한 끼 식사만 하는 것이다. 단, 단식을 하는 날 전후로 각각 최소 2일간은 정상적으로 세 끼 식사를 하고, 업무상의 식사 약속을 고려하여 단식일과 방법을 유동적으로 결정하기로 했다. 또한 단식을 하는 날 이외에는 항상 세 끼 식사를 한다.
> 간헐적 단식 2주째인 김과장은 그동안 단식을 했던 날짜를 기록해두기 위해 아래와 같이 최근 식사와 관련된 기억을 떠올렸다.
> - 2주차 월요일에는 단식을 했다.
> - 지난주에 먹은 아침식사 횟수와 저녁식사 횟수가 같다.
> - 지난주 월요일, 수요일, 금요일에는 조찬회의에 참석하여 아침식사를 했다.
> - 지난주 목요일에는 업무약속이 있어서 점심식사를 했다.

① 월요일(저녁), 목요일(저녁)

② 화요일(아침), 금요일(아침)

③ 화요일(아침), 금요일(저녁)

④ 화요일(저녁), 금요일(아침)

**해설** 단식을 하는 날 전후로 각각 최소 2일간은 정상적으로 세 끼 식사를 하므로 2주차 월요일에 단식을 하면 전 주 토요일과 일요일은 반드시 정상적으로 세 끼 식사를 해야 한다. 이를 바탕으로 조건에 따라 김과장의 첫 주 월요일부터 일요일까지의 식사를 정리하면 다음과 같다.

| | 월 | 화 | 수 | 목 | 금 | 토 | 일 |
|---|---|---|---|---|---|---|---|
| 아침 | ○ | | ○ | ○ | ○ | ○ | ○ |
| 점심 | ○ | | ○ | ○ | | ○ | ○ |
| 저녁 | ○ | ○ | ○ | ○ | | ○ | ○ |

**Answer** 55.④ 56.④

**57** 다음 글을 근거로 판단할 때, 9월 17일(토)부터 책을 대여하기 시작한 甲이 마지막 편을 도서관에 반납할 요일은? (단, 다른 조건은 고려하지 않는다)

> 甲은 10편으로 구성된 위인전을 완독하기 위해 다음과 같이 계획하였다.
>
> 책을 빌리는 첫째 날은 한 권만 빌려 다음날 반납하고, 반납한 날 두 권을 빌려 당일 포함 2박 3일이 되는 날 반납한다. 이런 식으로 도서관을 방문할 때마다 대여하는 책의 수는 한 권씩 증가하지만, 대여 일수는 빌리는 책 권수를 n으로 했을 때 두 권 이상일 경우 (2n−1)의 규칙으로 증가한다. 예를 들어 3월 1일(월)에 1편을 빌렸다면 3월 2일(화)에 1편을 반납하고 그날 2, 3편을 빌려 3월 4일(목)에 반납한다. 4일에 4, 5, 6편을 빌려 3월 8일(월)에 반납하고 그날 7, 8, 9, 10편을 대여한다. 도서관은 일요일만 휴관하고, 이날은 반납과 대여가 불가능하므로 다음날인 월요일에 반납과 대여를 한다. 이 경우에 한하여 일요일은 대여 일수에 포함되지 않는다.

① 월요일　　② 화요일
③ 수요일　　④ 목요일

**해설** 조건에 따라 甲의 도서 대여 및 반납 일정을 정리하면 다음과 같다.

| 월 | 화 | 수 | 목 | 금 | 토(9.17) | 일 |
|---|---|---|---|---|---|---|
| | | | | | 1편 대출 | 휴관 |
| • 1편 반납<br>• 2~3편 대출(3일) | | • 2~3편 반납<br>• 4~6편 대출(5일) | | | | 휴관 |
| • 4~6편 반납<br>• 7~10편 대출(7일) | | | | | | 휴관 |
| • 7~10편 반납 | | | | | | 휴관 |

**58** 다음 〈조건〉과 〈정보〉를 근거로 판단할 때, 곶감의 위치와 착한 호랑이, 나쁜 호랑이의 조합으로 가능한 것은?

> 〈조건〉
>
> - 착한 호랑이는 2마리이고, 나쁜 호랑이는 3마리로 총 5마리의 호랑이(甲~戊)가 있다.
> - 착한 호랑이는 참말만 하고, 나쁜 호랑이는 거짓말만 한다.
> - 곶감은 꿀단지, 아궁이, 소쿠리 중 한 곳에만 있다.

> 〈정보〉
>
> 甲 : 곶감은 아궁이에 있지.
> 乙 : 여기서 나만 곶감의 위치를 알아.
> 丙 : 甲은 나쁜 호랑이야.
> 丁 : 나는 곶감이 어디 있는지 알지.
> 戊 : 곶감은 꿀단지에 있어.

| | 곶감의 위치 | 착한 호랑이 | 나쁜 호랑이 |
|---|---|---|---|
| ① | 꿀단지 | 戊 | 丙 |
| ② | 소쿠리 | 丁 | 乙 |
| ③ | 소쿠리 | 乙 | 丙 |
| ④ | 아궁이 | 丙 | 戊 |

✔ 해설
- 곶감이 꿀단지에 있는 경우
  戊의 진술은 반드시 참이 되며, 甲과 乙의 진술은 거짓이 된다. 이에 따라 丙의 진술도 반드시 참이 되고, 착한 호랑이는 두 마리이기 때문에 丁도 거짓이 된다. (戊, 丙 착한 호랑이)
- 곶감이 아궁이에 있는 경우
  甲의 진술은 반드시 참이 되고, 乙, 丙, 戊의 진술은 거짓이 된다. 이에 따라 丁이 착한 호랑이가 된다. (甲, 丁 착한 호랑이)
- 곶감이 소쿠리에 있는 경우
  甲과 戊의 진술은 반드시 거짓이 되고, 丙의 진술은 반드시 참이 된다. 乙과 丁의 진술은 둘 중 하나만 참이므로 丙과 乙, 丙과 丁이 착한 호랑이가 될 수 있다.

**Answer** 57.① 58.②

**59** 다음 〈상황〉과 〈조건〉을 근거로 판단할 때 옳은 것은?

〈상황〉

A대학교 보건소에서는 4월 1일(월)부터 한 달 동안 재학생을 대상으로 금연교육 4회, 금주교육 3회, 성교육 2회를 실시하려는 계획을 가지고 있다.

〈조건〉

- 금연교육은 정해진 같은 요일에만 주 1회 실시하고, 화, 수, 목요일 중에 해야 한다.
- 금주교육은 월요일과 금요일을 제외한 다른 요일에 시행하며, 주 2회 이상은 실시하지 않는다.
- 성교육은 4월 10일 이전, 같은 주에 이틀 연속으로 실시한다.
- 4월 22일부터 26일까지 중간고사 기간이고, 이 기간에 보건소는 어떠한 교육도 실시할 수 없다.
- 보건소의 교육은 하루에 하나만 실시할 수 있고, 토요일과 일요일에는 교육을 실시할 수 없다.
- 보건소는 계획한 모든 교육을 반드시 4월에 완료하여야 한다.

① 금연교육이 가능한 요일은 화요일과 수요일이다.

② 4월 30일에도 교육이 있다.

③ 금주교육은 4월 마지막 주에도 실시된다.

④ 성교육이 가능한 일정 조합은 두 가지 이상이다.

✔ 해설
- 화, 수, 목 중에 실시해야 하는 금연교육을 4회 실시하기 위해서는 반드시 화요일에 해야 한다.
- 10일 이전, 같은 주에 이틀 연속으로 성교육을 실시할 수 있는 날짜는 3~4일, 4~5일이다.
- 금주 교육은 주 당 1회 실시 할 수 있으며 월, 금과 토, 일, 중간고사 기간을 제외하면 1~3주 안에 실시해야만 한다. 따라서 3일에는 반드시 실시해야하며 10일과 11일 중 1회, 17일 과 18일 중 1회 실시해야한다. 또한 보건소의 교육은 하루에 하나만 실시할 수 있으므로 성교육은 4~5에만 가능하게 된다.

상황과 조건에 따라 A대학교 보건소의 교육 일정을 정리해 보면 다음과 같다.

| 월 | 화 | 수 | 목 | 금 | 토 | 일 |
|---|---|---|---|---|---|---|
| 1 | 금연 2 | 금주 3 | 성 4 | 성 5 | X 6 | X 7 |
| 8 | 금연 9 | 10 | 11 | 12 | X 13 | X 14 |
| 15 | 금연 16 | 17 | 18 | 19 | X 20 | X 21 |
| 중 22 | 간 23 | 고 24 | 사 25 | 주 26 | X 27 | X 28 |
| 29 | 금연 30 | | | | | |

- 금주교육은 (3, 10, 17), (3, 10, 18), (3, 11, 17), (3, 11, 18) 중 실시할 수 있다.

**60** 다음에 따라 ○○대회 예선이 진행된다. 甲이 심사위원장을 알아내고자 할 때, 〈보기〉에서 옳은 것만을 모두 고르면?

- 예선의 심사위원은 심사위원장 1인을 포함하여 총 4인이며, 그 중 누가 심사위원장인지 참가자에게 공개되지 않는다.
- 심사위원은 참가자의 노래를 들은 후 동시에 O 또는 X의 결정을 내리며, 다수결에 의해 예선 통과 여부가 결정된다.
- 만약 O와 X를 결정한 심사위원의 수가 같다면, 심사위원장이 O 결정을 한 경우 통과, X 결정을 한 경우 탈락한다.
- 4명의 참가자들은 어떤 심사위원이 자신에게 O 또는 X 결정을 내렸는지와 통과 또는 탈락 여부를 정확히 기억하여 甲에게 알려주었다.

〈보기〉

㉠ 4명의 참가자가 모두 심사위원 3인의 O 결정으로 통과했다면, 甲은 심사위원장을 알아낼 수 없다.

㉡ 4명의 참가자가 모두 같은 2인의 심사위원에게만 O 결정을 받아 탈락했다면, 甲은 심사위원장을 알아낼 수 있다.

㉢ 4명의 참가자가 모두 2인의 심사위원에게만 O 결정을 받았고, O 결정을 한 심사위원의 구성이 모두 다르다면, 甲은 심사위원장을 알아낼 수 있다.

① ㉠
② ㉡
③ ㉠, ㉢
④ ㉡, ㉢

**해설** ㉡ 4명의 참가자가 모두 같은 2인의 심사위원에게만 ○ 결정을 받아 탈락했다면, × 결정을 한 2인의 심사위원 중 1명이 심사위원장이다. 하지만 甲은 그 둘 중 누가 심사위원장인지 알아낼 수 없다.

**Answer** 59.② 60.③

01 인성검사의 개요

02 실전 인성검사

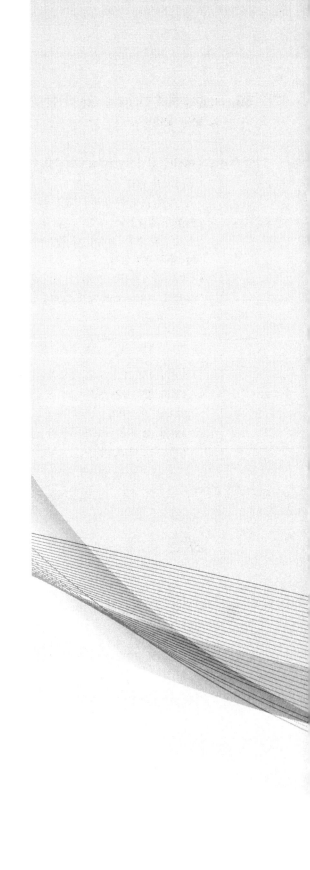

# PART 02

# 인성검사

CHAPTER

# 01 인성검사의 개요

## 1 인성(성격)검사의 개념과 목적

인성(성격)이란 개인을 특징짓는 평범하고 일상적인 사회적 이미지, 즉 지속적이고 일관된 공적 성격(Public – personality)이며, 환경에 대응함으로써 선천적 · 후천적 요소의 상호작용으로 결정화된 심리적 · 사회적 특성 및 경향을 의미한다.

인성검사는 직무적성검사를 실시하는 대부분의 기업체에서 병행하여 실시하고 있으며, 인성검사만 독자적으로 실시하는 기업도 있다.

기업체에서는 인성검사를 통하여 각 개인이 어떠한 성격 특성이 발달되어 있고, 어떤 특성이 얼마나 부족한지, 그것이 해당 직무의 특성 및 조직문화와 얼마나 맞는지를 알아보고 이에 적합한 인재를 선발하고자 한다. 또한 개인에게 적합한 직무 배분과 부족한 부분을 교육을 통해 보완하도록 할 수 있다.

인성검사의 측정요소는 검사방법에 따라 차이가 있다. 또한 각 기업체들이 사용하고 있는 인성검사는 기존에 개발된 인성검사방법에 각 기업체의 인재상을 적용하여 자신들에게 적합하게 재개발하여 사용하는 경우가 많다. 그러므로 기업체에서 요구하는 인재상을 파악하여 그에 따른 대비책을 준비하는 것이 바람직하다. 본서에서 제시된 인성검사는 크게 '특성'과 '유형'의 측면에서 측정하게 된다.

## 2 성격의 특성

### (1) 정서적 측면

정서적 측면은 평소 마음의 당연시하는 자세나 정신상태가 얼마나 안정하고 있는지 또는 불안정한지를 측정한다.

정서의 상태는 직무수행이나 대인관계와 관련하여 태도나 행동으로 드러난다. 그러므로 정서적 측면을 측정하는 것에 의해, 장래 조직 내의 인간관계에 어느 정도 잘 적응할 수 있을까(또는 적응하지 못할까)를 예측하는 것이 가능하다.

그렇기 때문에, 정서적 측면의 결과는 채용 시에 상당히 중시된다. 아무리 능력이 좋아도 장기적으로 조직 내의 인간관계에 잘 적응할 수 없다고 판단되는 인재는 기본적으로는 채용되지 않는다.

일반적으로 인성(성격)검사는 채용과는 관계없다고 생각하나 정서적으로 조직에 적응하지 못하는 인재는 채용단계에서 가려내지는 것을 유의하여야 한다.

① **민감성**(신경도) … 꼼꼼함, 섬세함, 성실함 등의 요소를 통해 일반적으로 신경질적인지 또는 자신의 존재를 위협받는다는 불안을 갖기 쉬운지를 측정한다.

| 질문 | 그렇다 | 약간 그렇다 | 그저 그렇다 | 별로 그렇지 않다 | 그렇지 않다 |
|---|---|---|---|---|---|
| • 남을 잘 배려한다고 생각한다.<br>• 어질러진 방에 있으면 불안하다.<br>• 실패 후에는 불안하다.<br>• 세세한 것까지 신경 쓴다.<br>• 이유 없이 불안할 때가 있다. | | | | | |

**▶측정결과**

㉠ '그렇다'가 많은 경우(상처받기 쉬운 유형) : 사소한 일에 신경 쓰고 다른 사람의 사소한 한마디 말에 상처를 받기 쉽다.

- 면접관의 심리 : '동료들과 잘 지낼 수 있을까?', '실패할 때마다 위축되지 않을까?'
- 면접대책 : 다소 신경질적이라도 능력을 발휘할 수 있다는 평가를 얻도록 한다. 주변과 충분한 의사소통이 가능하고, 결정한 것을 실행할 수 있다는 것을 보여주어야 한다.

㉡ '그렇지 않다'가 많은 경우(정신적으로 안정적인 유형) : 사소한 일에 신경 쓰지 않고 금방 해결하며, 주위 사람의 말에 과민하게 반응하지 않는다.

- 면접관의 심리 : '계약할 때 필요한 유형이고, 사고 발생에도 유연하게 대처할 수 있다.'
- 면접대책 : 일반적으로 '민감성'의 측정치가 낮으면 플러스 평가를 받으므로 더욱 자신감 있는 모습을 보여준다.

② **자책성**(과민도) … 자신을 비난하거나 책망하는 정도를 측정한다.

| 질문 | 그렇다 | 약간 그렇다 | 그저 그렇다 | 별로 그렇지 않다 | 그렇지 않다 |
|---|---|---|---|---|---|
| • 후회하는 일이 많다.<br>• 자신이 하찮은 존재라 생각된다.<br>• 문제가 발생하면 자기의 탓이라고 생각한다.<br>• 무슨 일이든지 끙끙대며 진행하는 경향이 있다.<br>• 온순한 편이다. | | | | | |

▶**측정결과**

㉠ '그렇다'가 많은 경우(자책하는 유형) : 비관적이고 후회하는 유형이다.
- 면접관의 심리 : '끙끙대며 괴로워하고, 일을 진행하지 못할 것 같다.'
- 면접대책 : 기분이 저조해도 항상 의욕을 가지고 생활하는 것과 책임감이 강하다는 것을 보여준다.

㉡ '그렇지 않다'가 많은 경우(낙천적인 유형) : 기분이 항상 밝은 편이다.
- 면접관의 심리 : '안정된 대인관계를 맺을 수 있고, 외부의 압력에도 흔들리지 않는다.'
- 면접대책 : 일반적으로 '자책성'의 측정치가 낮아야 좋은 평가를 받는다.

③ **기분성**(불안도) … 기분의 굴곡이나 감정적인 면의 미숙함이 어느 정도인지를 측정하는 것이다.

| 질문 | 그렇다 | 약간 그렇다 | 그저 그렇다 | 별로 그렇지 않다 | 그렇지 않다 |
|---|---|---|---|---|---|
| • 다른 사람의 의견에 자신의 결정이 흔들리는 경우가 많다.<br>• 기분이 쉽게 변한다.<br>• 종종 후회한다.<br>• 다른 사람보다 의지가 약한 편이라고 생각한다.<br>• 금방 싫증을 내는 성격이라는 말을 자주 듣는다. | | | | | |

▶**측정결과**

㉠ '그렇다'가 많은 경우(감정의 기복이 많은 유형) : 의지력보다 기분에 따라 행동하기 쉽다.
- 면접관의 심리 : '감정적인 것에 약하며, 상황에 따라 생산성이 떨어지지 않을까?'
- 면접대책 : 주변 사람들과 항상 협조한다는 것을 강조하고 한결같은 상태로 일할 수 있다는 평가를 받도록 한다.

㉡ '그렇지 않다'가 많은 경우(감정의 기복이 적은 유형) : 감정의 기복이 없고, 안정적이다.
- 면접관의 심리 : '안정적으로 업무에 임할 수 있다.'
- 면접대책 : 기분성의 측정치가 낮으면 플러스 평가를 받으므로 자신감을 가지고 면접에 임한다.

④ **독자성**(개인도) … 주변에 대한 견해나 관심, 자신의 견해나 생각에 어느 정도의 속박감을 가지고 있는지를 측정한다.

| 질문 | 그렇다 | 약간 그렇다 | 그저 그렇다 | 별로 그렇지 않다 | 그렇지 않다 |
|---|---|---|---|---|---|
| • 창의적 사고방식을 가지고 있다.<br>• 융통성이 없는 편이다.<br>• 혼자 있는 편이 많은 사람과 있는 것보다 편하다.<br>• 개성적이라는 말을 듣는다.<br>• 교제는 번거로운 것이라고 생각하는 경우가 많다. | | | | | |

**▶측정결과**

㉠ '그렇다'가 많은 경우: 자기의 관점을 중요하게 생각하는 유형으로, 주위의 상황보다 자신의 느낌과 생각을 중시한다.
- 면접관의 심리: '제멋대로 행동하지 않을까?'
- 면접대책: 주위 사람과 협조하여 일을 진행할 수 있다는 것과 상식에 얽매이지 않는다는 인상을 심어준다.

㉡ '그렇지 않다'가 많은 경우: 상식적으로 행동하고 주변 사람의 시선에 신경을 쓴다.
- 면접관의 심리: '다른 직원들과 협조하여 업무를 진행할 수 있겠다.'
- 면접대책: 협조성이 요구되는 기업체에서는 플러스 평가를 받을 수 있다.

⑤ **자신감**(자존심도) … 자기 자신에 대해 얼마나 긍정적으로 평가하는지를 측정한다.

| 질문 | 그렇다 | 약간 그렇다 | 그저 그렇다 | 별로 그렇지 않다 | 그렇지 않다 |
|---|---|---|---|---|---|
| • 다른 사람보다 능력이 뛰어나다고 생각한다.<br>• 다소 반대의견이 있어도 나만의 생각으로 행동할 수 있다.<br>• 나는 다른 사람보다 기가 센 편이다.<br>• 동료가 나를 모욕해도 무시할 수 있다.<br>• 대개의 일을 목적한 대로 헤쳐나갈 수 있다고 생각한다. | | | | | |

**▶측정결과**

㉠ '그렇다'가 많은 경우 : 자기 능력이나 외모 등에 자신감이 있고, 비판당하는 것을 좋아하지 않는다.

- 면접관의 심리 : '자만하여 지시에 잘 따를 수 있을까?'
- 면접대책 : 다른 사람의 조언을 잘 받아들이고, 겸허하게 반성하는 면이 있다는 것을 보여주고, 동료들과 잘 지내며 리더의 자질이 있다는 것을 강조한다.

㉡ '그렇지 않다'가 많은 경우 : 자신감이 없고 다른 사람의 비판에 약하다.

- 면접관의 심리 : '패기가 부족하지 않을까?', '쉽게 좌절하지 않을까?'
- 면접대책 : 극도의 자신감 부족으로 평가되지는 않는다. 그러나 마음이 약한 면은 있지만 의욕적으로 일을 하겠다는 마음가짐을 보여준다.

⑥ **고양성**(분위기에 들뜨는 정도) … 자유분방함, 명랑함과 같이 감정(기분)의 높고 낮음의 정도를 측정한다.

| 질문 | 그렇다 | 약간 그렇다 | 그저 그렇다 | 별로 그렇지 않다 | 그렇지 않다 |
|---|---|---|---|---|---|
| • 침착하지 못한 편이다.<br>• 다른 사람보다 쉽게 우쭐해진다.<br>• 모든 사람이 아는 유명인사가 되고 싶다.<br>• 모임이나 집단에서 분위기를 이끄는 편이다.<br>• 취미 등이 오랫동안 지속되지 않는 편이다. | | | | | |

▶**측정결과**

㉠ '그렇다'가 많은 경우 : 자극이나 변화가 있는 일상을 원하고 기분을 들뜨게 하는 사람과 친밀하게 지내는 경향이 강하다.

- 면접관의 심리 : '일을 진행하는 데 변덕스럽지 않을까?'
- 면접대책 : 밝은 태도는 플러스 평가를 받을 수 있지만, 착실한 업무능력이 요구되는 직종에서는 마이너스 평가가 될 수 있다. 따라서 자기조절이 가능하다는 것을 보여준다.

㉡ '그렇지 않다'가 많은 경우 : 감정이 항상 일정하고, 속을 드러내 보이지 않는다.

- 면접관의 심리 : '안정적인 업무 태도를 기대할 수 있겠다.'
- 면접대책 : '고양성'의 낮음은 대체로 플러스 평가를 받을 수 있다. 그러나 '무엇을 생각하고 있는지 모르겠다' 등의 평을 듣지 않도록 주의한다.

⑦ 허위성(진위성) … 필요 이상으로 자기를 좋게 보이려 하거나 기업체가 원하는 '이상형'에 맞춘 대답을 하고 있는지, 없는지를 측정한다.

| 질문 | 그렇다 | 약간 그렇다 | 그저 그렇다 | 별로 그렇지 않다 | 그렇지 않다 |
|---|---|---|---|---|---|
| • 약속을 깨뜨린 적이 한 번도 없다.<br>• 다른 사람을 부럽다고 생각해 본 적이 없다.<br>• 꾸지람을 들은 적이 없다.<br>• 사람을 미워한 적이 없다.<br>• 화를 낸 적이 한 번도 없다. | | | | | |

▶**측정결과**

㉠ '그렇다'가 많은 경우 : 실제의 자기와는 다른, 말하자면 원칙으로 해답할 가능성이 있다.

- 면접관의 심리 : '거짓을 말하고 있다.'
- 면접대책 : 조금이라도 좋게 보이려고 하는 '거짓말쟁이'로 평가될 수 있다. '거짓을 말하고 있다.'는 마음 따위가 전혀 없다 해도 결과적으로는 정직하게 답하지 않는다는 것이 되어 버린다. '허위성'의 측정 질문은 구분되지 않고 다른 질문 중에 섞여 있다. 그러므로 모든 질문에 솔직하게 답하여야 한다. 또한 자기 자신과 너무 동떨어진 이미지로 답하면 좋은 결과를 얻지 못한다. 그리고 면접에서 '허위성'을 기본으로 한 질문을 받게 되므로 당황하거나 또 다른 모순된 답변을 하게 된다. 겉치레를 하거나 무리한 욕심을 부리지 말고 '이런 사회인이 되고 싶다.'는 현재의 자신보다, 조금 성장한 자신을 표현하는 정도가 적당하다.

㉡ '그렇지 않다'가 많은 경우 : 냉정하고 정직하며, 외부의 압력과 스트레스에 강한 유형이다. '대쪽 같음'의 이미지가 굳어지지 않도록 주의한다.

### (2) 행동적인 측면

행동적 측면은 인격 중에 특히 행동으로 드러나기 쉬운 측면을 측정한다. 사람의 행동 특징 자체에는 선도 악도 없으나, 일반적으로는 일의 내용에 의해 원하는 행동이 있다. 때문에 행동적 측면은 주로 직종과 깊은 관계가 있는데 자신의 행동 특성을 살려 적합한 직종을 선택한다면 플러스가 될 수 있다.

행동 특성에서 보여 지는 특징은 면접장면에서도 드러나기 쉬운데 본서의 모의 TEST의 결과를 참고하여 자신의 태도, 행동이 면접관의 시선에 어떻게 비치는지를 점검하도록 한다.

① **사회적 내향성** … 대인관계에서 나타나는 행동경향으로 '낯가림'을 측정한다.

| 질문 | 선택 |
|---|---|
| A : 파티에서는 사람을 소개받는 편이다.<br>B : 파티에서는 사람을 소개하는 편이다. | |
| A : 처음 보는 사람과는 어색하게 시간을 보내는 편이다.<br>B : 처음 보는 사람과는 즐거운 시간을 보내는 편이다. | |
| A : 친구가 적은 편이다.<br>B : 친구가 많은 편이다. | |
| A : 자신의 의견을 말하는 경우가 적다.<br>B : 자신의 의견을 말하는 경우가 많다. | |
| A : 사교적인 모임에 참석하는 것을 좋아하지 않는다.<br>B : 사교적인 모임에 항상 참석한다. | |

**▶측정결과**

㉠ 'A'가 많은 경우 : 내성적이고 사람들과 접하는 것에 소극적이다. 자신의 의견을 말하지 않고 조심스러운 편이다.
- 면접관의 심리 : '소극적인데 동료와 잘 지낼 수 있을까?'
- 면접대책 : 대인관계를 맺는 것을 싫어하지 않고 의욕적으로 일을 할 수 있다는 것을 보여준다.

㉡ 'B'가 많은 경우 : 사교적이고 자기의 생각을 명확하게 전달할 수 있다.
- 면접관의 심리 : '사교적이고 활동적인 것은 좋지만, 자기주장이 너무 강하지 않을까?'
- 면접대책 : 협조성을 보여주고, 자기주장이 너무 강하다는 인상을 주지 않도록 주의한다.

② 내성성(침착도) … 자신의 행동과 일에 대해 침착하게 생각하는 정도를 측정한다.

| 질문 | 선택 |
|---|---|
| A : 시간이 걸려도 침착하게 생각하는 경우가 많다.<br>B : 짧은 시간에 결정을 하는 경우가 많다. | |
| A : 실패의 원인을 찾고 반성하는 편이다.<br>B : 실패를 해도 그다지(별로) 개의치 않는다. | |
| A : 결론이 도출되어도 몇 번 정도 생각을 바꾼다.<br>B : 결론이 도출되면 신속하게 행동으로 옮긴다. | |
| A : 여러 가지 생각하는 것이 능숙하다.<br>B : 여러 가지 일을 재빨리 능숙하게 처리하는 데 익숙하다. | |
| A : 여러 가지 측면에서 사물을 검토한다.<br>B : 행동한 후 생각을 한다. | |

**▶측정결과**

㉠ 'A'가 많은 경우 : 행동하기 보다는 생각하는 것을 좋아하고 신중하게 계획을 세워 실행한다.

- 면접관의 심리 : '행동으로 실천하지 못하고, 대응이 늦은 경향이 있지 않을까?'
- 면접대책 : 발로 뛰는 것을 좋아하고, 일을 더디게 한다는 인상을 주지 않도록 한다.

㉡ 'B'가 많은 경우 : 차분하게 생각하는 것보다 우선 행동하는 유형이다.

- 면접관의 심리 : '생각하는 것을 싫어하고 경솔한 행동을 하지 않을까?'
- 면접대책 : 계획을 세우고 행동할 수 있는 것을 보여주고 '사려 깊다'라는 인상을 남기도록 한다.

③ **신체활동성** … 몸을 움직이는 것을 좋아하는가를 측정한다.

| 질문 | 선택 |
|---|---|
| A : 민첩하게 활동하는 편이다.<br>B : 준비행동이 없는 편이다. | |
| A : 일을 척척 해치우는 편이다.<br>B : 일을 더디게 처리하는 편이다. | |
| A : 활발하다는 말을 듣는다.<br>B : 얌전하다는 말을 듣는다. | |
| A : 몸을 움직이는 것을 좋아한다.<br>B : 가만히 있는 것을 좋아한다. | |
| A : 스포츠를 하는 것을 즐긴다.<br>B : 스포츠를 보는 것을 좋아한다. | |

**▶측정결과**

㉠ 'A'가 많은 경우 : 활동적이고, 몸을 움직이게 하는 것이 컨디션이 좋다.
- 면접관의 심리 : '활동적으로 활동력이 좋아 보인다.'
- 면접대책 : 활동하고 얻은 성과 등과 주어진 상황의 대응능력을 보여준다.

㉡ 'B'가 많은 경우 : 침착한 인상으로, 차분하게 있는 타입이다.
- 면접관의 심리 : '좀처럼 행동하려 하지 않아 보이고, 일을 빠르게 처리할 수 있을까?'

④ **지속성(노력성)** … 무슨 일이든 포기하지 않고 끈기 있게 하려는 정도를 측정한다.

| 질문 | 선택 |
|---|---|
| A : 일단 시작한 일은 시간이 걸려도 끝까지 마무리한다.<br>B : 일을 하다 어려움에 부딪히면 단념한다. | |
| A : 끈질긴 편이다.<br>B : 바로 단념하는 편이다. | |
| A : 인내가 강하다는 말을 듣는다.<br>B : 금방 싫증을 낸다는 말을 듣는다. | |
| A : 집념이 깊은 편이다.<br>B : 담백한 편이다. | |
| A : 한 가지 일에 구애되는 것이 좋다고 생각한다.<br>B : 간단하게 체념하는 것이 좋다고 생각한다. | |

▶**측정결과**

㉠ 'A'가 많은 경우 : 시작한 것은 어려움이 있어도 포기하지 않고 인내심이 높다.

- 면접관의 심리 : '한 가지의 일에 너무 구애되고, 업무의 진행이 원활할까?'
- 면접대책 : 인내력이 있는 것은 플러스 평가를 받을 수 있지만 집착이 강해 보이기도 한다.

㉡ 'B'가 많은 경우 : 뒤끝이 없고 조그만 실패로 일을 포기하기 쉽다.

- 면접관의 심리 : '질리는 경향이 있고, 일을 정확히 끝낼 수 있을까?'
- 면접대책 : 지속적인 노력으로 성공했던 사례를 준비하도록 한다.

⑤ **신중성(주의성)** … 자신이 처한 주변상황을 즉시 파악하고 자신의 행동이 어떤 영향을 미치는지를 측정한다.

| 질문 | 선택 |
|---|---|
| A : 여러 가지로 생각하면서 완벽하게 준비하는 편이다.<br>B : 행동할 때부터 임기응변적인 대응을 하는 편이다. | |
| A : 신중해서 타이밍을 놓치는 편이다.<br>B : 준비 부족으로 실패하는 편이다. | |
| A : 자신은 어떤 일에도 신중히 대응하는 편이다.<br>B : 순간적인 충동으로 활동하는 편이다. | |
| A : 시험을 볼 때 끝날 때까지 재검토하는 편이다.<br>B : 시험을 볼 때 한 번에 모든 것을 마치는 편이다. | |
| A : 일에 대해 계획표를 만들어 실행한다.<br>B : 일에 대한 계획표 없이 진행한다. | |

▶**측정결과**

㉠ 'A'가 많은 경우 : 주변 상황에 민감하고, 예측하여 계획 있게 일을 진행한다.

- 면접관의 심리 : '너무 신중해서 적절한 판단을 할 수 있을까?', '앞으로의 상황에 불안을 느끼지 않을까?'
- 면접대책 : 예측을 하고 실행을 하는 것은 플러스 평가가 되지만, 너무 신중하면 일의 진행이 정체될 가능성을 보이므로 추진력이 있다는 강한 의욕을 보여준다.

㉡ 'B'가 많은 경우 : 주변 상황을 살펴보지 않고 착실한 계획 없이 일을 진행시킨다.

- 면접관의 심리 : '사려 깊지 않고, 실패하는 일이 많지 않을까?', '판단이 빠르고 유연한 사고를 할 수 있을까?'
- 면접대책 : 사전준비를 중요하게 생각하고 있다는 것 등을 보여주고, 경솔한 인상을 주지 않도록 한다. 또한 판단력이 빠르거나 유연한 사고 덕분에 일 처리를 잘 할 수 있다는 것을 강조한다.

### (3) 의욕적인 측면

의욕적인 측면은 의욕의 정도, 활동력의 유무 등을 측정한다. 여기서의 의욕이란 우리들이 보통 말하고 사용하는 '하려는 의지'와는 조금 뉘앙스가 다르다. '하려는 의지'란 그 때의 환경이나 기분에 따라 변화하는 것이지만, 여기에서는 조금 더 변화하기 어려운 특징, 말하자면 정신적 에너지의 양으로 측정하는 것이다.

의욕적 측면은 행동적 측면과는 다르고, 전반적으로 어느 정도 점수가 높은 쪽을 선호한다. 모의검사의 의욕적 측면의 결과가 낮다면, 평소 일에 몰두할 때 조금 의욕 있는 자세를 가지고 서서히 개선하도록 노력해야 한다.

① **달성의욕** … 목적의식을 가지고 높은 이상을 가지고 있는지를 측정한다.

| 질문 | 선택 |
|---|---|
| A : 경쟁심이 강한 편이다.<br>B : 경쟁심이 약한 편이다. | |
| A : 어떤 한 분야에서 제1인자가 되고 싶다고 생각한다.<br>B : 어느 분야에서든 성실하게 임무를 진행하고 싶다고 생각한다. | |
| A : 규모가 큰일을 해보고 싶다.<br>B : 맡은 일에 충실히 임하고 싶다. | |
| A : 아무리 노력해도 실패한 것은 아무런 도움이 되지 않는다.<br>B : 가령 실패했을 지라도 나름대로의 노력이 있었으므로 괜찮다. | |
| A : 높은 목표를 설정하여 수행하는 것이 의욕적이다.<br>B : 실현 가능한 정도의 목표를 설정하는 것이 의욕적이다. | |

**▶측정결과**

㉠ 'A'가 많은 경우 : 큰 목표와 높은 이상을 가지고 승부욕이 강한 편이다.
- 면접관의 심리 : '열심히 일을 해줄 것 같은 유형이다.'
- 면접대책 : 달성의욕이 높다는 것은 어떤 직종이라도 플러스 평가가 된다.

㉡ 'B'가 많은 경우 : 현재의 생활을 소중하게 여기고 비약적인 발전을 위하여 기를 쓰지 않는다.
- 면접관의 심리 : '외부의 압력에 약하고, 기획입안 등을 하기 어려울 것이다.'
- 면접대책 : 일을 통하여 하고 싶은 것들을 구체적으로 어필한다.

② **활동의욕** … 자신에게 잠재된 에너지의 크기로, 정신적인 측면의 활동력이라 할 수 있다.

| 질문 | 선택 |
|---|---|
| A : 하고 싶은 일을 실행으로 옮기는 편이다.<br>B : 하고 싶은 일을 좀처럼 실행할 수 없는 편이다. | |
| A : 어려운 문제를 해결해 가는 것이 좋다.<br>B : 어려운 문제를 해결하는 것을 잘하지 못한다. | |
| A : 일반적으로 결단이 빠른 편이다.<br>B : 일반적으로 결단이 느린 편이다. | |
| A : 곤란한 상황에도 도전하는 편이다.<br>B : 사물의 본질을 깊게 관찰하는 편이다. | |
| A : 시원시원하다는 말을 잘 듣는다.<br>B : 꼼꼼하다는 말을 잘 듣는다. | |

**▶측정결과**

㉠ 'A'가 많은 경우 : 꾸물거리는 것을 싫어하고 재빠르게 결단해서 행동하는 타입이다.
- 면접관의 심리 : '일을 처리하는 솜씨가 좋고, 일을 척척 진행할 수 있을 것 같다.'
- 면접대책 : 활동의욕이 높은 것은 플러스 평가가 된다. 사교성이나 활동성이 강하다는 인상을 준다.

㉡ 'B'가 많은 경우 : 안전하고 확실한 방법을 모색하고 차분하게 시간을 아껴서 일에 임하는 타입이다.
- 면접관의 심리 : '재빨리 행동을 못하고, 일의 처리속도가 느린 것이 아닐까?'
- 면접대책 : 활동성이 있는 것을 좋아하고 움직임이 더디다는 인상을 주지 않도록 한다.

## 3 성격의 유형

### (1) 인성검사유형의 4가지 척도

정서적인 측면, 행동적인 측면, 의욕적인 측면의 요소들은 성격 특성이라는 관점에서 제시된 것들로 각 개인의 장·단점을 파악하는 데 유용하다. 그러나 전체적인 개인의 인성을 이해하는 데는 한계가 있다.

성격의 유형은 개인의 '성격적인 특색'을 가리키는 것으로, 사회인으로서 적합한지, 아닌지를 말하는 관점과는 관계가 없다. 따라서 채용의 합격 여부에는 사용되지 않는 경우가 많으며, 입사 후의 적정 부서 배치의 자료가 되는 편이라 생각하면 된다. 그러나 채용과 관계가 없다고 해서 아무런 준비도 필요없는 것은 아니다. 자신을 아는 것은 면접 대책의 밑거름이 되므로 모의검사 결과를 충분히 활용하도록 하여야 한다.

본서에서는 4개의 척도를 사용하여 기본적으로 16개의 패턴으로 성격의 유형을 분류하고 있다. 각 개인의 성격이 어떤 유형인지 재빨리 파악하기 위해 사용되며, '적성'에 맞는지, 맞지 않는지의 관점에 활용된다.

- 흥미 · 관심의 방향 : 내향형 ←――――→ 외향형
- 사물에 대한 견해 : 직관형 ←――――→ 감각형
- 판단하는 방법 : 감정형 ←――――→ 사고형
- 환경에 대한 접근방법 : 지각형 ←――――→ 판단형

## (2) 성격유형

① **흥미 · 관심의 방향(내향⇆외향)** … 흥미 · 관심의 방향이 자신의 내면에 있는지, 주위환경 등 외면에 향하는지를 가리키는 척도이다.

| 질문 | 선택 |
|---|---|
| A : 내성적인 성격인 편이다.<br>B : 개방적인 성격인 편이다. | |
| A : 항상 신중하게 생각을 하는 편이다.<br>B : 바로 행동에 착수하는 편이다. | |
| A : 수수하고 조심스러운 편이다.<br>B : 자기 표현력이 강한 편이다. | |
| A : 다른 사람과 함께 있으면 침착하지 않다.<br>B : 혼자서 있으면 침착하지 않다. | |

**▶측정결과**

㉠ 'A'가 많은 경우(내향) : 관심의 방향이 자기 내면에 있으며, 조용하고 낯을 가리는 유형이다. 행동력은 부족하나 집중력이 뛰어나고 신중하고 꼼꼼하다.

㉡ 'B'가 많은 경우(외향) : 관심의 방향이 외부환경에 있으며, 사교적이고 활동적인 유형이다. 꼼꼼함이 부족하여 대충하는 경향이 있으나 행동력이 있다.

② 일(사물)을 보는 방법(직감⇆감각) … 일(사물)을 보는 법이 직감적으로 형식에 얽매이는지, 감각적으로 상식적인지를 가리키는 척도이다.

| 질문 | 선택 |
|---|---|
| A : 현실주의적인 편이다.<br>B : 상상력이 풍부한 편이다. | |
| A : 정형적인 방법으로 일을 처리하는 것을 좋아한다.<br>B : 만들어진 방법에 변화가 있는 것을 좋아한다. | |
| A : 경험에서 가장 적합한 방법으로 선택한다.<br>B : 지금까지 없었던 새로운 방법을 개척하는 것을 좋아한다. | |
| A : 호기심이 강하다는 말을 듣는다.<br>B : 성실하다는 말을 듣는다. | |

**▶측정결과**

㉠ 'A'가 많은 경우(감각) : 현실적이고 경험주의적이며 보수적인 유형이다.

㉡ 'B'가 많은 경우(직관) : 새로운 주제를 좋아하며, 독자적인 시각을 가진 유형이다.

③ 판단하는 방법(감정⇆사고) … 일을 감정적으로 판단하는지, 논리적으로 판단하는지를 가리키는 척도이다.

| 질문 | 선택 |
|---|---|
| A : 인간관계를 중시하는 편이다.<br>B : 일의 내용을 중시하는 편이다. | |
| A : 결론을 자기의 신념과 감정에서 이끌어내는 편이다.<br>B : 결론을 논리적 사고에 의거하여 내리는 편이다. | |
| A : 다른 사람보다 동정적이고 눈물이 많은 편이다.<br>B : 다른 사람보다 이성적이고 냉정하게 대응하는 편이다. | |

**▶측정결과**

㉠ 'A'가 많은 경우(감정) : 일을 판단할 때 마음 · 감정을 중요하게 여기는 유형이다. 감정이 풍부하고 친절하나 엄격함이 부족하고 우유부단하며, 합리성이 부족하다.

㉡ 'B'가 많은 경우(사고) : 일을 판단할 때 논리성을 중요하게 여기는 유형이다. 이성적이고 합리적이나 타인에 대한 배려가 부족하다.

④ **환경에 대한 접근방법** … 주변상황에 어떻게 접근하는지, 그 판단기준을 어디에 두는지를 측정한다.

| 질문 | 선택 |
|---|---|
| A : 사전에 계획을 세우지 않고 행동한다.<br>B : 반드시 계획을 세우고 그것에 의거해서 행동한다. | |
| A : 자유롭게 행동하는 것을 좋아한다.<br>B : 조직적으로 행동하는 것을 좋아한다. | |
| A : 조직성이나 관습에 속박당하지 않는다.<br>B : 조직성이나 관습을 중요하게 여긴다. | |
| A : 계획 없이 낭비가 심한 편이다.<br>B : 예산을 세워 물건을 구입하는 편이다. | |

**▶측정결과**

㉠ 'A'가 많은 경우(지각) : 일의 변화에 융통성을 가지고 유연하게 대응하는 유형이다. 낙관적이며 질서보다는 자유를 좋아하나 임기응변식의 대응으로 무계획적인 인상을 줄 수 있다.

㉡ 'B'가 많은 경우(판단) : 일의 진행시 계획을 세워서 실행하는 유형이다. 순차적으로 진행하는 일을 좋아하고 끈기가 있으나 변화에 대해 적절하게 대응하지 못하는 경향이 있다.

### (3) 성격유형의 판정

성격유형은 합격 여부의 판정보다는 배치를 위한 자료로써 이용된다. 즉, 기업은 입사시험단계에서 입사 후에도 사용할 수 있는 정보를 입수하고 있다는 것이다. 성격검사에서는 어느 척도가 얼마나 고득점이었는지에 주시하고 각각의 측면에서 반드시 하나씩 고르고 편성한다. 편성은 모두 16가지가 되나 각각의 측면을 더 세분하면 200가지 이상의 유형이 나온다.

여기에서는 16가지 편성을 제시한다. 성격검사에 어떤 정보가 게재되어 있는지를 이해하면서 자기의 성격유형을 파악하기 위한 실마리로 활용하도록 한다.

① **내향 – 직관 – 감정 – 지각(TYPE A)**

관심이 내면에 향하고 조용하고 소극적이다. 사물에 대한 견해는 새로운 것에 대해 호기심이 강하고, 독창적이다. 감정은 좋아하는 것과 싫어하는 것의 판단이 확실하고, 감정이 풍부하고 따뜻한 느낌이 있는 반면, 합리성이 부족한 경향이 있다. 환경에 접근하는 방법은 순응적이고 상황의 변화에 대해 유연하게 대응하는 것을 잘한다.

② 내향 – 직관 – 감정 – 사고(TYPE B)

관심이 내면으로 향하고 조용하고 쑥스러움을 잘 타는 편이다. 사물을 보는 관점은 독창적이며, 자기 나름대로 궁리하며 생각하는 일이 많다. 좋고 싫음으로 판단하는 경향이 강하고 타인에게는 친절한 반면, 우유부단하기 쉬운 편이다. 환경 변화에 대해 유연하게 대응하는 것을 잘한다.

③ 내향 – 직관 – 사고 – 지각(TYPE C)

관심이 내면으로 향하고 얌전하고 교제범위가 좁다. 사물을 보는 관점은 독창적이며, 현실에서 먼 추상적인 것을 생각하기를 좋아한다. 논리적으로 생각하고 판단하는 경향이 강하고 이성적이지만, 남의 감정에 대해서는 무반응인 경향이 있다. 환경의 변화에 순응적이고 융통성 있게 임기응변으로 대응할 수가 있다.

④ 내향 – 직관 – 사고 – 판단(TYPE D)

관심이 내면으로 향하고 주의 깊고 신중하게 행동을 한다. 사물을 보는 관점은 독창적이며 논리를 좋아해서 이치를 따지는 경향이 있다. 논리적으로 생각하고 판단하는 경향이 강하고, 객관적이지만 상대방의 마음에 대한 배려가 부족한 경향이 있다. 환경에 대해서는 순응하는 것보다 대응하며, 한번 정한 것은 끈질기게 행동하려 한다.

⑤ 내향 – 감각 – 감정 – 지각(TYPE E)

관심이 내면으로 향하고 조용하며 소극적이다. 사물을 보는 관점은 상식적이고 그대로의 것을 좋아하는 경향이 있다. 좋음과 싫음으로 판단하는 경향이 강하고 타인에 대해서 동정심이 많은 반면, 엄격한 면이 부족한 경향이 있다. 환경에 대해서는 순응적이고, 예측할 수 없다 해도 태연하게 행동하는 경향이 있다.

⑥ 내향 – 감각 – 감정 – 판단(TYPE F)

관심이 내면으로 향하고 얌전하며 쑥스러움을 많이 탄다. 사물을 보는 관점은 상식적이고 논리적으로 생각하는 것보다도 경험을 중요시하는 경향이 있다. 좋고 싫음으로 판단하는 경향이 강하고 사람이 좋은 반면, 개인적 취향이나 소원에 영향을 받는 일이 많은 경향이 있다. 환경에 대해서는 영향을 받지 않고, 자기 페이스대로 꾸준히 성취하는 일을 잘한다.

⑦ 내향 – 감각 – 사고 – 지각(TYPE G)

관심이 내면으로 향하고 얌전하고 교제범위가 좁다. 사물을 보는 관점은 상식적인 동시에 실천적이며, 틀에 박힌 형식을 좋아한다. 논리적으로 판단하는 경향이 강하고 침착하지만 사람에 대해서는 엄격하여 차가운 인상을 주는 일이 많다. 환경에 대해서 순응적이고, 계획적으로 행동하지 않으며 자유로운 행동을 좋아하는 경향이 있다.

⑧ 내향 – 감각 – 사고 – 판단(TYPE H)

관심이 내면으로 향하고 주의 깊고 신중하게 행동을 한다. 사물을 보는 관점이 상식적이고 새롭고 경험하지 못한 일에 대응을 잘 하지 못한다. 논리적으로 생각하고 판단하는 경향이 강하고, 공평하지만 상대방의 감정에 대해 배려가 부족할 때가 있다. 환경에 대해서는 작용하는 편이고, 질서 있게 행동하는 것을 좋아한다.

⑨ 외향 – 직관 – 감정 – 지각(TYPE I)

관심이 외향으로 향하고 밝고 활동적이며 교제범위가 넓다. 사물을 보는 관점은 독창적이고 호기심이 강하며 새로운 것을 생각하는 것을 좋아한다. 좋음 싫음으로 판단하는 경향이 강하다. 사람은 좋은 반면 개인적 취향이나 소원에 영향을 받는 일이 많은 편이다.

⑩ 외향 – 직관 – 감정 – 판단(TYPE J)

관심이 외향으로 향하고 개방적이며 누구와도 쉽게 친해질 수 있다. 사물을 보는 관점은 독창적이고 자기 나름대로 궁리하고 생각하는 면이 많다. 좋음과 싫음으로 판단하는 경향이 강하고, 타인에 대해 동정적이기 쉽고 엄격함이 부족한 경향이 있다. 환경에 대해서는 작용하는 편이고 질서 있는 행동을 하는 것을 좋아한다.

⑪ 외향 – 직관 – 사고 – 지각(TYPE K)

관심이 외향으로 향하고 태도가 분명하며 활동적이다. 사물을 보는 관점은 독창적이고 현실과 거리가 있는 추상적인 것을 생각하는 것을 좋아한다. 논리적으로 생각하고 판단하는 경향이 강하고, 공평하지만 상대에 대한 배려가 부족할 때가 있다.

⑫ 외향 – 직관 – 사고 – 판단(TYPE L)

관심이 외향으로 향하고 밝고 명랑한 성격이며 사교적인 것을 좋아한다. 사물을 보는 관점은 독창적이고 논리적인 것을 좋아하기 때문에 이치를 따지는 경향이 있다. 논리적으로 생각하고 판단하는 경향이 강하고 침착성이 뛰어나지만 사람에 대해서 엄격하고 차가운 인상을 주는 경우가 많다. 환경에 대해 작용하는 편이고 계획을 세우고 착실하게 실행하는 것을 좋아한다.

⑬ 외향 – 감각 – 감정 – 지각(TYPE M)

관심이 외향으로 향하고 밝고 활동적이고 교제범위가 넓다. 사물을 보는 관점은 상식적이고 종래대로 있는 것을 좋아한다. 보수적인 경향이 있고 좋아함과 싫어함으로 판단하는 경향이 강하며 타인에게는 친절한 반면, 우유부단한 경우가 많다. 환경에 대해 순응적이고, 융통성이 있고 임기응변으로 대응할 가능성이 높다.

⑭ 외향 – 감각 – 감정 – 판단(TYPE N)

관심이 외향으로 향하고 개방적이며 누구와도 쉽게 대면할 수 있다. 사물을 보는 관점은 상식적이고 논리적으로 생각하기보다는 경험을 중시하는 편이다. 좋아함과 싫어함으로 판단하는 경향이 강하고 감정이 풍부하며 따뜻한 느낌이 있는 반면에 합리성이 부족한 경우가 많다. 환경에 대해서 작용하는 편이고, 한 번 결정한 것은 끈질기게 실행하려고 한다.

⑮ 외향 – 감각 – 사고 – 지각(TYPE O)

관심이 외향으로 향하고 시원한 태도이며 활동적이다. 사물을 보는 관점이 상식적이며 동시에 실천적이고 명백한 형식을 좋아하는 경향이 있다. 논리적으로 생각하고 판단하는 경향이 강하고, 객관적이지만 상대 마음에 대해 배려가 부족한 경향이 있다.

⑯ 외향 – 감각 – 사고 – 판단(TYPE P)

관심이 외향으로 향하고 밝고 명랑하며 사교적인 것을 좋아한다. 사물을 보는 관점은 상식적이고 경험하지 못한 새로운 것에 대응을 잘 하지 못한다. 논리적으로 생각하고 판단하는 경향이 강하고 이성적이지만 사람의 감정에 무심한 경향이 있다. 환경에 대해서는 작용하는 편이고, 자기 페이스대로 꾸준히 성취하는 것을 잘한다.

## 4 인성검사의 대책

### (1) 미리 알아두어야 할 점

① 출제 문항 수 … 인성검사의 출제 문항 수는 특별히 정해진 것이 아니며 각 기업체의 기준에 따라 달라질 수 있다. 보통 100문항 이상에서 600문항까지 출제된다고 예상하면 된다.

② 출제형식

㉠ '예' 아니면 '아니오'의 형식

**다음 문항을 읽고 자신에게 해당되는지 안 되는지를 판단하여 해당될 경우 '예'를, 해당되지 않을 경우 '아니오'를 고르시오.**

| 질문 | 예 | 아니오 |
|---|---|---|
| 1. 자신의 생각이나 의견은 좀처럼 변하지 않는다. | ○ | |
| 2. 구입한 후 끝까지 읽지 않은 책이 많다. | | ○ |

**다음 문항에 대해서 평소에 자신이 생각하고 있는 것이나 행동하고 있는 것에 ○표를 하시오.**

| 질문 | 그렇다 | 약간 그렇다 | 그저 그렇다 | 별로 그렇지 않다 | 그렇지 않다 |
|---|---|---|---|---|---|
| 1. 시간에 쫓기는 것이 싫다. | | ○ | | | |
| 2. 여행가기 전에 계획을 세운다. | | | ○ | | |

㉡ A와 B의 선택형식

**A와 B에 주어진 문장을 읽고 자신에게 해당되는 것을 고르시오.**

| 질문 | 선택 |
|---|---|
| A : 걱정거리가 있어서 잠을 못 잘 때가 있다. | ( ○ ) |
| B : 걱정거리가 있어도 잠을 잘 잔다. | (   ) |

### (2) 임하는 자세

① **솔직하게 있는 그대로 표현한다** … 인성검사는 평범한 일상생활 내용들을 다룬 짧은 문장과 어떤 대상이나 일에 대한 선로를 선택하는 문장으로 구성되었으므로 평소에 자신이 생각한 바를 너무 골똘히 생각하지 말고 문제를 보는 순간 떠오른 것을 표현한다.

② **모든 문제를 신속하게 대답한다** … 인성검사는 시간제한이 없는 것이 원칙이지만 기업체들은 일정한 시간제한을 두고 있다. 인성검사는 개인의 성격과 자질을 알아보기 위한 검사이기 때문에 정답이 없다. 다만, 기업체에서 바람직하게 생각하거나 기대되는 결과가 있을 뿐이다. 따라서 시간에 쫓겨서 대충 대답을 하는 것은 바람직하지 못하다.

# 실전 인성검사

※ 인성검사는 개인의 인성 및 성향을 알아보기 위한 검사로 별도의 답이 존재하지 않습니다.

## 예시 1

**▌1~250▐ 다음 제시된 문항이 당신에게 해당한다면 YES, 그렇지 않다면 NO를 선택하시오.**

YES NO

1. 조금이라도 나쁜 소식은 절망의 시작이라고 생각해버린다. ( )( )
2. 언제나 실패가 걱정이 되어 어쩔 줄 모른다. ( )( )
3. 다수결의 의견에 따르는 편이다. ( )( )
4. 혼자서 커피숍에 들어가는 것은 전혀 두려운 일이 아니다. ( )( )
5. 승부근성이 강하다. ( )( )
6. 자주 흥분해서 침착하지 못하다. ( )( )
7. 지금까지 살면서 타인에게 폐를 끼친 적이 없다. ( )( )
8. 소곤소곤 이야기하는 것을 보면 자기에 대해 험담하고 있는 것으로 생각된다. ( )( )
9. 무엇이든지 자기가 나쁘다고 생각하는 편이다. ( )( )
10. 자신을 변덕스러운 사람이라고 생각한다. ( )( )
11. 고독을 즐기는 편이다. ( )( )
12. 자존심이 강하다고 생각한다. ( )( )
13. 금방 흥분하는 성격이다. ( )( )
14. 거짓말을 한 적이 없다. ( )( )
15. 신경질적인 편이다. ( )( )
16. 끙끙대며 고민하는 타입이다. ( )( )

YES NO

17. 감정적인 사람이라고 생각한다. ……………………………………………………………( )( )

18. 자신만의 신념을 가지고 있다. ……………………………………………………………( )( )

19. 다른 사람을 바보 같다고 생각한 적이 있다. ……………………………………………( )( )

20. 금방 말해버리는 편이다. …………………………………………………………………( )( )

21. 싫어하는 사람이 없다. ……………………………………………………………………( )( )

22. 대재앙이 오지 않을까 항상 걱정을 한다. ………………………………………………( )( )

23. 쓸데없는 고생을 사서 하는 일이 많다. …………………………………………………( )( )

24. 자주 생각이 바뀌는 편이다. ……………………………………………………………( )( )

25. 문제점을 해결하기 위해 여러 사람과 상의한다. ………………………………………( )( )

26. 내 방식대로 일을 한다. …………………………………………………………………( )( )

27. 영화를 보고 운 적이 많다. ………………………………………………………………( )( )

28. 어떤 것에 대해서도 화낸 적이 없다. ……………………………………………………( )( )

29. 사소한 충고에도 걱정을 한다. …………………………………………………………( )( )

30. 자신은 도움이 안되는 사람이라고 생각한다. …………………………………………( )( )

31. 금방 싫증을 내는 편이다. ………………………………………………………………( )( )

32. 개성적인 사람이라고 생각한다. …………………………………………………………( )( )

33. 자기주장이 강한 편이다. …………………………………………………………………( )( )

34. 산만하다는 말을 들은 적이 있다. ………………………………………………………( )( )

35. 학교를 쉬고 싶다고 생각한 적이 한 번도 없다. ………………………………………( )( )

36. 사람들과 관계 맺는 것을 보면 잘하지 못한다. …………………………………………( )( )

37. 사려 깊은 편이다. …………………………………………………………………………( )( )

38. 몸을 움직이는 것을 좋아한다. ……………………………………………………………( )( )

39. 끈기가 있는 편이다. ………………………………………………………………………( )( )

YES NO

40. 신중한 편이라고 생각한다. ( )( )

41. 인생의 목표는 큰 것이 좋다. ( )( )

42. 어떤 일이라도 바로 시작하는 타입이다. ( )( )

43. 낯가림을 하는 편이다. ( )( )

44. 생각하고 나서 행동하는 편이다. ( )( )

45. 쉬는 날은 밖으로 나가는 경우가 많다. ( )( )

46. 시작한 일은 반드시 완성시킨다. ( )( )

47. 면밀한 계획을 세운 여행을 좋아한다. ( )( )

48. 야망이 있는 편이라고 생각한다. ( )( )

49. 활동력이 있는 편이다. ( )( )

50. 많은 사람들과 왁자지껄하게 식사하는 것을 좋아하지 않는다. ( )( )

51. 돈을 허비한 적이 없다. ( )( )

52. 운동회를 아주 좋아하고 기대했다. ( )( )

53. 하나의 취미에 열중하는 타입이다. ( )( )

54. 모임에서 회장에 어울린다고 생각한다. ( )( )

55. 입신출세의 성공이야기를 좋아한다. ( )( )

56. 어떠한 일도 의욕을 가지고 임하는 편이다. ( )( )

57. 학급에서는 존재가 희미했다. ( )( )

58. 항상 무언가를 생각하고 있다. ( )( )

59. 스포츠는 보는 것보다 하는 게 좋다. ( )( )

60. '참 잘했네요'라는 말을 듣는다. ( )( )

61. 흐린 날은 반드시 우산을 가지고 간다. ( )( )

62. 주연상을 받을 수 있는 배우를 좋아한다. ( )( )

YES NO

63. 공격하는 타입이라고 생각한다. ( )( )

64. 리드를 받는 편이다. ( )( )

65. 너무 신중해서 기회를 놓친 적이 있다. ( )( )

66. 시원시원하게 움직이는 타입이다. ( )( )

67. 야근을 해서라도 업무를 끝낸다. ( )( )

68. 누군가를 방문할 때는 반드시 사전에 확인한다. ( )( )

69. 노력해도 결과가 따르지 않으면 의미가 없다. ( )( )

70. 무조건 행동해야 한다. ( )( )

71. 유행에 둔감하다고 생각한다. ( )( )

72. 정해진 대로 움직이는 것은 시시하다. ( )( )

73. 꿈을 계속 가지고 있고 싶다. ( )( )

74. 질서보다 자유를 중요시하는 편이다. ( )( )

75. 혼자서 취미에 몰두하는 것을 좋아한다. ( )( )

76. 직관적으로 판단하는 편이다. ( )( )

77. 영화나 드라마를 보면 등장인물의 감정에 이입된다. ( )( )

78. 시대의 흐름에 역행해서라도 자신을 관철하고 싶다. ( )( )

79. 다른 사람의 소문에 관심이 없다. ( )( )

80. 창조적인 편이다. ( )( )

81. 비교적 눈물이 많은 편이다. ( )( )

82. 융통성이 있다고 생각한다. ( )( )

83. 친구의 휴대전화 번호를 잘 모른다. ( )( )

84. 스스로 고안하는 것을 좋아한다. ( )( )

85. 정이 두터운 사람으로 남고 싶다. ( )( )

| | YES | NO |
|---|---|---|
| 86. 조직의 일원으로 별로 안 어울린다. | ( ) | ( ) |
| 87. 세상의 일에 별로 관심이 없다. | ( ) | ( ) |
| 88. 변화를 추구하는 편이다. | ( ) | ( ) |
| 89. 업무는 인간관계로 선택한다. | ( ) | ( ) |
| 90. 환경이 변하는 것에 구애되지 않는다. | ( ) | ( ) |
| 91. 불안감이 강한 편이다. | ( ) | ( ) |
| 92. 인생은 살 가치가 없다고 생각한다. | ( ) | ( ) |
| 93. 의지가 약한 편이다. | ( ) | ( ) |
| 94. 다른 사람이 하는 일에 별로 관심이 없다. | ( ) | ( ) |
| 95. 사람을 설득시키는 것은 어렵지 않다. | ( ) | ( ) |
| 96. 심심한 것을 못 참는다. | ( ) | ( ) |
| 97. 다른 사람을 욕한 적이 한 번도 없다. | ( ) | ( ) |
| 98. 다른 사람에게 어떻게 보일지 신경을 쓴다. | ( ) | ( ) |
| 99. 금방 낙심하는 편이다. | ( ) | ( ) |
| 100. 다른 사람에게 의존하는 경향이 있다. | ( ) | ( ) |
| 101. 그다지 융통성이 있는 편이 아니다. | ( ) | ( ) |
| 102. 다른 사람이 내 의견에 간섭하는 것이 싫다. | ( ) | ( ) |
| 103. 낙천적인 편이다. | ( ) | ( ) |
| 104. 숙제를 잊어버린 적이 한 번도 없다. | ( ) | ( ) |
| 105. 밤길에는 발소리가 들리기만 해도 불안하다. | ( ) | ( ) |
| 106. 상냥하다는 말을 들은 적이 있다. | ( ) | ( ) |
| 107. 자신은 유치한 사람이다. | ( ) | ( ) |
| 108. 잡담을 하는 것보다 책을 읽는 게 낫다. | ( ) | ( ) |

YES NO

109. 나는 영업에 적합한 타입이라고 생각한다. ( )( )

110. 술자리에서 술을 마시지 않아도 흥을 돋울 수 있다. ( )( )

111. 한 번도 병원에 간 적이 없다. ( )( )

112. 나쁜 일은 걱정이 되어서 어쩔 줄을 모른다. ( )( )

113. 금세 무기력해지는 편이다. ( )( )

114. 비교적 고분고분한 편이라고 생각한다. ( )( )

115. 독자적으로 행동하는 편이다. ( )( )

116. 적극적으로 행동하는 편이다. ( )( )

117. 금방 감격하는 편이다. ( )( )

118. 어떤 것에 대해서는 불만을 가진 적이 없다. ( )( )

119. 밤에 못 잘 때가 많다. ( )( )

120. 자주 후회하는 편이다. ( )( )

121. 뜨거워지기 쉽고 식기 쉽다. ( )( )

122. 자신만의 세계를 가지고 있다. ( )( )

123. 많은 사람 앞에서도 긴장하는 일은 없다. ( )( )

124. 말하는 것을 아주 좋아한다. ( )( )

125. 인생을 포기하는 마음을 가진 적이 한 번도 없다. ( )( )

126. 어두운 성격이다. ( )( )

127. 금방 반성한다. ( )( )

128. 활동범위가 넓은 편이다. ( )( )

129. 자신을 끈기 있는 사람이라고 생각한다. ( )( )

130. 좋다고 생각하더라도 좀 더 검토하고 나서 실행한다. ( )( )

131. 위대한 인물이 되고 싶다. ( )( )

YES NO

132. 한 번에 많은 일을 떠맡아도 힘들지 않다. ( )( )

133. 사람과 만날 약속은 부담스럽다. ( )( )

134. 질문을 받으면 충분히 생각하고 나서 대답하는 편이다. ( )( )

135. 머리를 쓰는 것보다 땀을 흘리는 일이 좋다. ( )( )

136. 결정한 것에는 철저히 구속받는다. ( )( )

137. 외출 시 문을 잠갔는지 몇 번을 확인한다. ( )( )

138. 이왕 할 거라면 일등이 되고 싶다. ( )( )

139. 과감하게 도전하는 타입이다. ( )( )

140. 자신은 사교적이 아니라고 생각한다. ( )( )

141. 무심코 도리에 대해서 말하고 싶어진다. ( )( )

142. '항상 건강하네요'라는 말을 듣는다. ( )( )

143. 단념하면 끝이라고 생각한다. ( )( )

144. 예상하지 못한 일은 하고 싶지 않다. ( )( )

145. 파란만장하더라도 성공하는 인생을 걷고 싶다. ( )( )

146. 활기찬 편이라고 생각한다. ( )( )

147. 소극적인 편이라고 생각한다. ( )( )

148. 무심코 평론가가 되어 버린다. ( )( )

149. 자신은 성급하다고 생각한다. ( )( )

150. 꾸준히 노력하는 타입이라고 생각한다. ( )( )

151. 내일의 계획이라도 메모한다. ( )( )

152. 리더십이 있는 사람이 되고 싶다. ( )( )

153. 열정적인 사람이라고 생각한다. ( )( )

154. 다른 사람 앞에서 이야기를 잘 하지 못한다. ( )( )

| | YES | NO |
|---|---|---|
| 155. 통찰력이 있는 편이다. | ( ) | ( ) |
| 156. 엉덩이가 가벼운 편이다. | ( ) | ( ) |
| 157. 여러 가지로 구애됨이 있다. | ( ) | ( ) |
| 158. 돌다리도 두들겨 보고 건너는 쪽이 좋다. | ( ) | ( ) |
| 159. 자신에게는 권력욕이 있다. | ( ) | ( ) |
| 160. 업무를 할당받으면 기쁘다. | ( ) | ( ) |
| 161. 사색적인 사람이라고 생각한다. | ( ) | ( ) |
| 162. 비교적 개혁적이다. | ( ) | ( ) |
| 163. 좋고 싫음으로 정할 때가 많다. | ( ) | ( ) |
| 164. 전통에 구애되는 것은 버리는 것이 적절하다. | ( ) | ( ) |
| 165. 교제 범위가 좁은 편이다. | ( ) | ( ) |
| 166. 발상의 전환을 할 수 있는 타입이라고 생각한다. | ( ) | ( ) |
| 167. 너무 주관적이어서 실패한다. | ( ) | ( ) |
| 168. 현실적이고 실용적인 면을 추구한다. | ( ) | ( ) |
| 169. 내가 어떤 배우의 팬인지 아무도 모른다. | ( ) | ( ) |
| 170. 현실보다 가능성이다. | ( ) | ( ) |
| 171. 마음이 담겨 있으면 선물은 아무 것이나 좋다. | ( ) | ( ) |
| 172. 여행은 마음대로 하는 것이 좋다. | ( ) | ( ) |
| 173. 추상적인 일에 관심이 있는 편이다. | ( ) | ( ) |
| 174. 일은 대담히 하는 편이다. | ( ) | ( ) |
| 175. 괴로워하는 사람을 보면 우선 동정한다. | ( ) | ( ) |
| 176. 가치기준은 자신의 안에 있다고 생각한다. | ( ) | ( ) |
| 177. 조용하고 조심스러운 편이다. | ( ) | ( ) |

YES NO

178. 상상력이 풍부한 편이라고 생각한다. ( )( )

179. 의리, 인정이 두터운 상사를 만나고 싶다. ( )( )

180. 인생의 앞날을 알 수 없어 재미있다. ( )( )

181. 밝은 성격이다. ( )( )

182. 별로 반성하지 않는다. ( )( )

183. 활동범위가 좁은 편이다. ( )( )

184. 자신을 시원시원한 사람이라고 생각한다. ( )( )

185. 좋다고 생각하면 바로 행동한디. ( )( )

186. 좋은 사람이 되고 싶다. ( )( )

187. 한 번에 많은 일을 떠맡는 것은 골칫거리라고 생각한다. ( )( )

188. 사람과 만날 약속은 즐겁다. ( )( )

189. 질문을 받으면 그때의 느낌으로 대답하는 편이다. ( )( )

190. 땀을 흘리는 것보다 머리를 쓰는 일이 좋다. ( )( )

191. 결정한 것이라도 그다지 구속받지 않는다. ( )( )

192. 외출 시 문을 잠갔는지 별로 확인하지 않는다. ( )( )

193. 지위에 어울리면 된다. ( )( )

194. 안전책을 고르는 타입이다. ( )( )

195. 자신은 사교적이라고 생각한다. ( )( )

196. 도리는 상관없다. ( )( )

197. '침착하네요'라는 말을 듣는다. ( )( )

198. 단념이 중요하다고 생각한다. ( )( )

199. 예상하지 못한 일도 해보고 싶다. ( )( )

200. 평범하고 평온하게 행복한 인생을 살고 싶다. ( )( )

YES NO

201. 몹시 귀찮아하는 편이라고 생각한다. ( )( )

202. 특별히 소극적이라고 생각하지 않는다. ( )( )

203. 이것저것 평하는 것이 싫다. ( )( )

204. 자신은 성급하지 않다고 생각한다. ( )( )

205. 꾸준히 노력하는 것을 잘 하지 못한다. ( )( )

206. 내일의 계획은 머릿속에 기억한다. ( )( )

207. 협동성이 있는 사람이 되고 싶다. ( )( )

208. 열정적인 사람이라고 생각하지 않는다. ( )( )

209. 다른 사람 앞에서 이야기를 잘한다. ( )( )

210. 행동력이 있는 편이다. ( )( )

211. 엉덩이가 무거운 편이다. ( )( )

212. 특별히 구애받는 것이 없다. ( )( )

213. 돌다리는 두들겨 보지 않고 건너도 된다. ( )( )

214. 자신에게는 권력욕이 없다. ( )( )

215. 업무를 할당받으면 부담스럽다. ( )( )

216. 활동적인 사람이라고 생각한다. ( )( )

217. 비교적 보수적이다. ( )( )

218. 손해인지 이익인지로 정할 때가 많다. ( )( )

219. 전통을 견실히 지키는 것이 적절하다. ( )( )

220. 교제 범위가 넓은 편이다. ( )( )

221. 상식적인 판단을 할 수 있는 타입이라고 생각한다. ( )( )

222. 너무 객관적이어서 실패한다. ( )( )

223. 보수적인 면을 추구한다. ( )( )

YES NO

224. 내가 누구의 팬인지 주변의 사람들이 안다. ( )( )

225. 가능성보다 현실이다. ( )( )

226. 그 사람이 필요한 것을 선물하고 싶다. ( )( )

227. 여행은 계획적으로 하는 것이 좋다. ( )( )

228. 구체적인 일에 관심이 있는 편이다. ( )( )

229. 일은 착실히 하는 편이다. ( )( )

230. 괴로워하는 사람을 보면 우선 이유를 생각한다. ( )( )

231. 가치기준은 자신의 밖에 있다고 생각한다. ( )( )

232. 밝고 개방적인 편이다. ( )( )

233. 현실 인식을 잘하는 편이라고 생각한다. ( )( )

234. 공평하고 공적인 상사를 만나고 싶다. ( )( )

235. 시시해도 계획적인 인생이 좋다. ( )( )

236. 적극적으로 사람들과 관계를 맺는 편이다. ( )( )

237. 활동적인 편이다. ( )( )

238. 몸을 움직이는 것을 좋아하지 않는다. ( )( )

239. 쉽게 질리는 편이다. ( )( )

240. 경솔한 편이라고 생각한다. ( )( )

241. 인생의 목표는 손이 닿을 정도면 된다. ( )( )

242. 무슨 일도 좀처럼 시작하지 못한다. ( )( )

243. 초면인 사람과도 바로 친해질 수 있다. ( )( )

244. 행동하고 나서 생각하는 편이다. ( )( )

245. 쉬는 날은 집에 있는 경우가 많다. ( )( )

YES NO

246. 완성되기 전에 포기하는 경우가 많다. ( )( )

247. 계획 없는 여행을 좋아한다. ( )( )

248. 욕심이 없는 편이라고 생각한다. ( )( )

249. 활동력이 별로 없다. ( )( )

250. 많은 사람들과 왁자지껄하게 식사하는 것을 좋아한다. ( )( )

## 예시 2

**❙1~15❙ 다음 주어진 보기 중에서 자신과 가장 가깝다고 생각하는 것은 'ㄱ'에 표시하고, 자신과 가장 멀다고 생각하는 것은 'ㅁ'에 표시하시오.**

**1**
① 모임에서 리더에 어울리지 않는다고 생각한다.
② 착실한 노력으로 성공한 이야기를 좋아한다.
③ 어떠한 일에도 의욕이 없이 임하는 편이다.
④ 학급에서는 존재가 두드러졌다.

| | |
|---|---|
| ㄱ | ① ② ③ ④ |
| ㅁ | ① ② ③ ④ |

**2**
① 아무것도 생각하지 않을 때가 많다.
② 스포츠는 하는 것보다는 보는 게 좋다.
③ 성격이 급한 편이다.
④ 비가 오지 않으면 우산을 가지고 가지 않는다.

| | |
|---|---|
| ㄱ | ① ② ③ ④ |
| ㅁ | ① ② ③ ④ |

**3**
① 1인자보다는 조력자의 역할을 좋아한다.
② 의리를 지키는 타입이다.
③ 리드를 하는 편이다.
④ 남의 이야기를 잘 들어준다.

| | |
|---|---|
| ㄱ | ① ② ③ ④ |
| ㅁ | ① ② ③ ④ |

**4**
① 여유 있게 대비하는 타입이다.
② 업무가 진행 중이라도 야근을 하지 않는다.
③ 즉흥적으로 약속을 잡는다.
④ 노력하는 과정이 결과보다 중요하다.

| | |
|---|---|
| ㄱ | ① ② ③ ④ |
| ㅁ | ① ② ③ ④ |

**5** ① 무리해서 행동할 필요는 없다.
② 유행에 민감하다고 생각한다.
③ 정해진 대로 움직이는 편이 안심된다.
④ 현실을 직시하는 편이다.

| ㄱ | ① ② ③ ④ |
|---|---|
| ㅁ | ① ② ③ ④ |

**6** ① 자유보다 질서를 중요시하는 편이다.
② 사람들과 이야기하는 것을 좋아한다.
③ 경험에 비추어 판단하는 편이다.
④ 영화나 드라마는 각본의 완성도나 화면구성에 주목한다.

| ㄱ | ① ② ③ ④ |
|---|---|
| ㅁ | ① ② ③ ④ |

**7** ① 혼자 자유롭게 생활하는 것이 편하다.
② 다른 사람의 소문에 관심이 많다.
③ 실무적인 편이다.
④ 비교적 냉정한 편이다.

| ㄱ | ① ② ③ ④ |
|---|---|
| ㅁ | ① ② ③ ④ |

**8** ① 협조성이 있다고 생각한디.
② 친한 친구의 휴대폰 번호는 대부분 외운다.
③ 정해진 순서에 따르는 것을 좋아한다.
④ 이성적인 사람으로 남고 싶다.

| ㄱ | ① ② ③ ④ |
|---|---|
| ㅁ | ① ② ③ ④ |

**9** ① 단체 생활을 잘 한다.
② 세상의 일에 관심이 많다.
③ 안정을 추구하는 편이다.
④ 도전하는 것이 즐겁다.

| ㄱ | ① ② ③ ④ |
|---|---|
| ㅁ | ① ② ③ ④ |

**10** ① 되도록 환경은 변하지 않는 것이 좋다.
② 밝은 성격이다.
③ 지나간 일에 연연하지 않는다.
④ 활동범위가 좁은 편이다.

| ㄱ | ① ② ③ ④ |
|---|---|
| ㅁ | ① ② ③ ④ |

**11** ① 자신을 시원시원한 사람이라고 생각한다.
② 좋다고 생각하면 바로 행동한다.
③ 세상에 필요한 사람이 되고 싶다.
④ 한 번에 많은 일을 떠맡는 것은 골칫거리라고 생각한다.

| ㄱ | ① ② ③ ④ |
|---|---|
| ㅁ | ① ② ③ ④ |

**12** ① 사람과 만나는 것이 즐겁다.
② 질문을 받으면 그때의 느낌으로 대답하는 편이다.
③ 땀을 흘리는 것보다 머리를 쓰는 일이 좋다.
④ 이미 결정된 것이라도 그다지 구속받지 않는다.

| ㄱ | ① ② ③ ④ |
|---|---|
| ㅁ | ① ② ③ ④ |

**13** ① 외출 시 문을 잠갔는지 잘 확인하지 않는다.
② 권력욕이 있다.
③ 안전책을 고르는 타입이다.
④ 자신이 사교적이라고 생각한다.

| ㄱ | ① ② ③ ④ |
|---|---|
| ㅁ | ① ② ③ ④ |

**14** ① 예절 · 규칙 · 법 따위에 민감하다.
② '참 착하네요'라는 말을 자주 듣는다.
③ 내가 즐거운 것이 최고다.
④ 누구도 예상하지 못한 일을 해보고 싶다.

| ㄱ | ① ② ③ ④ |
|---|---|
| ㅁ | ① ② ③ ④ |

**15** ① 평범하고 평온하게 행복한 인생을 살고 싶다.
② 모험하는 것이 좋다.
③ 특별히 소극적이라고 생각하지 않는다.
④ 이것저것 평하는 것이 싫다.

| ㄱ | ① ② ③ ④ |
|---|---|
| ㅁ | ① ② ③ ④ |

### 예시 3

**| 1~10 | 다음은 직장생활이나 사회생활에서 겪을 수 있는 상황들이다. 각 상황에 대한 반응의 적당한 정도를 표시하시오.**

**1** 회사의 아이디어 공모에 평소 당신이 생각했던 것을 알고 있던 동료가 자기 이름으로 제안을 하여 당선이 되었다면 당신은 어떻게 할 것인가?

a. 나의 아이디어였음을 솔직히 말하고 당선을 취소시킨다.

| 매우 바람직하다 | | | | | | 전혀 바람직하지 않다. |
|---|---|---|---|---|---|---|
| ① | ② | ③ | ④ | ⑤ | ⑥ | ⑦ |

b. 동료에게 나의 아이디어였음을 말하고 설득한다.

| 매우 바람직하다 | | | | | | 전혀 바람직하지 않다. |
|---|---|---|---|---|---|---|
| ① | ② | ③ | ④ | ⑤ | ⑥ | ⑦ |

c. 모른척 그냥 넘어간다.

| 매우 바람직하다 | | | | | | 전혀 바람직하지 않다. |
|---|---|---|---|---|---|---|
| ① | ② | ③ | ④ | ⑤ | ⑥ | ⑦ |

d. 상사에게 동료가 가로챈 것이라고 알린다.

| 매우 바람직하다 | | | | | | 전혀 바람직하지 않다. |
|---|---|---|---|---|---|---|
| ① | ② | ③ | ④ | ⑤ | ⑥ | ⑦ |

**2** 회사에서 근무를 하던 중 본의 아닌 실수를 저질렀다. 그로 인하여 상사로부터 꾸지람을 듣게 되었는데 당신의 실수에 비해 상당히 심한 인격적 모독까지 듣게 되었다면 당신은 어떻게 할 것인가?

a. 부당한 인격적 모욕에 항의한다.

| 매우 바람직하다 | | | | | | 전혀 바람직하지 않다. |
|---|---|---|---|---|---|---|
| ① | ② | ③ | ④ | ⑤ | ⑥ | ⑦ |

b. 그냥 자리로 돌아가 일을 계속한다.

| 매우 바람직하다 | | | | | | 전혀 바람직하지 않다. |
|---|---|---|---|---|---|---|
| ① | ② | ③ | ④ | ⑤ | ⑥ | ⑦ |

c. 더 위의 상사에게 보고하여 그 상사의 사직을 권고한다.

| 매우 바람직하다 | | | | | | 전혀 바람직하지 않다. |
|---|---|---|---|---|---|---|
| ① | ② | ③ | ④ | ⑤ | ⑥ | ⑦ |

d. 동료들에게 상사의 험담을 한다.

| 매우 바람직하다 | | | | | | 전혀 바람직하지 않다. |
|---|---|---|---|---|---|---|
| ① | ② | ③ | ④ | ⑤ | ⑥ | ⑦ |

**3** 회사의 비품이 점점 없어지고 있다. 그런데 당신이 범인이라는 소문이 퍼져 있다면 당신은 어떻게 할 것인가?

a. 내가 아니면 그만이므로 그냥 참고 모른 척 한다.

| 매우 바람직하다 | | | | | | 전혀 바람직하지 않다. |
|---|---|---|---|---|---|---|
| ① | ② | ③ | ④ | ⑤ | ⑥ | ⑦ |

b. 소문을 퍼트린 자를 찾아낸다.

| 매우 바람직하다 | | | | | | 전혀 바람직하지 않다. |
|---|---|---|---|---|---|---|
| ① | ② | ③ | ④ | ⑤ | ⑥ | ⑦ |

c. 사람들에게 억울함을 호소한다.

| 매우 바람직하다 | | | | | | 전혀 바람직하지 않다. |
|---|---|---|---|---|---|---|
| ① | ② | ③ | ④ | ⑤ | ⑥ | ⑦ |

d. 회사 물품뿐만 아니라 회사 기밀도 마구 빼돌렸다고 과장된 거짓말을 한다.

| 매우 바람직하다 | | | | | | 전혀 바람직하지 않다. |
|---|---|---|---|---|---|---|
| ① | ② | ③ | ④ | ⑤ | ⑥ | ⑦ |

**4** 상사가 직원들과 대화를 할 때 항상 반말을 하며, 이름을 함부로 부른다. 당신은 어떻게 하겠는가?

a. 참고 지나간다.

| 매우 바람직하다 | | | | | | 전혀 바람직하지 않다. |
|---|---|---|---|---|---|---|
| ① | ② | ③ | ④ | ⑤ | ⑥ | ⑦ |

b. 상사에게 존댓말과 바른 호칭을 쓸 것을 요구한다.

| 매우 바람직하다 | | | | | | 전혀 바람직하지 않다. |
|---|---|---|---|---|---|---|
| ① | ② | ③ | ④ | ⑤ | ⑥ | ⑦ |

c. 더 위의 상사에게 이런 상황에 대한 불쾌감을 호소한다.

| 매우 바람직하다 | | | | | | 전혀 바람직하지 않다. |
|---|---|---|---|---|---|---|
| ① | ② | ③ | ④ | ⑤ | ⑥ | ⑦ |

d. 듣지 못한 척한다.

| 매우 바람직하다 | | | | | | 전혀 바람직하지 않다. |
|---|---|---|---|---|---|---|
| ① | ② | ③ | ④ | ⑤ | ⑥ | ⑦ |

**5** 신입사원으로 출근을 한 지 한 달이 지났지만 사무실의 분위기와 환경이 잘 맞지 않아 적응하는 게 무척 힘들고 어렵다고 느끼고 있다. 그러나 어렵게 입사한 직장이라 더욱 부담은 커지고 하루하루 지친다는 생각이 든다. 당신은 어떻게 하겠는가?

a. 분위기에 적응하려고 애쓴다.

| 매우 바람직하다 | | | | | | 전혀 바람직하지 않다. |
|---|---|---|---|---|---|---|
| ① | ② | ③ | ④ | ⑤ | ⑥ | ⑦ |

b. 상사에게 힘든 사항을 말하고 조언을 구한다.

| 매우 바람직하다 | | | | | | 전혀 바람직하지 않다. |
|---|---|---|---|---|---|---|
| ① | ② | ③ | ④ | ⑤ | ⑥ | ⑦ |

c. 여가시간을 활용한 다른 취미생활을 찾아본다.

| 매우 바람직하다 | | | | | | 전혀 바람직하지 않다. |
|---|---|---|---|---|---|---|
| ① | ② | ③ | ④ | ⑤ | ⑥ | ⑦ |

d. 다른 직장을 알아본다.

| 매우 바람직하다 | | | | | | 전혀 바람직하지 않다. |
|---|---|---|---|---|---|---|
| ① | ② | ③ | ④ | ⑤ | ⑥ | ⑦ |

**6** 당신이 야근을 마치고 엘리베이터를 타고 내려가고 있는데 갑자기 정전이 되었다면 어떻게 할 것인가?

a. 비상벨을 누른다.

| 매우 바람직하다 | | | | | | 전혀 바람직하지 않다. |
|---|---|---|---|---|---|---|
| ① | ② | ③ | ④ | ⑤ | ⑥ | ⑦ |

b. 사람을 부른다.

| 매우 바람직하다 | | | | | | 전혀 바람직하지 않다. |
|---|---|---|---|---|---|---|
| ① | ② | ③ | ④ | ⑤ | ⑥ | ⑦ |

c. 핸드폰으로 도움을 요청한다.

| 매우 바람직하다 | | | | | | 전혀 바람직하지 않다. |
|---|---|---|---|---|---|---|
| ① | ② | ③ | ④ | ⑤ | ⑥ | ⑦ |

d. 소리를 지른다.

| 매우 바람직하다 | | | | | | 전혀 바람직하지 않다. |
|---|---|---|---|---|---|---|
| ① | ② | ③ | ④ | ⑤ | ⑥ | ⑦ |

**7** 30명의 회사직원들과 함께 산악회를 결성하여 산행을 가게 되었다. 그런데 오후 12시에 산 밑으로 배달되기로 했던 도시락이 배달되지 않아, 우유와 빵으로 점심을 때우게 되었다. 점심을 다 먹고 난 후 도시락 배달원이 도착하였는데 음식점 주인이 실수로 배달장소를 다른 곳으로 알려주는 바람에 늦었다고 한다. 당신은 어떻게 할 것인가?

a. 음식점 주인의 잘못이므로 돈을 주지 않는다.

| 매우 바람직하다 | | | | | | 전혀 바람직하지 않다. |
|---|---|---|---|---|---|---|
| ① | ② | ③ | ④ | ⑤ | ⑥ | ⑦ |

b. 빵과 우유값을 공제한 음식값을 지불한다.

| 매우 바람식하나 | | | | | | 전혀 바람직하지 않다. |
|---|---|---|---|---|---|---|
| ① | ② | ③ | ④ | ⑤ | ⑥ | ⑦ |

c. 음식점 주인의 잘못이므로 절반의 돈만 준다.

| 매우 바람직하다 | | | | | | 전혀 바람직하지 않다. |
|---|---|---|---|---|---|---|
| ① | ② | ③ | ④ | ⑤ | ⑥ | ⑦ |

d. 늦게라도 도착하였으므로 돈을 전액 주도록 한다.

| 매우 바람직하다 | | | | | | 전혀 바람직하지 않다. |
|---|---|---|---|---|---|---|
| ① | ② | ③ | ④ | ⑤ | ⑥ | ⑦ |

**8** 회사의 사정이 좋지 않아 직원을 채용하지 못해 업무량만 늘어나고 있다. 동료 중 한 명이 회사를 떠나려고 사직을 준비하고 있다. 당신은 어떻게 하겠는가?

a. 회사 사정이 좋아질 때까지 조금만 더 참을 것을 요구한다.

| 매우 바람직하다 | | | | | | 전혀 바람직하지 않다. |
|---|---|---|---|---|---|---|
| ① | ② | ③ | ④ | ⑤ | ⑥ | ⑦ |

b. 내 업무만 신경쓴다.

| 매우 바람직하다 | | | | | | 전혀 바람직하지 않다. |
|---|---|---|---|---|---|---|
| ① | ② | ③ | ④ | ⑤ | ⑥ | ⑦ |

c. 동료가 다른 직장을 구했는지 알아보고 그 회사가 직원을 더 구하고 있는지 알아본다.

| 매우 바람직하다 | | | | | | 전혀 바람직하지 않다. |
|---|---|---|---|---|---|---|
| ① | ② | ③ | ④ | ⑤ | ⑥ | ⑦ |

d. 같이 퇴사할 것을 고려해 본다.

| 매우 바람직하다 | | | | | | 전혀 바람직하지 않다. |
|---|---|---|---|---|---|---|
| ① | ② | ③ | ④ | ⑤ | ⑥ | ⑦ |

**9** 회사에서 구조조정을 한다는 소문이 돌고 있으며, 상사와 동료들로부터 냉정하고 따가운 시선이 느껴진다면 당신은 어떻게 하겠는가?

a. 모르는 척 무시한다.

| 매우 바람직하다 | | | | | | 전혀 바람직하지 않다. |
|---|---|---|---|---|---|---|
| ① | ② | ③ | ④ | ⑤ | ⑥ | ⑦ |

b. 퇴사를 준비한다.

| 매우 바람직하다 | | | | | | 전혀 바람직하지 않다. |
|---|---|---|---|---|---|---|
| ① | ② | ③ | ④ | ⑤ | ⑥ | ⑦ |

c. 싸늘한 시선이 느껴짐을 사람들 앞에서 큰 소리로 말한다.

| 매우 바람직하다 | | | | | | 전혀 바람직하지 않다. |
|---|---|---|---|---|---|---|
| ① | ② | ③ | ④ | ⑤ | ⑥ | ⑦ |

d. 다른 사람의 잘못된 점을 은근슬쩍 꼬집어 상사에게 말한다.

| 매우 바람직하다 | | | | | | 전혀 바람직하지 않다. |
|---|---|---|---|---|---|---|
| ① | ② | ③ | ④ | ⑤ | ⑥ | ⑦ |

**10** 평소 애인과 함께 보고 싶었던 유명한 오케스트라 공연 티켓을 간신히 구했다. 회사를 막 퇴근하려고 하는데 상사로부터 전원 야근이라는 소리를 들었다. 당신은 어떻게 하겠는가?

a. 상사에게 양해를 구하고 공연을 보러 간다.

| 매우 바람직하다 | | | | | | 전혀 바람직하지 않다. |
|---|---|---|---|---|---|---|
| ① | ② | ③ | ④ | ⑤ | ⑥ | ⑦ |

b. 티켓을 환불하고 다음에 다른 공연을 보러가자고 애인에게 알린다.

| 매우 바람직하다 | | | | | | 전혀 바람직하지 않다. |
|---|---|---|---|---|---|---|
| ① | ② | ③ | ④ | ⑤ | ⑥ | ⑦ |

c. 공연관람 후 다시 회사로 돌아와 야근을 한다.

| 매우 바람직하다 | | | | | | 전혀 바람직하지 않다. |
|---|---|---|---|---|---|---|
| ① | ② | ③ | ④ | ⑤ | ⑥ | ⑦ |

d. 애인에게 티켓을 주고 다른 사람과 보러가라고 한다.

| 매우 바람직하다 | | | | | | 전혀 바람직하지 않다. |
|---|---|---|---|---|---|---|
| ① | ② | ③ | ④ | ⑤ | ⑥ | ⑦ |

01 면접의 기본

02 면접기출

# PART 03

# 면접

CHAPTER

# 01 면접의 기본

## 1 면접준비

### (1) 면접의 기본 원칙

① **면접의 의미** … 다양한 면접기법을 활용하여 지원한 직무에 필요한 능력을 지원자가 보유하고 있는지를 확인하는 절차라고 할 수 있다. 즉, 지원자의 입장에서는 채용 직무수행에 필요한 요건들과 관련하여 자신의 환경, 경험, 관심사, 성취 등에 대해 기업에 직접 어필할 수 있는 기회를 제공받는 것이며, 기업의 입장에서는 서류전형만으로 알 수 없는 지원자에 대한 정보를 직접적으로 수집하고 평가하는 것이다.

② **면접의 특징** … 면접은 기업의 입장에서 서류전형이나 필기전형에서 드러나지 않는 지원자의 능력이나 성향을 볼 수 있는 기회로, 면대면으로 이루어지며 즉흥적인 질문들이 포함될 수 있기 때문에 지원자가 완벽하게 준비하기 어려운 부분이 있다. 하지만 지원자 입장에서도 서류전형이나 필기전형에서 모두 보여주지 못한 자신의 능력 등을 기업의 인사담당자에게 어필할 수 있는 추가적인 기회가 될 수도 있다.

[서류 · 필기전형과 차별화되는 면접의 특징]

- 직무수행과 관련된 다양한 지원자 행동에 대한 관찰이 가능하다.
- 면접관이 알고자 하는 정보를 심층적으로 파악할 수 있다.
- 서류상의 미비한 사항과 의심스러운 부분을 확인할 수 있다.
- 커뮤니케이션 능력, 대인관계 능력 등 행동 · 언어적 정보도 얻을 수 있다.

③ **면접의 유형**

㉠ **구조화 면접** : 사전에 계획을 세워 질문의 내용과 방법, 지원자의 답변 유형에 따른 추가 질문과 그에 대한 평가 역량이 정해져 있는 면접 방식으로 표준화 면접이라고도 한다.

- 표준화된 질문이나 평가요소가 면접 전 확정되며, 지원자는 편성된 조나 면접관에 영향을 받지 않고 동일한 질문과 시간을 부여받을 수 있다.
- 조직 또는 직무별로 주요하게 도출된 역량을 기반으로 평가요소가 구성되어, 조직 또는 직무에서 필요한 역량을 가진 지원자를 선발할 수 있다.

• 표준화된 형식을 사용하는 특성 때문에 비구조화 면접에 비해 신뢰성과 타당성, 객관성이 높다.

㉡ **비구조화 면접** : 면접 계획을 세울 때 면접 목적만을 명시하고 내용이나 방법은 면접관에게 전적으로 일임하는 방식으로 비표준화 면접이라고도 한다.

• 표준화된 질문이나 평가요소 없이 면접이 진행되며, 편성된 조나 면접관에 따라 지원자에게 주어지는 질문이나 시간이 다르다.
• 면접관의 주관적인 판단에 따라 평가가 이루어져 평가 오류가 빈번히 일어난다.
• 상황 대처나 언변이 뛰어난 지원자에게 유리한 면접이 될 수 있다.

④ 경쟁력 있는 면접 요령

㉠ 면접 전에 준비하고 유념할 사항

• 예상 질문과 답변을 미리 작성한다.
• 작성한 내용을 문장으로 외우지 않고 키워드로 기억한다.
• 지원한 회사의 최근 기사를 검색하여 기억한다.
• 지원한 회사가 속한 산업군의 최근 기사를 검색하여 기억한다.
• 면접 전 1주일간 이슈가 되는 뉴스를 기억하고 자신의 생각을 반영하여 정리한다.
• 찬반토론에 대비한 주제를 목록으로 정리하여 자신의 논리를 내세운 예상답변을 작성한다.

㉡ 면접장에서 유념할 사항

• 질문의 의도 파악 : 답변을 할 때에는 질문 의도를 파악하고 그에 충실한 답변이 될 수 있도록 질문사항을 유념해야 한다. 많은 지원자가 하는 실수 중 하나로 답변을 하는 도중 자기 말에 심취되어 질문의 의도와 다른 답변을 하거나 자신이 알고 있는 지식만을 나열하는 경우가 있는데, 이럴 경우 의사소통능력이 부족한 사람으로 인식될 수 있으므로 주의하도록 한다.
• 답변은 두괄식 : 답변을 할 때에는 두괄식으로 결론을 먼저 말하고 그 이유를 설명하는 것이 좋다. 미괄식으로 답변을 할 경우 용두사미의 답변이 될 가능성이 높으며, 결론을 이끌어 내는 과정에서 논리성이 결여될 우려가 있다. 또한 면접관이 결론을 듣기 전에 말을 끊고 다른 질문을 추가하는 예상치 못한 상황이 발생될 수 있으므로 답변은 자신이 전달하고자 하는 바를 먼저 밝히고 그에 대한 설명을 하는 것이 좋다.

- 지원한 회사의 기업정신과 인재상을 기억 : 답변을 할 때에는 회사가 원하는 인재라는 인상을 심어주기 위해 지원한 회사의 기업정신과 인재상 등을 염두에 두고 답변을 하는 것이 좋다. 모든 회사에 해당되는 두루뭉술한 답변보다는 지원한 회사에 맞는 맞춤형 답변을 하는 것이 좋다.
- 나보다는 회사와 사회적 관점에서 답변 : 답변을 할 때에는 자기중심적인 관점을 피하고 좀 더 넓은 시각으로 회사와 국가, 사회적 입장까지 고려하는 인재임을 어필하는 것이 좋다. 자기중심적 시각을 바탕으로 자신의 출세만을 위해 회사에 입사하려는 인상을 심어줄 경우 면접에서 불이익을 받을 가능성이 높다.
- 난처한 질문은 정직한 답변 : 난처한 질문에 답변을 해야 할 때에는 피하기보다는 정면 돌파로 정직하고 솔직하게 답변하는 것이 좋다. 난처한 부분을 감추고 드러내지 않으려 회피하려는 지원자의 모습은 인사담당자에게 입사 후에도 비슷한 상황에 처했을 때 회피할 수도 있다는 우려를 심어줄 수 있다. 따라서 직장생활에 있어 중요한 덕목 중 하나인 정직을 바탕으로 솔직하게 답변을 하도록 한다.

## (2) 면접의 종류 및 준비 전략

### ① 인성면접

#### ㉠ 면접 방식 및 판단기준

- 면접 방식 : 인성면접은 면접관이 가지고 있는 개인적 면접 노하우나 관심사에 의해 질문을 실시한다. 주로 입사지원서나 자기소개서의 내용을 토대로 지원동기, 과거의 경험, 미래 포부 등을 이야기하도록 하는 방식이다.
- 판단기준 : 면접관의 개인적 가치관과 경험, 해당 역량의 수준, 경험의 구체성 · 진실성 등

㉡ **특징** : 인성면접은 그 방식으로 인해 역량과 무관한 질문들이 많고 지원자에게 주어지는 면접질문, 시간 등이 다를 수 있다. 또한 입사지원서나 자기소개서의 내용을 토대로 하기 때문에 지원자별 질문이 달라질 수 있다.

㉢ 예시 문항 및 준비전략

• 예시 문항

> • 3분 동안 자기소개를 해 보십시오.
> • 자신의 장점과 단점을 말해 보십시오.
> • 학점이 좋지 않은데 그 이유가 무엇입니까?
> • 최근에 인상 깊게 읽은 책은 무엇입니까?
> • 회사를 선택할 때 중요시하는 것은 무엇입니까?
> • 일과 개인생활 중 어느 쪽을 중시합니까?
> • 10년 후 자신은 어떤 모습일 것이라고 생각합니까?
> • 휴학 기간 동안에는 무엇을 했습니까?

• 준비전략 : 인성면접은 입사지원서나 자기소개서의 내용을 바탕으로 하는 경우가 많으므로 자신이 작성한 입사지원서와 자기소개서의 내용을 충분히 숙지하도록 한다. 또한 최근 사회적으로 이슈가 되고 있는 뉴스에 대한 견해를 묻거나 시사상식 등에 대한 질문을 받을 수 있으므로 이에 대한 대비도 필요하다. 자칫 부담스러워 보이지 않는 질문으로 가볍게 대답하지 않도록 주의하고 모든 질문에 입사 의지를 담아 성실하게 답변하는 것이 중요하다.

② 발표면접

㉠ 면접 방식 및 판단기준

• 면접 방식 : 지원자가 특정 주제와 관련된 자료를 검토하고 그에 대한 자신의 생각을 면접관 앞에서 주어진 시간 동안 발표하고 추가 질의를 받는 방식으로 진행된다.

• 판단기준 : 지원자의 사고력, 논리력, 문제해결력 등

㉡ 특징 : 발표면접은 지원자에게 과제를 부여한 후, 과제를 수행하는 과정과 결과를 관찰 · 평가한다. 따라서 과제수행 결과뿐 아니라 수행과정에서의 행동을 모두 평가할 수 있다.

ⓒ 예시 문항 및 준비전략

• 예시 문항

[신입사원 조기 이직 문제]

※ 지원자는 아래에 제시된 자료를 검토한 뒤, 신입사원 조기 이직의 원인을 크게 3가지로 정리하고 이에 대한 구체적인 개선안을 도출하여 발표해 주시기 바랍니다.

※ 본 과제에 정해진 정답은 없으나 논리적 근거를 들어 개선안을 작성해 주십시오.

- A기업은 동종업계 유사기업들과 비교해 볼 때, 비교적 높은 재무안정성을 유지하고 있으며 업무강도가 그리 높지 않은 것으로 외부에 알려져 있음.
- 최근 조사결과, 동종업계 유사기업들과 연봉을 비교해 보았을 때 연봉 수준도 그리 나쁘지 않은 편이라는 것이 확인되었음.
- 그러나 지난 3년간 1~2년차 직원들의 이직률이 계속해서 증가하고 있는 추세이며, 경영진 회의에서 최우선 해결과제 중 하나로 기론되었음.
- 이에 따라 인사팀에서 현재 1~2년차 사원들을 대상으로 개선되어야 하는 A기업의 조직문화에 대한 설문조사를 실시한 결과, '상명하복식의 의사소통'이 36.7%로 1위를 차지했음.
- 이러한 설문조사와 함께, 신입사원 조기 이직에 대한 원인을 분석한 결과 파랑새 증후군, 셀프홀릭 증후군, 피터팬 증후군 등 3가지로 분류할 수 있었음.

〈동종업계 유사기업들과의 연봉 비교〉

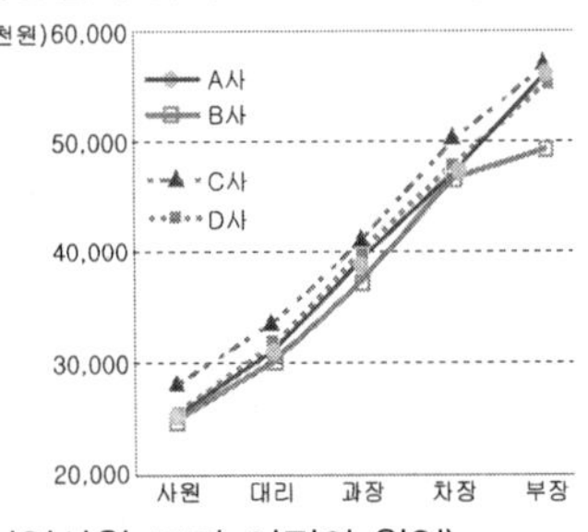


〈우리 회사 조직문화 중 개선되었으면 하는 것〉

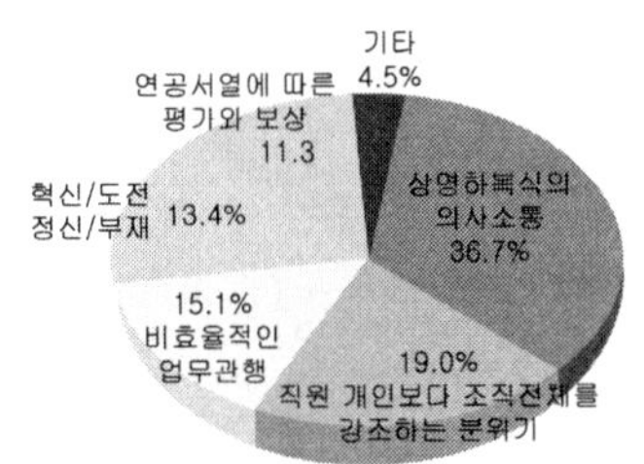


〈신입사원 조기 이직의 원인〉

• 파랑새 증후군

-현재의 직장보다 더 좋은 직장이 있을 것이라는 막연한 기대감으로 끊임없이 새로운 직장을 탐색함.

-학력 수준과 맞지 않는 '하향지원', 전공과 적성을 고려하지 않고 일단 취업하고 보자는 '묻지마 지원'이 파랑새 증후군을 초래함.

• 셀프홀릭 증후군

-본인의 역량에 비해 가치가 낮은 일을 주로 하면서 갈등을 느낌.

• 피터팬 증후군

-기성세대의 문화를 무조건 수용하기보다는 자유로움과 변화를 추구함.

-상명하복, 엄격한 규율 등 기성세대가 당연시하는 관행에 거부감을 가지며 직장에 답답함을 느낌.

• 준비전략 : 발표면접의 시작은 과제 안내문과 과제 상황, 과제 자료 등을 정확하게 이해하는 것에서 출발한다. 과제 안내문을 침착하게 읽고 제시된 주제 및 문제와 관련된 상황의 맥락을 파악한 후 과제를 검토한다. 제시된 기사나 그래프 등을 충분히 활용하여 주어진 문제를 해결할 수 있는 해결책이나 대안을 제시하며, 발표를 할 때에는 명확하고 자신 있는 태도로 전달할 수 있도록 한다.

③ 토론면접

㉠ 면접 방식 및 판단기준

• 면접 방식 : 상호갈등적 요소를 가진 과제 또는 공통의 과제를 해결하는 내용의 토론 과제를 제시하고, 그 과정에서 개인 간의 상호작용 행동을 관찰하는 방식으로 면접이 진행된다.

• 판단기준 : 팀워크, 적극성, 갈등 조정, 의사소통능력, 문제해결능력 등

㉡ 특징 : 토론을 통해 도출해 낸 최종안의 타당성도 중요하지만, 결론을 도출해 내는 과정에서의 의사소통능력이나 갈등상황에서 의견을 조정하는 능력 등이 중요하게 평가되는 특징이 있다.

㉢ 예시 문항 및 준비전략

• 예시 문항

> • 군 가산점제 부활에 대한 찬반토론
> • 담뱃값 인상에 대한 찬반토론
> • 비정규직 철폐에 대한 찬반토론
> • 대학의 영어 강의 확대 찬반토론
> • 워크숍 장소 선정을 위한 토론

• 준비전략 : 토론면접은 무엇보다 팀워크와 적극성이 강조된다. 따라서 토론과정에 적극적으로 참여하며 자신의 의사를 분명하게 전달하며, 갈등상황에서 자신의 의견만 내세울 것이 아니라 다른 지원자의 의견을 경청하고 배려하는 모습도 중요하다. 갈등상황을 일목요연하게 정리하여 조정하는 등의 의사소통능력을 발휘하는 것도 좋은 전략이 될 수 있다.

④ 상황면접

㉠ 면접 방식 및 판단기준

• 면접 방식 : 상황면접은 직무 수행 시 접할 수 있는 상황들을 제시하고, 그러한 상황에서 어떻게 행동할 것인지를 이야기하는 방식으로 진행된다.

• 판단기준 : 해당 상황에 적절한 역량의 구현과 구체적 행동지표

㉡ 특징 : 실제 직무 수행 시 접할 수 있는 상황들을 제시하므로 입사 이후 지원자의 업무수행능력을 평가하는 데 적절한 면접 방식이다. 또한 지원자의 가치관, 태도, 사고방식 등의 요소를 통합적으로 평가하는 데 용이하다.

㉢ 예시 문항 및 준비전략

• 예시 문항

당신은 생산관리팀의 팀원으로, 생산팀이 기한에 맞춰 효율적으로 제품을 생산할 수 있도록 관리하는 역할을 맡고 있습니다. 3개월 뒤에 제품A를 정상적으로 출시하기 위해 생산팀의 생산 계획을 수립한 상황입니다. 그러나 원가가 곧 실적으로 이어지는 구매팀에서는 최대한 원가를 줄여 전반적 단가를 낮추려고 원가절감을 위한 제안을 하였으나, 연구개발팀에서는 구매팀이 제안한 방식으로 제품을 생산할 경우 대부분이 구매팀의 실적으로 산정될 것이므로 제대로 확인도 해보지 않은 채 적합하지 않은 방식이라고 판단하고 있습니다. 당신은 어떻게 하겠습니까?

• 준비전략 : 상황면접은 먼저 주어진 상황에서 핵심이 되는 문제가 무엇인지를 파악하는 것에서 시작한다. 주질문과 세부질문을 통하여 질문의 의도를 파악하였다면, 그에 대한 구체적인 행동이나 생각 등에 대해 응답할수록 높은 점수를 얻을 수 있다.

⑤ 역할면접

㉠ 면접 방식 및 판단기준

• 면접 방식 : 역할면접 또는 역할연기 면접은 기업 내 발생 가능한 상황에서 부딪히게 되는 문제와 역할을 가상적으로 설정하여 특정 역할을 맡은 사람과 상호작용하고 문제를 해결해 나가도록 하는 방식으로 진행된다. 역할연기 면접에서는 면접관이 직접 역할연기를 하면서 지원자를 관찰하기도 하지만, 역할연기 수행만 전문적으로 하는 사람을 투입할 수도 있다.

• 판단기준 : 대처능력, 대인관계능력, 의사소통능력 등

㉡ 특징 : 역할면접은 실제 상황과 유사한 가상 상황에서의 행동을 관찰함으로서 지원자의 성격이나 대처 행동 등을 관찰할 수 있다.

㉢ 예시 문항 및 준비전략

• 예시 문항

[금융권 역할면접의 예]
당신은 ○○은행의 신입 텔러이다. 사람이 많은 월말 오전 한 할아버지(면접관 또는 역할담당자)께서 ○○은행을 사칭한 보이스피싱으로 500만 원을 피해 보았다며 소란을 일으키고 있다. 실제 업무상황이라고 생각하고 상황에 대처해 보시오.

- 준비전략 : 역할연기 면접에서 측정하는 역량은 주로 갈등의 원인이 되는 문제를 해결 하고 제시된 해결방안을 상대방에게 설득하는 것이다. 따라서 갈등해결, 문제해결, 조정 · 통합, 설득력과 같은 역량이 중요시된다. 또한 갈등을 해결하기 위해서 상대방에 대한 이해도 필수적인 요소이므로 고객 지향을 염두에 두고 상황에 맞게 대처해야 한다.
  역할면접에서는 변별력을 높이기 위해 면접관이 압박적인 분위기를 조성하는 경우가 많기 때문에 스트레스 상황에서 불안해하지 않고 유연하게 대처할 수 있도록 시간과 노력을 들여 충분히 연습하는 것이 좋다.

## 2 면접 이미지 메이킹

### (1) 성공적인 이미지 메이킹 포인트

① 복장 및 스타일

㉠ 남성

- 양복 : 양복은 단색으로 하며 넥타이나 셔츠로 포인트를 주는 것이 효과적이다. 짙은 회색이나 감청색이 가장 단정하고 품위 있는 인상을 준다.
- 셔츠 : 흰색이 가장 선호되나 자신의 피부색에 맞추는 것이 좋다. 푸른색이나 베이지색은 산뜻한 느낌을 줄 수 있다. 양복과의 배색도 고려하도록 한다.
- 넥타이 : 의상에 포인트를 줄 수 있는 아이템이지만 너무 화려한 것은 피한다. 지원자의 피부색은 물론, 정장과 셔츠의 색을 고려하며, 체격에 따라 넥타이 폭을 조절하는 것이 좋다.
- 구두 & 양말 : 구두는 검정색이나 짙은 갈색이 어느 양복에나 무난하게 어울리며 깔끔하게 닦아 준비한다. 양말은 정장과 동일한 색상이나 검정색을 착용한다.
- 헤어스타일 : 머리스타일은 단정한 느낌을 주는 짧은 헤어스타일이 좋으며 앞머리가 있다면 이마나 눈썹을 가리지 않는 선에서 정리하는 것이 좋다.

㉡ 여성

- 의상 : 단정한 스커트 투피스 정장이나 슬랙스 슈트가 무난하다. 블랙이나 그레이, 네이비, 브라운 등 차분해 보이는 색상을 선택하는 것이 좋다.
- 소품 : 구두, 핸드백 등은 같은 계열로 코디하는 것이 좋으며 구두는 너무 화려한 디자인이나 굽이 높은 것을 피한다. 스타킹은 의상과 구두에 맞춰 단정한 것으로 선택한다.
- 액세서리 : 액세서리는 너무 크거나 화려한 것은 좋지 않으며 과하게 많이 하는 것도 좋은 인상을 주지 못한다. 착용하지 않거나 작고 깔끔한 디자인으로 포인트를 주는 정도가 적당하다.
- 메이크업 : 화장은 자연스럽고 밝은 이미지를 표현하는 것이 좋으며 진한 색조는 인상이 강해 보일 수 있으므로 피한다.
- 헤어스타일 : 커트나 단발처럼 짧은 머리는 활동적이면서도 단정한 이미지를 줄 수 있도록 정리한다. 긴 머리의 경우 하나로 묶거나 단정한 머리망으로 정리하는 것이 좋으며, 짙은 염색이나 화려한 웨이브는 피한다.

② 인사

㉠ 인사의 의미 : 인사는 예의범절의 기본이며 상대방의 마음을 여는 기본적인 행동이라고 할 수 있다. 인사는 처음 만나는 면접관에게 호감을 살 수 있는 가장 쉬운 방법이 될 수 있기도 하지만 제대로 예의를 지키지 않으면 지원자의 인성 전반에 대한 평가로 이어질 수 있으므로 각별히 주의해야 한다.

㉡ 인사의 핵심 포인트

- 인사말 : 인사말을 할 때에는 밝고 친근감 있는 목소리로 하며, 자신의 이름과 수험번호 등을 간략하게 소개한다.
- 시선 : 인사는 상대방의 눈을 보며 하는 것이 중요하며 너무 빤히 쳐다본다는 느낌이 들지 않도록 주의한다.
- 표정 : 인사는 마음에서 우러나오는 존경이나 반가움을 표현하고 예의를 차리는 것이므로 살짝 미소를 지으며 하는 것이 좋다.
- 자세 : 인사를 할 때에는 가볍게 목만 숙인다거나 흐트러진 상태에서 인사를 하지 않도록 주의하며 절도 있고 확실하게 하는 것이 좋다.

③ 시선처리와 표정, 목소리

㉠ 시선처리와 표정 : 표정은 면접에서 지원자의 첫인상을 결정하는 중요한 요소이다. 얼굴표정은 사람의 감정을 가장 잘 표현할 수 있는 의사소통 도구로 표정 하나로 상대방에게 호감을 주거나, 비호감을 사기도 한다. 호감이 가는 인상의 특징은 부드러운 눈썹, 자연스러운 미간, 적당히 볼록한 광대, 올라간 입 꼬리 등으로 가볍게 미소를 지을 때의 표정과 일치한다. 따라서 면접 중에는 밝은 표정으로 미소를 지어 호감을 형성할 수 있도록 한다. 시선은 면접관과 고르게 맞추되 생기 있는 눈빛을 띄도록 하며, 너무 빤히 쳐다본다는 인상을 주지 않도록 한다.

㉡ 목소리 : 면접은 주로 면접관과 지원자의 대화로 이루어지므로 목소리가 미치는 영향이 상당하다. 답변을 할 때에는 부드러우면서도 활기차고 생동감 있는 목소리로 하는 것이 면접관에게 호감을 줄 수 있으며 적당한 제스처가 더해진다면 상승효과를 얻을 수 있다. 그러나 적절한 답변을 하였음에도 불구하고 콧소리나 날카로운 목소리, 자신감 없는 작은 목소리는 답변의 신뢰성을 떨어뜨릴 수 있으므로 주의하도록 한다.

④ 자세

㉠ 걷는 자세

- 면접장에 입실할 때에는 상체를 곧게 유지하고 발끝은 평행이 되게 하며 무릎을 스치듯 11자로 걷는다.
- 시선은 정면을 향하고 턱은 가볍게 당기며 어깨나 엉덩이가 흔들리지 않도록 주의한다.
- 발바닥 전체가 닿는 느낌으로 안정감 있게 걸으며 발소리가 나지 않도록 주의한다.
- 보폭은 어깨넓이만큼이 적당하지만, 스커트를 착용했을 경우 보폭을 줄인다.
- 걸을 때도 미소를 유지한다.

㉡ 서있는 자세

- 몸 전체를 곧게 펴고 가슴을 자연스럽게 내민 후 등과 어깨에 힘을 주지 않는다.
- 정면을 바라본 상태에서 턱을 약간 당기고 아랫배에 힘을 주어 당기며 바르게 선다.
- 양 무릎과 발뒤꿈치는 붙이고 발끝은 11자 또는 V형을 취한다.
- 남성의 경우 팔을 자연스럽게 내리고 양손을 가볍게 쥐어 바지 옆선에 붙이고, 여성의 경우 공수자세를 유지한다.

㉢ 앉은 자세

• 남성

• 의자 깊숙이 앉고 등받이와 등 사이에 주먹 1개 정도의 간격을 두며 기대듯 앉지 않도록 주의한다. (남녀 공통 사항)
• 무릎 사이에 주먹 2개 정도의 간격을 유지하고 발끝은 11자를 취한다.
• 시선은 정면을 바라보며 턱은 가볍게 당기고 미소를 짓는다. (남녀 공통 사항)
• 양손은 가볍게 주먹을 쥐고 무릎 위에 올려놓는다.
• 앉고 일어날 때에는 자세가 흐트러지지 않도록 주의한다. (남녀 공통 사항)

• 여성

• 스커트를 입었을 경우 왼손으로 뒤쪽 스커트 자락을 누르고 오른손으로 앞쪽 자락을 누르며 의자에 앉는다.
• 무릎은 붙이고 발끝을 가지런히 한다.
• 양손을 모아 무릎 위에 모아 놓으며 스커트를 입었을 경우 스커트 위를 가볍게 누르듯이 올려놓는다.

## (2) 면접 예절

### ① 행동 관련 예절

㉠ **지각은 절대금물** : 시간을 지키는 것은 예절의 기본이다. 지각을 할 경우 면접에 응시할 수 없거나, 면접 기회가 주어지더라도 불이익을 받을 가능성이 높아진다. 따라서 면접장소가 결정되면 교통편과 소요시간을 확인하고 가능하다면 사전에 미리 방문해 보는 것도 좋다. 면접 당일에는 서둘러 출발하여 면접 시간 20~30분 전에 도착하여 회사를 둘러보고 환경에 익숙해지는 것도 성공적인 면접을 위한 요령이 될 수 있다.

㉡ **면접 대기 시간** : 지원자들은 대부분 면접장에서의 행동과 답변 등으로만 평가를 받는다고 생각하지만 그렇지 않다. 면접관이 아닌 면접진행자 역시 대부분 인사실무자이며 면접관이 면접 후 지원자에 대한 평가에 있어 확신을 위해 면접진행자의 의견을 구한다면 면접진행자의 의견이 당락에 영향을 줄 수 있다. 따라서 면접 대기 시간에도 행동과 말을 조심해야 하며, 면접을 마치고 돌아가는 순간까지도 긴장을 늦춰서는 안 된다. 면접 중 압박적인 질문에 답변을 잘 했지만, 면접장을 나와 흐트러진 모습을 보이거나 욕설을 한다면 면접 탈락의 요인이 될 수 있으므로 주의해야 한다.

ⓒ **입실 후 태도** : 본인의 차례가 되어 호명되면 또렷하게 대답하고 들어간다. 만약 면접장 문이 닫혀 있다면 상대에게 소리가 들릴 수 있을 정도로 노크를 두세 번 한 후 대답을 듣고 나서 들어가야 한다. 문을 여닫을 때에는 소리가 나지 않게 조용히 하며 공손한 자세로 인사한 후 성명과 수험번호를 말하고 면접관의 지시에 따라 자리에 앉는다. 이 경우 착석하라는 말이 없는데 먼저 의자에 앉으면 무례한 사람으로 보일 수 있으므로 주의한다. 의자에 앉을 때에는 끝에 앉지 말고 무릎 위에 양손을 가지런히 얹는 것이 예절이라고 할 수 있다.

ⓓ **옷매무새를 자주 고치지 마라.** : 일부 지원자의 경우 옷매무새 또는 헤어스타일을 자주 고치거나 확인하기도 하는데 이러한 모습은 과도하게 긴장한 것 같아 보이거나 면접에 집중하지 못하는 것으로 보일 수 있다. 남성 지원자의 경우 넥타이를 자꾸 고쳐 맨다거나 정장 상의 끝을 너무 자주 만지작거리지 않는다. 여성 지원자는 머리를 계속 쓸어 올리지 않고, 특히 짧은 치마를 입고서 신경이 쓰여 치마를 끌어 내리는 행동은 좋지 않다.

ⓔ **다리를 떨거나 산만한 시선은 면접 탈락의 지름길** : 자신도 모르게 다리를 떨거나 손가락을 만지는 등의 행동을 하는 지원자가 있는데, 이는 면접관의 주의를 끌 뿐만 아니라 불안하고 산만한 사람이라는 느낌을 주게 된다. 따라서 가능한 한 바른 자세로 앉아 있는 것이 좋다. 또한 면접관과 시선을 맞추지 못하고 여기저기 둘러보는 듯한 산만한 시선은 지원자가 거짓말을 하고 있다고 여겨지거나 신뢰할 수 없는 사람이라고 생각될 수 있다.

② 답변 관련 예절

ⓐ **면접관이나 다른 지원자와 가치 논쟁을 하지 않는다.** : 질문을 받고 답변하는 과정에서 면접관 또는 다른 지원자의 의견과 다른 의견이 있을 수 있다. 특히 평소 지원자가 관심이 많은 문제이거나 잘 알고 있는 문제인 경우 자신과 다른 의견에 대해 이의가 있을 수 있다. 하지만 주의할 것은 면접에서 면접관이나 다른 지원자와 가치 논쟁을 할 필요는 없다는 것이며 오히려 불이익을 당할 수도 있다. 정답이 정해져 있지 않은 경우에는 가치관이나 성장배경에 따라 문제를 받아들이는 태도에서 답변까지 충분히 차이가 있을 수 있으므로 굳이 면접관이나 다른 지원자의 가치관을 지적하고 고치려 드는 것은 좋지 않다.

ⓑ **답변은 항상 정직해야 한다.** : 면접이라는 것이 아무리 지원자의 장점을 부각시키고 단점을 축소시키는 것이라고 해도 절대로 거짓말을 해서는 안 된다. 거짓말을 하게 되면 지원자는 불안하거나 꺼림칙한 마음이 들게 되어 면접에 집중을 하지 못하게 되고 수많은 지원자를 상대하는 면접관은 그것을 놓치지 않는다. 거짓말은 그 지원자에 대한 신뢰성을 떨어뜨리며 이로 인해 다른 스펙이 아무리 훌륭하다고 해도 채용에서 탈락하게 될 수 있음을 명심하도록 한다.

㉢ **경력직인 경우 전 직장에 대해 험담하지 않는다.** : 지원자가 전 직장에서 무슨 업무를 담당했고 어떤 성과를 올렸는지는 면접관이 관심을 둘 사항일 수 있지만, 이전 직장의 기업문화나 상사들이 어땠는지는 그다지 궁금해 하는 사항이 아니다. 전 직장에 대해 험담을 늘어놓는다든가, 동료와 상사에 대한 악담을 하게 된다면 오히려 지원자에 대한 부정적인 이미지만 심어줄 수 있다. 만약 전 직장에 대한 말을 해야 할 경우가 생긴다면 가능한 한 객관적으로 이야기하는 것이 좋다.

㉣ **자기 자신이나 배경에 대해 자랑하지 않는다.** : 자신의 성취나 부모 형제 등 집안사람들이 사회·경제적으로 어떠한 위치에 있는지에 대한 자랑은 면접관으로 하여금 지원자에 대해 오만한 사람이거나 배경에 의존하려는 나약한 사람이라는 이미지를 갖게 할 수 있다. 따라서 자기 자신이나 배경에 대해 자랑하지 않도록 하고, 자신이 한 일에 대해서 너무 자세하게 얘기하지 않도록 주의해야 한다.

## 3 면접 질문 및 답변 포인트

### (1) 가족 및 대인관계에 관한 질문

① 당신의 가정은 어떤 가정입니까?

면접관들은 지원자의 가정환경과 성장과정을 통해 지원자의 성향을 알고 싶어 이와 같은 질문을 한다. 비록 가정 일과 사회의 일이 완전히 일치하는 것은 아니지만 '가화만사성'이라는 말이 있듯이 가정이 화목해야 사회에서도 화목하게 지낼 수 있기 때문이다. 그러므로 답변 시에는 가족사항을 정확하게 설명하고 집안의 분위기와 특징에 대해 이야기하는 것이 좋다.

② 아버지의 직업은 무엇입니까?

아주 기본적인 질문이지만 지원자는 아버지의 직업과 내가 무슨 관련성이 있을까 생각하기 쉬워 포괄적인 답변을 하는 경우가 많다. 그러나 이는 바람직하지 않은 것으로 단답형으로 답변하면 세부적인 직종 및 근무연한 등을 물을 수 있으므로 모든 걸 한 번에 대답하는 것이 좋다.

③ 친구 관계에 대해 말해 보십시오.

지원자의 인간성을 판단하는 질문으로 교우관계를 통해 답변자의 성격과 대인관계능력을 파악할 수 있다. 새로운 환경에 적응을 잘하여 새로운 친구들이 많은 것도 좋지만, 깊고 오래 지속되어온 인간관계를 말하는 것이 더욱 바람직하다.

### (2) 성격 및 가치관에 관한 질문

① 당신의 PR포인트를 말해 주십시오.

PR포인트를 말할 때에는 지나치게 겸손한 태도는 좋지 않으며 적극적으로 자기를 주장하는 것이 좋다. 앞으로 입사 후 하게 될 업무와 관련된 자기의 특성을 구체적인 일화를 더하여 이야기하도록 한다.

② 당신의 장 · 단점을 말해 보십시오.

지원자의 구체적인 장 · 단점을 알고자 하기 보다는 지원자가 자기 자신에 대해 얼마나 알고 있으며 어느 정도의 객관적인 분석을 하고 있나, 그리고 개선의 노력 등을 시도하는지를 파악하고자 하는 것이다. 따라서 장점을 말할 때는 업무와 관련된 장점을 뒷받침할 수 있는 근거와 함께 제시하며, 단점을 이야기할 때에는 극복을 위한 노력을 반드시 포함해야 한다.

③ 가장 존경하는 사람은 누구입니까?

존경하는 사람을 말하기 위해서는 우선 그 인물에 대해 알아야 한다. 잘 모르는 인물에 대해 존경한다고 말하는 것은 면접관에게 바로 지적당할 수 있으므로, 추상적이라도 좋으니 평소에 존경스럽다고 생각했던 사람에 대해 그 사람의 어떤 점이 좋고 존경스러운지 대답하도록 한다. 또한 자신에게 어떤 영향을 미쳤는지도 언급하면 좋다.

### (3) 학교생활에 관한 질문

① 지금까지의 학교생활 중 가장 기억에 남는 일은 무엇입니까?

가급적 직장생활에 도움이 되는 경험을 이야기하는 것이 좋다. 또한 경험만을 간단하게 말하지 말고 그 경험을 통해서 얻을 수 있었던 교훈 등을 예시와 함께 이야기하는 것이 좋으나 너무 상투적인 답변이 되지 않도록 주의해야 한다.

② 성적은 좋은 편이었습니까?

면접관은 이미 서류심사를 통해 지원자의 성적을 알고 있다. 그럼에도 불구하고 이 질문을 하는 것은 지원자가 성적에 대해서 어떻게 인식하느냐를 알고자 하는 것이다. 성적이 나빴던 이유에 대해서 변명하려 하지 말고 담백하게 받아드리고 그것에 대한 개선노력을 했음을 밝히는 것이 적절하다.

③ 학창시절에 시위나 집회 등에 참여한 경험이 있습니까?

기업에서는 노사분규를 기업의 사활이 걸린 중대한 문제로 인식하고 거시적인 차원에서 접근한다. 이러한 기업문화를 제대로 인식하지 못하여 학창시절의 시위나 집회 참여 경험을 자랑스럽게 답변할 경우 감점요인이 되거나 심지어는 탈락할 수 있다는 사실에 주의한다. 시위나 집회에 참가한 경험을 말할 때에는 타당성과 정도에 유의하여 답변해야 한다.

### (4) 지원동기 및 직업의식에 관한 질문

① 왜 우리 회사를 지원했습니까?

이 질문은 어느 회사나 가장 먼저 물어보고 싶은 것으로 지원자들은 기업의 이념, 대표의 경영능력, 재무구조, 복리후생 등 외적인 부분을 설명하는 경우가 많다. 이러한 답변도 적절하지만 지원 회사의 주력 상품에 관한 소비자의 인지도, 경쟁사 제품과의 시장점유율을 비교하면서 입사동기를 설명한다면 상당히 주목 받을 수 있을 것이다.

② 만약 이번 채용에 불합격하면 어떻게 하겠습니까?

불합격할 것을 가정하고 회사에 응시하는 지원자는 거의 없을 것이다. 이는 지원자를 궁지로 몰아넣고 어떻게 대응하는지를 살펴보며 입사 의지를 알아보려고 하는 것이다. 이 질문은 너무 깊이 들어가지 말고 침착하게 답변하는 것이 좋다.

③ 당신이 생각하는 바람직한 사원상은 무엇입니까?

직장인으로서 또는 조직의 일원으로서의 자세를 묻는 질문으로 지원하는 회사에서 어떤 인재상을 요구하는 가를 알아두는 것이 좋으며, 평소에 자신의 생각을 미리 정리해 두어 당황하지 않도록 한다.

④ 직무상의 적성과 보수의 많음 중 어느 것을 택하겠습니까?

이런 질문에서 회사 측에서 원하는 답변은 당연히 직무상의 적성에 비중을 둔다는 것이다. 그러나 적성만을 너무 강조하다 보면 오히려 솔직하지 못하다는 인상을 줄 수 있으므로 어느 한 쪽을 너무 강조하거나 경시하는 태도는 바람직하지 못하다.

⑤ 상사와 의견이 다를 때 어떻게 하겠습니까?

과거와 다르게 최근에는 상사의 명령에 무조건 따르겠다는 수동적인 자세는 바람직하지 않다. 회사에서는 때에 따라 자신이 판단하고 행동할 수 있는 직원을 원하기 때문이다. 그러나 지나치게 자신의 의견만을 고집한다면 이는 팀원 간의 불화를 야기할 수 있으며 팀 체제에 악영향을 미칠 수 있으므로 선호하지 않는다는 것에 유념하여 답해야 한다.

⑥ 근무지가 지방인데 근무가 가능합니까?

근무지가 지방 중에서도 특정 지역은 되고 다른 지역은 안 된다는 답변은 바람직하지 않다. 직장에서는 순환 근무라는 것이 있으므로 처음에 지방에서 근무를 시작했다고 해서 계속 지방에만 있는 것은 아님을 유의하고 답변하도록 한다.

## (5) 여가 활용에 관한 질문

취미가 무엇입니까?

기초적인 질문이지만 특별한 취미가 없는 지원자의 경우 대답이 애매할 수밖에 없다. 그래서 가장 많이 대답하게 되는 것이 독서, 영화감상, 혹은 음악감상 등과 같은 흔한 취미를 말하게 되는데 이런 취미는 면접관의 주의를 끌기 어려우며 설사 정말 위와 같은 취미를 가지고 있다하더라도 제대로 답변하기는 힘든 것이 사실이다. 가능하면 독특한 취미를 말하는 것이 좋으며 이제 막 시작한 것이라도 열의를 가지고 있음을 설명할 수 있으면 그것을 취미로 답변하는 것도 좋다.

## (6) 지원자를 당황하게 하는 질문

① 성적이 좋지 않은데 이 정도의 성적으로 우리 회사에 입사할 수 있다고 생각합니까?

비록 자신의 성적이 좋지 않더라도 이미 서류심사에 통과하여 면접에 참여하였다면 기업에서는 지원자의 성적보다 성적 이외의 요소, 즉 성격·열정 등을 높이 평가했다는 것이라고 할 수 있다. 그러나 이런 질문을 받게 되면 지원자는 당황할 수 있으나 주눅 들지 말고 침착하게 대처하는 면모를 보인다면 더 좋은 인상을 남길 수 있다.

② 우리 회사 회장님 함자를 알고 있습니까?

회장이나 사장의 이름을 조사하는 것은 면접일을 통고받았을 때 이미 사전 조사되었어야 하는 사항이다. 단답형으로 이름만 말하기보다는 그 기업에 입사를 희망하는 지원자의 입장에서 답변하는 것이 좋다.

③ 당신은 이 회사에 적합하지 않은 것 같군요.

이 질문은 지원자의 입장에서 상당히 곤혹스러울 수밖에 없다. 질문을 듣는 순간 그렇다면 면접은 왜 참가시킨 것인가 하는 생각이 들 수도 있다. 하지만 당황하거나 흥분하지 말고 침착하게 자신의 어떤 면이 회사에 적당하지 않는지 겸손하게 물어보고 지적당한 부분에 대해서 고치겠다는 의지를 보인다면 오히려 자신의 능력을 어필할 수 있는 기회로 사용할 수도 있다.

④ 다시 공부할 계획이 있습니까?

이 질문은 지원자가 합격하여 직장을 다니다가 공부를 더 하기 위해 회사를 그만 두거나 학습에 더 관심을 두어 일에 대한 능률이 저하될 것을 우려하여 묻는 것이다. 이때에는 당연히 학습보다는 일을 강조해야 하며, 업무 수행에 필요한 학습이라면 업무에 지장이 없는 범위에서 야간학교를 다니거나 회사에서 제공하는 연수 프로그램 등을 활용하겠다고 답변하는 것이 적당하다.

⑤ 지원한 분야가 전공한 분야와 다른데 여기 일을 할 수 있겠습니까?

수험생의 입장에서 본다면 지원한 분야와 전공이 다르지만 서류전형과 필기전형에 합격하여 면접을 보게 된 경우라고 할 수 있다. 이는 결국 해당 회사의 채용 방침상 전공에 크게 영향을 받지 않는다는 것이므로 무엇보다 자신이 전공하지는 않았지만 어떤 업무도 적극적으로 임할 수 있다는 자신감과 능동적인 자세를 보여주도록 노력하는 것이 좋다.

CHAPTER

# 02 면접기출

## 1 LS그룹 면접 소개

면접은 1차 실무면접과 2차 임원면접으로 이루어지며, 보통 다대다 면접을 기본으로 한다. 또한 계열사별로 요구하는 역량이 다르기 때문에 영어, PT면접을 거쳐 직무역량을 테스트 하기도 한다.

## 2 면접기출 질문

① 이 분야에 지원한 동기는 무엇이고, 이 분야를 잘할 수 있는가?

② 면접관에게 질문해보라

③ 본인만이 가지고 있는 장점은 무엇인가?

④ 노조에 대해서 어떻게 생각하는가?

⑤ 자신의 학점에 대해서 어떻게 생각하는가?

⑥ 과정과 결과 중 어느 것이 중요한가?

⑦ 준비한 자기소개 말고 LS그룹 준비 과정부터 합격 후 포부까지 1분 내로 말해보시오.

⑧ 영어로 방금한 말을 다시 해보시오.

⑨ 대학 졸업 후 공백 기간 동안 어떠한 일을 하였는가? (*공백기 있는 지원자들에게는 빠지지 않고 물어본 질문)

⑩ 자신이 좋아했던 전공과목은 무엇인가?

⑪ LS그룹에 대하여 알고 있는 정보를 말해보시오.

⑫ 당사 제품의 제조공정에 대해 설명해보시오.

⑬ 희망근무지역 선택사유는 무엇인가?

⑭ 자신을 동물에 비유하면 무엇이며, 그 선택이유는 무엇인가?

⑮ 다른 회사 지원한 곳이 있는가, 왜 떨어졌다고 생각하는가?

⑯ 지원자의 생활신조 또는 좌우명은 무엇인가?

⑰ 자신이 생각하였던 것보다 실질적으로는 연봉이 적을 것인데 돈을 포기하면서 입사해야 하는 이유가 무엇인지 말해보시오.

⑱ 원하는 직무와 다른 곳에 간다면 어떤 자세로 임할 것인가?

⑲ 제2의 도약을 위해 LS그룹 직원으로서 갖춰야 할 덕목은 무엇이라고 생각하는가?

⑳ 지원자 본인만의 스트레스 해소법을 말해보시오.

㉑ 본인이 생각하는 품질관리란 무엇이고, 무엇을 중요하게 생각하는지 말해보시오.

㉒ 회사의 홈페이지에 들어가 보았다면 무엇이 가장 기억에 남는가?

㉓ 당사 제품 서비스 등에 대해 아는 대로 말해보시오.

※ 지원한 분야 혹은 전공 관련 질문이 있으므로 준비를 해가는 것이 좋습니다.

## 3 국내 주요 기업 면접 기출

### (1) 삼성

① 상사와 갈등이 지속적으로 생긴다면 어떻게 대처하겠습니까?

② 전 직장을 그만 둔 이유는 무엇입니까?

③ 당사에 지원한 동기는 무엇입니까?

④ 지방 근무 가능하십니까?

⑤ 가족관계를 설명해주세요.

⑥ 입사 후 자신이 싫어하는 업무를 맡았을 때 어떻게 하겠습니까?

⑦ 학교 다닐 때 어떤 것을 경험했고, 그 교훈은 무엇이었습니까?

⑧ 노조에 대해 어떻게 생각하십니까?

⑨ 자신의 (성격) 장 · 단점을 말해보세요.

⑩ 마지막으로 하고 싶은 말이 있으면 말해보세요.

(2) CJ

① 자기의 능력을 키우기 위해서 어떠한 노력을 했습니까?

② 왜 그 직무에 지원했습니까?

③ 자신이 심사위원이라면 신입사원을 어떤 기준으로 뽑겠습니까?

④ 경쟁사에서 스카웃 제의가 들어온다면 어떻게 하겠는가?

⑤ 상사와 의견이 대립하게 되면 어떻게 풀어갈 것입니까?

⑥ 당사의 인재상 중 지원자와 잘 맞는 것은?

⑦ 입사 후 본인이 하고 싶은 일을 짧게 말해보세요.

⑧ 앞으로 10년 후 당신은 회사에서 어떤 모습일 것 같습니까?

⑨ 업무실적이 안 나오면 어떻게 할 것인가?

⑩ 당사 영업점에 가본적이 있습니까?

(3) SK

① 입사 후에 자신이 배치받은 직무가 마음에 들지 않을 때 어떻게 하겠습니까?

② 이직의 이유가 무엇입니까?

③ 지원 동기는 무엇입니까?

④ 다른 회사는 어디에 지원했습니까? 합격한다면 어디로 갈 것입니까?

⑤ 입사 후 어떤 일을 하고 싶습니까?

⑥ 지방근무는 가능합니까?

⑦ 자신의 취미를 말해보세요.

⑧ 주량은 어떻게 됩니까?

⑨ 가족 소개를 해보세요.

### (4) LG

① 본인이 가진 장점 중 LG에서 일하기에 가장 적합한 특성은 무엇인가?

② 지방 근무는 가능합니까?

③ 입사하면 어떤 일을 하고 싶습니까?

④ 다른 회사에 지원했습니까?

⑤ 술은 얼마나 합니까?

⑥ 해당 직무에 지원하는 이유는 무엇입니까?

⑦ 입사 후 하고 싶은 일을 말해보세요.

⑧ 입사 후 포부를 말해주세요.

⑨ 취미를 말해보세요.

⑩ 마지막으로 하고 싶은 말은?

### (5) 롯데

① 자신에 대해서 자랑할 수 있는 것 다섯 가지를 말해보세요.

② 입사한다면 어떤 일을 하고 싶은가?

③ 자신의 강점을 설명해보세요.

④ 가족사항을 소개해주세요.

⑤ 자사에 지원한 이유가 무엇입니까?

⑥ 해당 근무를 하려는 이유는 무엇입니까?

⑦ 지방 근무는 가능합니까?

⑧ 당사에 대해 아는대로 말해 보세요.

⑨ 자신의 특기를 말해보세요.

⑩ 마지막으로 할 말이 있으면 해보세요.

### (6) GS

① 자신의 인생에 있어서 최우선 순위 3가지를 말해보세요.

② 요리는 잘합니까?

③ 앞으로의 포부를 말해보세요.

④ 야근이 많은데 할 수 있는가?

⑤ 면접경험이 있는가? 있다면 이번이 몇 번째인가?

⑥ 어려운 사항을 극복한 과정을 말해보세요.

⑦ 이전 직장에서 맡은 일은 무엇이며, 왜 그만두었나요?

⑧ 정직해서 손해 본 경험이 있다면 말해보시오.

⑨ 전공이 희망 직무와 맞지 않는데 왜 지원했나요?

⑩ 리더십과 팔로우십을 비교 · 설명해보시오.

### (7) 현대중공업

① 지금까지 살아오면서 가장 행복했던 일은 무엇이고 이유는 무엇입니까?

② 당사 지원 동기는 무엇입니까?

③ 이직의 사유는 무엇입니까?

④ 입사 후 하고 싶은 일이 무엇입니까?

⑤ 지방 근무는 가능합니까?

⑥ 인생에서 중요하게 여기는 것은?

⑦ 자신만의 특기가 있으면 설명해보세요.

⑧ 동아리 활동을 말해보세요.

⑨ 살면서 가장 자랑스러웠거나 잘한 일은 무엇인가?

⑩ 오늘 면접복장 선택 이유는?

### (8) 금호아시아나

① 우리 회사에 왜 지원했는지 이야기해보세요.

② 다른 회사 어디에 지원했고, 어떻게 진행중입니까?

③ 자신의 꿈에 대해서 말해보세요.

④ 들어와서 어떤 일을 하고 싶습니까?

⑤ 원하지 않는 직무를 맡으면 어떻게 할 것인가요?

⑥ 최근 읽은 책, 잡지, 신문 등에서 가장 인상 깊은 부분을 말해보세요.

⑦ 가족 소개를 해보세요.

⑧ 가장 힘들었던 경험을 말해보세요.

⑨ 우리 회사에 대해 아는 대로 말해보세요.

⑩ 지원한 직무에서 하는 일을 아십니까?

### (9) 한진

① 지금의 전공을 선택하게 된 이유는 무엇입니까?

② 영어로 자기소개 해보세요.

③ 한진에서 일하기에 본인이 가진 장점이 무엇이라고 생각합니까?

④ 학창시절 동아리 활동에 대하여 말해보세요.

⑤ 지방근무는 가능한가요?

⑥ 노사에 대해서 어떻게 생각합니까?

⑦ 주량은 어떻게 됩니까?

⑧ 자신의 강점을 말해보세요.

⑨ 한진에서 무슨 일을 하고 싶습니까?

⑩ 살면서 가장 힘겨웠던 경험을 말해 보세요.

### ⑽ 두산

① 취업시장의 채용기준이 변화하고 있는데 본인은 이를 위해서 어떠한 준비를 하고 있습니까?

② 당사에 지원한 동기가 무엇입니까?

③ 전공이 지원 분야와 어떤 상관이 있습니까?

④ 주량은 어느 정도입니까?

⑤ 자신의 취미와 특기를 말해보세요.

⑥ 가족관계를 설명해보세요.

⑦ 학교생활동안 동아리 활동이나 사회봉사활동 경험이 있습니까?

⑧ 지금까지 살면서 힘들었던 일들과 그것을 어떻게 극복했는지 말해보세요.

⑨ 입사한다면 어떤 일을 하고 싶습니까?

⑩ 마지막으로 하고 싶은 말이 있으면 해보세요.

2024
동물보건사
실력평가모의고사
3회
2024
신변보호사
1차 필기
민간경비론
경호학
경비업법
2024
2급 생활·전문
스포츠지도사
7개년 기출문제 정복하기
자격증 한 번에 따기
2급 생활·전문
스포츠 지도사
7개년
기출문제
정복하기
생활스포츠지도사 / 전문스포츠지도사
SEOWONGAK (주)서원각
2024
제물 차량 신체 손해사정사 1차 시험 기출문제 정복하기